IFO-INSTITUT FÜR WIRTSCHAFTSFORSCHUNG

STRUKTUR UND WACHSTUM

REIHE INDUSTRIE

Heft 44

IFO-INSTITUT FÜR WIRTSCHAFTSFORSCHUNG

Feinmechanische und optische Industrie

Strukturwandlungen und Entwicklungsperspektiven

Von

Manfred Berger

DUNCKER & HUMBLOT / BERLIN - MÜNCHEN

Die statistischen Arbeiten zu dieser Studie wurden von Erich Heinzl durchgeführt. Das Manuskript wurde von Katharina Hage-Maier, Anni Heidler und Maria Roth geschrieben.

CIP-Titelaufnahme der Deutschen Bibliothek

Berger, Manfred:
Feinmechanische und optische Industrie: Strukturwandlungen und Entwicklungsperspektiven / Manfred Berger. Hrsg. vom Ifo-Inst. für Wirtschaftsforschung, München. – Berlin; München: Duncker u. Humblot, 1989
(Struktur und Wachstum: Reihe Industrie; H. 44)
ISBN 3-428-06667-7
NE: Struktur und Wachstum / Reihe Industrie

Satz: Volker Spiess, Berlin 30
Druck: Werner Hildebrand, Berlin 65
Printed in Germany

ISSN 0536-1621
ISBN 3-428-06667-7

Vorwort

Das Ifo-Institut für Wirtschaftsforschung sieht eine seiner Hauptaufgaben darin, den strukturellen Umschichtungen innerhalb einer wachsenden Wirtschaft nachzugehen. Es hat deshalb die Schriftenreihe „Struktur und Wachstum“ ins Leben gerufen.

In zwangloser Folge erscheinen Studien über den strukturellen Wandel und die sich daraus ergebenden Wachstumschancen dieser Bereiche. Die vorliegende „Reihe Industrie“ vermittelt einen Einblick in Strukturwandlungen und deren Ursachen in wichtigen Industriegruppen der Bundesrepublik. Die Untersuchungen werden in den Branchenreferaten der Abteilung Industrie und Struktur durchgeführt.

In der vorliegenden Untersuchung werden für die feinmechanische und optische Industrie schwerpunktmäßig Stand und Entwicklung von Produktion und Produktionsfaktoren, die außenwirtschaftliche Verflechtung mit Berücksichtigung der internationalen Wettbewerbsfähigkeit sowie die Entwicklungsperspektiven bis Mitte der neunziger Jahre analysiert, und zwar für die Branche insgesamt und zusätzlich für die sechs einzelnen Erzeugnisbereiche.

Der Bundesminister für Wirtschaft hat die Studie finanziell unterstützt.

München, im Juli 1988

Prof. Dr. Karl Heinrich Oppenländer

Präsident
des Ifo-Instituts für Wirtschaftsforschung
München

Inhaltsverzeichnis

Kapitel I

Bedeutung der feinmechanischen und optischen Industrie

Kapitel II

Entwicklung der Produktionsfaktoren in der feinmechanischen und optischen Industrie

Kapitel III

Strukturveränderungen in der feinmechanischen und optischen Industrie

Kapitel IV

Strukturveränderungen in einzelnen Bereichen der feinmechanischen und optischen Industrie

Tabellenverzeichnis

Tabellen im Textteil

Tabellen im Anhang B

Abbildungsverzeichnis

Abbildungen im Textteil

Abbildungen im Anhang C

KAPITEL I

Bedeutung der feinmechanischen und optischen Industrie

1. Aufbau der Studie

Das Ifo-Institut für Wirtschaftsforschung hat in der Vergangenheit bereits zwei Strukturuntersuchungen der Branche „Feinmechanik und Optik" durchgeführt.[1] Die letzte Untersuchung erstreckte sich auf die Jahre 1960 bis 1976. Die vorliegende Studie schließt hier an. Sie befaßt sich mit dem Zeitraum ab 1977 bis zur Gegenwart. Um dem interessierten Leser die Möglichkeit des Vergleichs mit der früheren Untersuchung zu geben, ist die vorliegende Studie – soweit sinnvoll – zum großen Teil der früheren entsprechend aufgebaut.

Untersuchungsgegenstand ist die Branche „Feinmechanik und Optik", die im Güterverzeichnis für Produktionsstatistiken (GP) des Statistischen Bundesamtes als Gütergruppe 37 ausgewiesen ist (ohne die Güterklasse 3771 „Uhren").[2] In einigen Fällen, wo in der Statistik Feinmechanik, Optik und Uhren zusammengefaßt sind (Abgrenzung nach der Systematik des produzierenden Gewerbes (SYPRO), nach der beispielsweise die Kostenstrukturstatistik gegliedert ist), müssen Aussagen für die gesamte Gütergruppe 37 gemacht werden. Dies ist jeweils vermerkt.

Die Studie gliedert sich in drei Komplexe: Einen allgemeinen Teil (Kapitel I bis III), einen Fachzweigteil (Kapitel IV) und einen Perspektivteil (Kapitel V). Im allgemeinen Teil wird ein Überblick über die feinmechanische und optische Industrie als ganzes gegeben, wobei sich Hinweise auf fachzweigspezifische Abweichungen finden. Insbesondere werden die Bedeutung der Branche, die Nachfrage- und Angebotssituation, Produktion und Produktionsfaktoren, die Marktstruktur sowie die außenwirtschaftliche Verflechtung analysiert. In diesem Teil werden vor allem auch jene Daten vorgestellt, die nur auf der Ebene der Gütergruppe, d.h. der Branche Feinmechanik und Optik vorliegen. Im Fachzweigteil

---

[1] Vergleiche:
– M. Braunsperger: Feinmechanische, optische sowie Uhrenindustrie. Struktur und Wachstum, Reihe Industrie, Heft 3, Berlin/München 1964.
– H. Schedl: Die feinmechanische und optische Industrie aus der Sicht der siebziger Jahre. Struktur und Wachstum, Reihe Industrie, Heft 31, Berlin/München 1980.

[2] Eine Definition der feinmechanischen und optischen Industrie (ohne Uhren) und ihrer einzelnen Erzeugnisbereiche in den beiden Abgrenzungen (GP und SYPRO) findet sich im Anhang A.

werden für die einzelnen Erzeugnisgruppen der Branche (Augenoptik, Optik und Labortechnik, Foto- und Videotechnik, Feinmechanik, Meß- und Automatisierungstechnik sowie Medizintechnik)[3] die Entwicklung von Nachfrage, Außenhandel und Produktion sowie bereichsspezifische Besonderheiten dargestellt. Im Perspektivteil werden die Entwicklungstendenzen der Branche und ihrer Erzeugnisse aufgezeigt.

2. Charakterisierung der Branche und Bedeutung im Rahmen des verarbeitenden Gewerbes

Die feinmechanische und optische Industrie entstand aus der in Jahrhunderten gewachsenen Zusammenarbeit von Wissenschaft und Handwerk. Feinmechanik und Optik gingen eine kreative Verbindung ein. Zunehmend wuchs ein Industriezweig, der zu den vielseitigsten innerhalb des verarbeitenden Gewerbes zählt.

Seit ihren Anfängen dient die feinmechanische und optische Industrie dem technisch-wissenschaftlichen Fortschritt. Sie stellt in der Hauptsache Investitionsgüter her, eine Reihe von Gebrauchsgütern, aber kaum Verbrauchsgüter (Konsumgüter). Die Erzeugnisse der Feinmechanik/Optik findet man in sehr vielen Bereichen. Zu nennen sind hier beispielsweise die Forschung und Lehre, das Gesundheitswesen, Handwerk und Industrie, der Umweltschutz oder die Raumfahrttechnik.

Die Feinmechanik und Optik gehört in der Bundesrepublik Deutschland zu den kleineren Zweigen der Investitionsgüterindustrie.[4] Für das Jahr 1986 ergeben sich für die Branche folgende Tatbestände (Tab. 1 bis 4):

- Die feinmechanische und optische Industrie erzielte einen Umsatz von 14,6 Mrd. DM (Inlandsumsatz 9,0 Mrd. DM; Auslandsumsatz 5,6 Mrd. DM). Ihr Anteil am Umsatz des gesamten verarbeitenden Gewerbes liegt bei 1,2 %.
- Die Branche beschäftigte 130 000 Arbeitskräfte. Sie konnte in den letzten Jahren ihre Beschäftigung ausweiten. Der Anteil an der Gesamtbeschäftigung im verarbeitenden Gewerbe beträgt 1,9 %, ist also wesentlich höher als der Umsatzanteil. Der im Vergleich zum Umsatzanteil höhere Beschäftigungsanteil hat seinen Grund darin, daß ein beachtlicher Teil feinmechanischer und optischer Erzeugnisse der Serien- oder Massenproduktion nicht zugänglich ist. Dies erfordert einen relativ hohen Einsatz an Arbeitskräften. Erzeug-

[3] Diese Einteilung in sechs Erzeugnisbereiche wird vom Verband der deutschen feinmechanischen und optischen Industrie vorgenommen (vgl. Anhang A).

[4] Zu der Investitionsgüterindustrie zählen noch Stahl- und Leichtmetallbau, Maschinenbau, Straßenfahrzeugbau, Schiffbau, Luftfahrzeugbau, elektrotechnische Industrie, Stahlverformung, Eisen, Blech und Metall verarbeitende Industrie sowie die Herstellung von Büromaschinen, Datenverarbeitungsgeräten und -einrichtungen.

Tabelle 1

Entwicklung der feinmechanischen und optischen Industrie, 1977 bis 1986

in jeweiligen Preisen

Merkmal	Einheit	1977	1978	1979	1980	1981	1982	1983	1984	1985	1986
Produktion[a)b)]	Mrd. DM	7,3	8,9	9,4	10,6	10,6	10,3	10,5	11,4	12,9	13,8
Export	Mrd. DM	5,3	5,6	6,0	6,6	7,3	8,0	7,9	8,8	10,9	11,1
Inlandsabsatz[c)]	Mrd. DM	2,0	3,3	3,4	4,0	3,3	2,3	2,6	2,6	2,0	2,7
Import	Mrd. DM	2,9	3,2	3,6	4,3	4,7	4,7	5,0	5,6	6,3	6,5
Inlandsmarktversorgung	Mrd. DM	4,9	6,5	7,0	8,3	8,0	7,0	7,6	8,2	8,3	9,2
Umsatz[d)]	Mrd. DM	9,9	10,3	10,8	11,6	11,9	11,4	11,7	12,5	13,9	14,6
dav.: Inlandsumsatz	Mrd. DM	6,7	6,9	7,2	7,8	7,8	7,3	7,5	7,9	8,6	9,0
Auslandsumsatz	Mrd. DM	3,2	3,4	3,6	3,8	4,1	4,1	4,2	4,6	5,3	5,6
Beschäftigte[d)]	1000	139	137	139	143	141	133	124	122	127	130
Bruttolohn- und -gehaltssumme[e)]	Mrd. DM	3,72	3,92	4,28	4,70	4,80	4,79	4,50	4,63	5,08	5,43
Geleistete Arbeiterstunden[e)]	Mrd. Std.	0,173	0,167	0,170	0,170	0,161	0,154	0,138	0,138	0,144	0,145
Brutto-Anlageinvestitionen[e)]	Mrd. DM	0,44	0,49	0,53	0,63	0,61	0,59	0,65	0,75	0,88	.

a) Betriebe von Unternehmen mit 20 und mehr Beschäftigten, ab 1978 einschließlich Handwerk. - b) Ohne Reparaturen, Lohnveredelungsarbeiten und Montagen. - c) Inlandsabsatz aus inländischer Produktion (inklusive Lagerveränderungen). - d) Fachliche Betriebsteile von Betrieben der Unternehmen mit 20 und mehr Beschäftigten einschließlich Handwerk. - e) Betriebe von Unternehmen mit 20 und mehr Beschäftigten einschließlich Handwerk.

Quelle: Statistisches Bundesamt: Fachserie 4, Reihe 3.1, Reihe 4.1.1, Reihe 4.2.1 und Reihe 4.2.2.; Fachserie 7, Reihe 1.

Tabelle 2

Kennziffern der feinmechanischen und optischen Industrie, 1977 bis 1986

errechnet aus jeweiligen Preisen

Merkmal	Einheit	1977	1978	1979	1980	1981	1982	1983	1984	1985	1986
Exportquote[a)]	%	x[c)]	62,9	63,8	62,3	68,9	77,7	75,2	77,2	84,5	80,4
Importquote[b)]	%	x[c)]	49,2	51,4	51,8	58,8	67,1	65,8	68,3	75,9	70,7
Produktion je Beschäftigten	1000 DM	x[c)]	65,0	67,6	74,1	75,2	77,4	84,7	93,4	101,6	106,2
Bruttolohn- und -gehaltssumme je 1000 DM Umsatz	DM	323	321	329	329	340	345	333	324	302	305
Bruttolohnsumme je geleistete Arbeiterstunde	DM	12,49	13,41	14,29	15,47	16,40	16,82	17,32	17,90	18,82	19,79
Investitionsquote[d)]	%	3,8	4,0	4,1	4,4	4,3	4,2	4,8	5,2	5,2	.
Investitionsintensität[e)]	DM	3 056	3 451	3 630	4 228	4 178	4 184	5 078	5 906	6 617	.
Erzeugerpreise für den Inlandsabsatz	1980=100	91,6	93,9	96,3	100	104,0	108,1	111,2	113,4	116,0	118,9
Verkaufspreise für Ausfuhrgüter	1980=100	90,8	93,1	95,6	100	103,8	107,7	110,2	113,4	117,8	121,0
Einkaufspreise für Einfuhrgüter	1980=100	97,1	97,0	94,5	100	107,7	108,1	109,4	114,6	118,0	112,0

a) Anteil des Exports an der Produktion. – b) Anteil des Imports an der Inlandsmarktversorgung. – c) Berechnung nicht sinnvoll wegen unterschiedlicher Abgrenzung der Produktion im Vergleich zu späteren Jahren. – d) Anteil der Brutto-Anlageinvestitionen am Umsatz. – e) Brutto-Anlageinvestitionen je Beschäftigten.

Quelle: – Statistisches Bundesamt: Fachserie 4, Reihe 3.1, Reihe 4.1.1, Reihe 4.2.1 und Reihe 4.2.2; Fachserie 7, Reihe 1; Fachserie 17, Reihen 2 und 8,
– Berechnungen des Ifo-Instituts.

Tabelle 3

Entwicklung der feinmechanischen und optischen Industrie, 1977 bis 1986

in Preisen von 1980

Merkmal	Einheit	1977	1978	1979	1980	1981	1982	1983	1984	1985	1986
Produktion	Mrd. DM	8,0	9,5	9,8	10,6	10,2	9,5	9,5	10,1	11,0	11,5
Export	Mrd. DM	5,8	6,0	6,3	6,6	7,0	7,4	7,2	7,8	9,3	9,2
Inlandsabsatz a)	Mrd. DM	2,2	3,5	3,5	4,0	3,2	2,1	2,3	2,3	1,7	2,3
Import	Mrd. DM	3,0	3,3	3,8	4,3	4,4	4,3	4,6	4,9	5,3	5,8
Inlandsmarktversorgung	Mrd. DM	5,2	6,8	7,3	8,3	7,6	6,4	6,9	7,2	7,0	8,1
Umsatz	Mrd. DM	10,8	11,0	11,3	11,6	11,4	10,6	10,5	11,1	11,9	12,2
davon: Inlandsumsatz	Mrd. DM	7,3	7,3	7,5	7,8	7,5	6,8	6,7	7,0	7,4	7,6
Auslandsumsatz	Mrd. DM	3,5	3,7	3,8	3,8	3,9	3,8	3,8	4,1	4,5	4,6
Brutto-Anlageinvestitionen	Mrd. DM	0,53	0,56	0,57	0,63	0,58	0,55	0,59	0,67	0,77	.
Kennziffern											
Exportquote b)	%	x d)	63,2	64,3	62,3	68,6	77,9	75,8	77,2	84,5	80,0
Importquote c)	%	x d)	48,5	52,1	51,8	57,9	67,2	66,7	68,1	75,7	71,6
Umsatz je Beschäftigten	1000 DM	77,7	80,3	81,3	81,1	80,9	79,7	84,7	91,0	93,7	93,8
Investitionsquote e)	%	4,2	4,3	4,2	4,4	4,2	4,3	4,8	5,3	5,3	.
Investitionsintensität f)	DM	3 681	3 944	3 904	4 228	3 973	3 901	4 275	5 276	5 789	.

a) Inlandsabsatz aus inländischer Produktion (inklusive Lagerveränderungen). - b) Anteil des Exports an der Produktion. - c) Anteil des Imports an der Inlandsmarktversorgung. - d) Berechnung nicht sinnvoll wegen unterschiedlicher Abgrenzung der Produktion im Vergleich zu späteren Jahren. - e) Anteil der Brutto-Anlageinvestitionen am Umsatz. - f) Brutto-Anlageinvestitionen je Beschäftigten.

Quelle: - Statistisches Bundesamt: Fachserie 4, Reihe 3.1, Reihe 4.1.1, Reihe 4.2.1 und Reihe 4.2.2; Fachserie 7, Reihe 1; Fachserie 17, Reihen 2 und 8; Fachserie 18, Reihe 1;
- Berechnungen des Ifo-Instituts.

Tabelle 4

Kennziffern zur Stellung und Entwicklung der feinmechanischen und optischen Industrie im Rahmen des verarbeitenden Gewerbes[a)], 1977 bis 1986

Merkmal	1977	1978	1979	1980	1981	1982	1983	1984	1985	1986
	Anteil am verarbeitenden Gewerbe in %									
Produktion	0,8	0,9	0,8	0,9	0,8	0,8	0,8	0,8	0,9	0,9
Export	2,0	2,1	2,0	2,0	2,0	2,0	1,9	1,9	2,1	2,2
Inlandsabsatz[b)]	0,3	0,5	0,4	0,5	0,4	0,3	0,3	0,3	0,3	0,3
Import	1,7	1,7	1,7	1,8	1,8	1,7	1,7	1,7	1,8	1,9
Inlandsmarktversorgung	0,6	0,7	0,7	0,7	0,7	0,6	0,6	0,7	0,7	0,7
Umsatz	1,2	1,2	1,1	1,1	1,1	1,0	1,0	1,1	1,1	1,2
Beschäftigte	1,9	1,9	1,9	2,0	2,0	2,0	1,9	1,9	1,9	1,9
Bruttolohn- und -gehaltssumme	1,8	1,8	1,9	1,9	1,9	1,9	1,7	1,8	1,8	1,8
Geleistete Arbeiterstunden	1,9	1,9	1,9	1,9	1,9	1,9	1,8	1,8	1,9	1,9
Brutto-Anlageinvestitionen	1,2	1,3	1,2	1,2	1,2	1,1	1,2	1,5	1,4	.

	Verarbeitendes Gewerbe = 100									
Exportquote[c)]	267,9	233,0	238,1	225,7	230,4	244,3	239,5	232,5	244,2	236,5
Importquote[d)]	302,0	246,0	243,6	235,5	256,8	283,1	267,5	262,7	258,0	277,3
Umsatz je Beschäftigten	60,9	62,0	58,6	57,4	56,0	53,7	55,6	56,3	57,0	59,8
Bruttolohn- und -gehaltssumme je 1000 DM Umsatz	148,2	145,2	153,8	154,5	162,7	167,5	165,7	167,0	158,1	148,1
Bruttolohnsumme je geleistete Arbeiterstunde	90,6	91,0	90,8	90,8	90,5	89,0	89,2	89,4	89,7	89,8
Investitionsquote[e)]	95,0	100,0	100,0	100,0	104,9	102,4	117,1	136,8	123,8	.
Investitionsintensität[f)]	59,7	65,4	60,1	61,2	60,4	56,7	65,4	76,0	73,2	.

a) Die Zahlen für die Branche wurden der Tab. 1 entnommen. Für die Zahlen des verarbeitenden Gewerbes gelten die gleichen Abgrenzungen und Quellen wie für die der Branche mit Ausnahme der Produktion. Diese wurde aus der Fachserie 4, Reihe 4.3.2, des Statistischen Bundesamts entnommen. - b) Inlandsabsatz aus inländischer Produktion (inklusive Lagerveränderungen). - c) Anteil des Exports an der Produktion. - d) Anteil des Imports an der Inlandsmarktversorgung. - e) Anteil der Brutto-Anlageinvestitionen am Umsatz. - f) Brutto-Anlageinvestitionen je Beschäftigten.

Quelle: - Statistisches Bundesamt: Fachserie 4, Reihe 3.1, Reihe 4.1.1 und Reihe 4.3.2; Fachserie 7, Reihe 1,
- Berechnungen des Ifo-Instituts.

nisse der Feinmechanik und Optik haben vielfach einen hohen Spezialitätencharakter – bis hin zur Einzelfertigung –, so daß die Vorteile der Massenproduktion (Skalenerträge) nur bedingt genutzt werden können.

- Der Export (11,1 Mrd. DM) ist für die schon seit jeher exportorientierte Branche immer mehr zum Absatzschwerpunkt geworden. Die Exportquote (Anteil des Exports an der Produktion) erreichte zuletzt ein Ausmaß von 80 %.[5] Die Exportquote war damit fast zweieinhalbmal so hoch wie im Durchschnitt des verarbeitenden Gewerbes. Trotz steigender Exporte ist der deutsche Anteil an der Weltausfuhr feinmechanischer und optischer Erzeugnisse zurückgegangen (Tab. 44). Ausschlaggebend hierfür war die verschärfte internationale Konkurrenz beim Preis – zum Teil bei Produkten aus Ländern mit niedrigerem Lohnniveau – und bei der Technologie.
- Importierte feinmechanische und optische Erzeugnisse (6,5 Mrd. DM) dekken zu einem großen Teil die inländische Nachfrage. Die Importquote (Anteil der Importe an der Inlandsmarktversorgung) ist im untersuchten Zeitraum fast ununterbrochen angestiegen und erreichte zuletzt 71 %. Die Importquote war damit 2,6mal so hoch wie die Quote für importierte Industrieprodukte im Durchschnitt. Mit ausschlaggebend für diese Entwicklung war die Verlagerung von Produktionsstätten deutscher Unternehmer ins Ausland sowie die Importe aus Drittländern, die nach Vorgaben deutscher Firmen gefertigt werden.
- Die Produktion der Feinmechanik/Optik (13,8 Mrd. DM) zeigte in der Höhe der Raten des Zuwachses oder der Abnahme in den meisten Jahren des Untersuchungszeitraums deutliche Unterschiede zu den Raten im verarbeitenden Gewerbe (Abb. 1). Die Produktionsentwicklung in der Branche verlief jedoch ziemlich gleichförmig zum Durchschnitt des verarbeitenden Gewerbes. In Zeiten konjunkturell bedingter Nachfrageschwäche mußte die Produktion in der Branche allerdings stärker eingeschränkt werden als im verarbeitenden Gewerbe insgesamt. Die typischen Wachstumsindustrien (z.B. Elektroindustrie und Straßenfahrzeugbau) konnten ihre Produktion im Berichtszeitraum vergleichsweise sehr stark ausweiten (Abb. 2).
- Die Wertschöpfung, d.h. das in der Branche (einschließlich Uhrenindustrie) erwirtschaftete Einkommen, erreichte 1985 mit 1,3 Mrd. DM einen Anteil von 0,3 % an der Wertschöpfung des verarbeitenden Gewerbes einschließlich Bergbau (476 Mrd. DM). Die Wertschöpfungsquote (Wertschöpfung, nämlich Personal- und Kapitalkosten sowie Kostensteuern, bezogen auf den Bruttoproduktionswert) betrug in der Branche 46,6 %, im verarbeitenden Ge-

[5] In den Veröffentlichungen des Statistischen Bundesamtes finden sich andere Zahlenangaben zur Produktion und zum Außenhandel im Vergleich mit den Veröffentlichungen des Verbandes. Dadurch errechnen sich – in Abhängigkeit von der benutzten Quelle – unterschiedliche Höhen der Export- und Importquoten (vgl. Kapitel III, Abschnitte 3 und 4)

Abb. 1
Produktionsentwicklung in der Feinmechanik/Optik und im verarbeitenden Gewerbe, 1978 bis 1987
Veränderung gegenüber dem Vorjahr in %

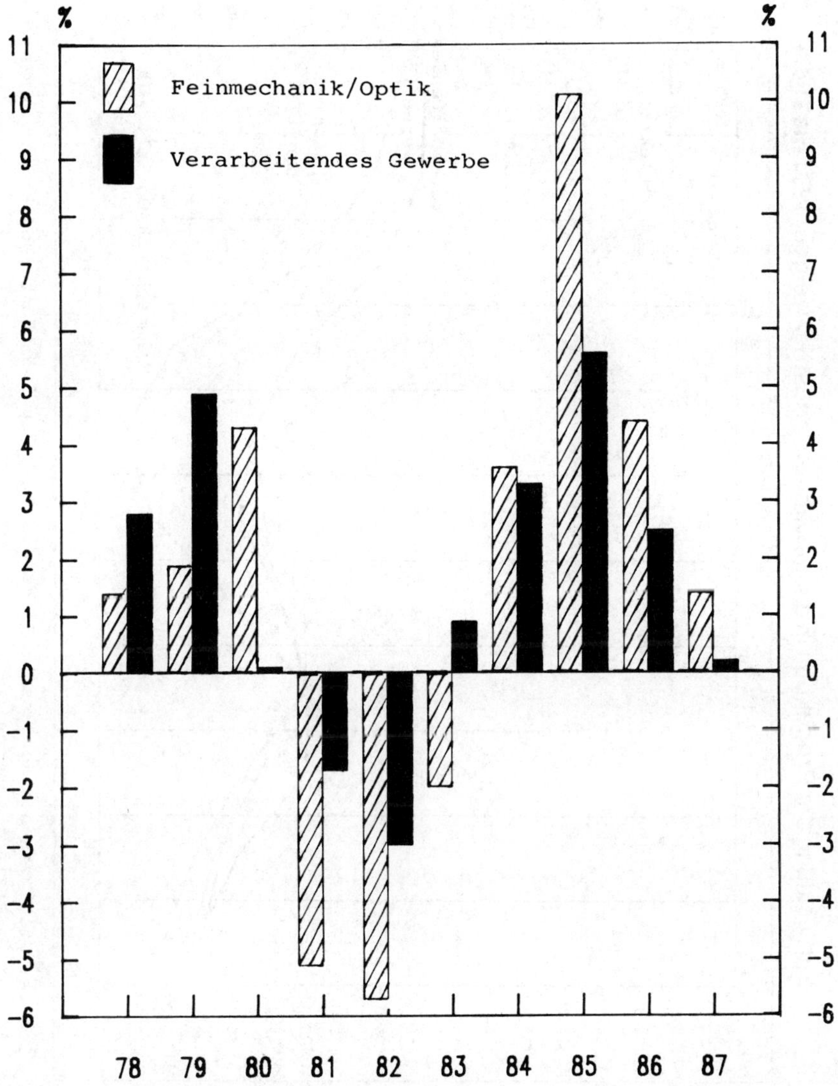

Quelle: - Statistisches Bundesamt: Fachserie 4, Reihe 2.1 (Nettoproduktionsindex, arbeitstäglich, 1980=100), und Zusatzangaben,
- Berechnungen des Ifo-Instituts.

Abb. 2
Entwicklung der Produktion in ausgewählten Industriezweigen, 1977 bis 1987

1980 = 100

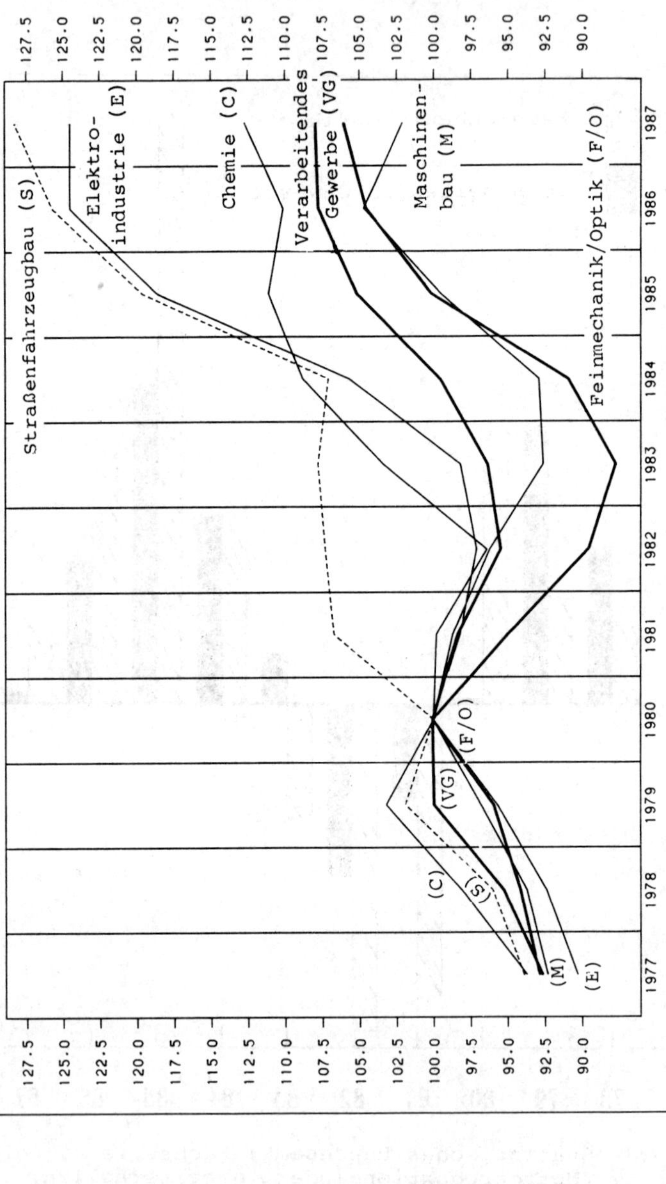

Quelle: Statistisches Bundesamt: Fachserie 4, Reihe 2.1 (Nettoproduktionsindizes), und Zusatzinformationen.

werbe einschließlich Bergbau jedoch nur 34,2% (Tab. 28). Die Wertschöpfungsquote der Feinmechanik/Optik ist also höher, d.h. dort wird weniger an Vorleistungen und mehr an Eigenleistung eingesetzt. Bei der Wertschöpfung je Beschäftigten ist das Ergebnis in der Branche (62 747 DM) geringer als im verarbeitenden Gewerbe einschließlich Bergbau (67 763 DM). Dies deutet auf eine niedrigere Arbeitsproduktivität in der Branche hin.

- Die Lohn- und Gehaltssumme je 1 000 DM Umsatz (305 DM) betrug im Untersuchungszeitraum das 1,5- bis 1,6fache der Summe des verarbeitenden Gewerbes, obwohl die Lohnkosten je Arbeitsstunde in der Feinmechanik/Optik etwa um 10% unter dem Durchschnitt des verarbeitenden Gewerbes liegen. Die geringeren Lohnkosten je Arbeitsstunde resultieren aus dem unterproportionalen Anteil der Facharbeiter/innen (Feinmechanik, Optik und Uhren 39,6%, verarbeitendes Gewerbe 44,5%) und dem vergleichsweise hohen Anteil weiblicher Arbeitskräfte, die meist weniger qualifizierte Tätigkeiten ausüben, an den Beschäftigten.
- Die Investitionen der Branche (1985: rund 880 Mill. DM) hatten einen Anteil von 1,4% an den Investitionen des verarbeitenden Gewerbes. Die Feinmechanik/Optik ist allerdings aufgrund der erwähnten arbeitsintensiven Fertigung in vielen Teilbereichen weniger kapitalintensiv als das verarbeitende Gewerbe insgesamt. Die Investitionsintensität – gemessen als nominale Investitionen pro Beschäftigten – lag im Untersuchungszeitraum bei knapp zwei Dritteln des Durchschnitts des verarbeitenden Gewerbes.
- Fast 70% der Beschäftigten in der feinmechanischen und optischen Industrie arbeiten im Süden der Bundesrepublik, nämlich in den Bundesländern Baden-Württemberg, Bayern und Hessen. Als Industriestandort haben die Unternehmen der Branche häufig Universitätsstädte oder Orte in deren nächster Nachbarschaft gewählt. In der Feinmechanik/Optik sind Großunternehmen die Ausnahme. Auf ihre geringe Zahl, d.h. auf die rund 4% der Betriebe, die 500 und mehr Beschäftigte haben, entfällt jedoch etwa die Hälfte der Beschäftigten und der Umsätze (Tab. 11).
- Die feinmechanische und optische Industrie zählt traditionell zu den besonders forschungsintensiven Industriezweigen der Bundesrepublik. Gemessen am Umsatz verzeichnete die Branche (1983) nach der Elektroindustrie den zweithöchsten Forschungs- und Entwicklungsaufwand (4,8%), gefolgt von der chemischen Industrie, dem Straßenfahrzeugbau und dem Maschinenbau (Tab. 26). Im Durchschnitt aller Industrieländer nimmt die Branche Feinmechanik/Optik im Vergleich zu anderen Branchen einen hohen Rang bei der Zahl der Patentanmeldungen ein. Allerdings ist die Position der deutschen feinmechanischen und optischen Industrie – gemessen an der Zahl der im Ausland zum Patent angemeldeten Erfindungen – im Vergleich zur gleichen Branche in den USA und in Japan eher schwach (Tab. 27).

Tabelle 5

Vorleistungen an die feinmechanische und optische Industrie (einschließlich Uhrenindustrie) nach Wirtschaftsbereichen[a)], 1978, 1980 und 1982

Liefersektor[b)]	1978			1980			1982		
	Vorleistungen		Anteil der Importe an den Vorleistungen	Vorleistungen		Anteil der Importe an den Vorleistungen	Vorleistungen		Anteil der Importe an den Vorleistungen
	Mill. DM	%	%	Mill. DM	%	%	Mill. DM	%	%
Dienstleistungen	1647	37,3	4,1	2319	40,0	5,8	2213	34,0	5,1
dav.: Handel	444	10,1	1,6	455	7,9	2,0	608	9,4	2,3
Verkehr (einschl. Nachrichtenverkehr)	324	7,3	2,8	495	8,5	3,2	366	5,6	3,8
Gaststätten- und Beherbergungsleistungen	125	2,8	15,2	150	2,6	9,3	113	1,7	12,4
Sonstige Dienstleistungen	754	17,1	4,4	1219	21,0	7,9	1126	17,3	6,0
NE-Metallerzeugung	506	11,5	55,1	627	10,8	57,4	797	12,3	49,4
Elektroindustrie	495	11,2	17,2	581	10,0	22,0	697	10,7	30,3
Chemische Industrie	138	3,1	23,9	201	3,5	27,4	643	9,9	31,3
Maschinenbau	131	3,0	12,2	153	2,6	17,0	378	5,8	20,9

Ziehereien und Kaltwalzindustrie[c)]	275	6,2	11,6	300	5,2	12,7	301	4,6	14,3
Kunststoffverarbeitung	268	6,1	8,6	382	6,6	4,7	294	4,5	5,1
EBM-Industrie	88	2,0	15,9	111	1,9	17,1	218	3,4	17,0
Glasindustrie	188	4,3	20,7	247	4,3	27,1	199	3,1	34,2
Gießerei	123	2,8	4,1	133	2,3	3,0	141	2,2	3,5
Mineralölindustrie	48	1,1	33,3	137	2,4	20,4	139	2,2	23,7
Elektrizitätserzeugung und -verteilung	106	2,4	0,9	64	1,1	1,6	113	1,7	2,7
Textilindustrie	22	0,5	36,4	26	0,4	46,2	51	0,8	52,9
Papiererzeugung und -verarbeitung	67	1,5	17,9	94	1,6	21,3	47	0,7	10,6
Holzbe- und -verarbeitung	53	1,2	5,7	46	0,8	8,7	17	0,3	41,2
Druckereiindustrie	85	1,9	3,5	188	3,2	3,7	7	0,1	-
Gummiindustrie	24	0,6	16,7	29	0,5	17,2	4	0,1	25,0
Sonstige	146	3,3	9,6	161	2,8	11,8	233	3,6	16,3
Insgesamt	4410	100	14,9	5799	100	16,3	6492	100	19,7

a) Ohne interne Lieferungen, d.h. Lieferungen der feinmechanischen und optischen Industrie an die eigene Branche. Sie betrugen 1978: 1 612 Mill. DM; 1980: 2 275 Mill. DM und 1982: 414 Mill. DM. (Bemerkenswert ist der geringe Wert für 1982, der mit der Schwierigkeit der Definition des bereichsinternen Verbrauchs erklärt werden kann.) Die Vorleistungen sind ohne abzugsfähige Umsatzsteuer aufgeführt. - b) Geordnet nach dem Anteil der Vorleistungen im Jahr 1982. - c) Einschließlich Eisen- und Stahlerzeugung.

Quelle: Statistisches Bundesamt, Fachserie 18, Reihe 2.

3. Verflechtung mit anderen Wirtschaftsbereichen

Die Feinmechanik/Optik (einschließlich Uhrenindustrie) ist sowohl auf der Beschaffungs- wie auf der Absatzseite stark mit anderen Wirtschaftsbereichen verflochten, da sie ein überaus breites Spektrum von Erzeugnissen herstellt.

Die Vorleistungen der einzelnen Wirtschaftsbereiche an die feinmechanische und optische Industrie (einschließlich Uhrenindustrie) beliefen sich 1982 auf 6,5 Mrd. DM (ohne abzugsfähige Mehrwertsteuer). Davon entfiel rund ein Fünftel auf Importe (Tab. 5). Die internen Lieferungen, d.h. die Lieferungen der Feinmechanik/Optik an die eigene Branche, die in der genannten Zahl nicht enthalten sind, betrugen 414 Mill. DM.[6] Unter den Liefersektoren haben – sieht man von den Dienstleistungen (1982: 34 %), unter denen der Handel und der Verkehr (einschließlich Nachrichtenverkehr) dominieren, einmal ab – die NE-Metallerzeugung (12,3 %), gefolgt von der Elektroindustrie (10,7 %) und der chemischen Industrie (9,9 %) die größte Bedeutung.

Von den Gütergruppen, die die feinmechanische und optische Industrie (einschließlich Uhrenindustrie) bezieht (1986: 1,5 Mrd. DM), stehen Maschinenbauerzeugnisse an erster Stelle (Tab. 6). Sie machen rund 42 % der Güter für die Anlageinvestitionen der Feinmechanik/Optik aus, gefolgt von Investitionsgütern für Bauten (22 %), elektrotechnischen Erzeugnissen (12 %) und von Büromaschinen, ADV-Geräten und -Einrichtungen (11 %). Fast neun Zehntel der Anlageinvestitionen entfallen also auf nur vier Gütergruppen. Der Anteil der Bezüge von Büromaschinen, ADV-Geräten und -Einrichtungen hat sich von 1980 bis 1986 verdoppelt. Ansonsten traten – abgesehen von einem anteilsmäßigen Rückgang der Investitionsgüter für Bauten – in der Lieferstruktur nur geringfügige Veränderungen auf.

Wenn man die Leistungsströme – Vorleistungen und Investitionsgüter –, die die feinmechanische und optische Industrie aufnimmt, auf den gesamten Output der Liefersektoren bezieht, so sieht man, daß die Feinmechanik/Optik (einschließlich Uhrenindustrie) als einer der kleineren Industriezweige der Investitionsgüterindustrie für den Absatz anderer Wirtschaftszweige keine allzu große Bedeutung hat (Tab. 7). 1982 gingen nur 1,8 % des Outputs der NE-Metallerzeugung an die Feinmechanik/Optik (einschließlich Uhrenindustrie). Die Lieferungen der Branche an sich selbst und jene der Glasindustrie lagen bei 1,4 %.[7] In allen anderen Bereichen betrugen die Lieferungen an die Feinmechanik und Optik weniger als 1 %.

---

[6] Im Vergleich mit den Jahren 1978 (1,6 Mill. DM) und 1980 (2,3 Mill. DM) sind 1982 die Lieferungen an die eigene Branche mit 414 Mill. DM sehr niedrig. Der geringe Wert könnte sich durch eine geänderte Definition des bereichsinternen Verbrauchs errechnet haben.

[7] Der Lieferanteil der Branche an sich selbst (1982) ist im Vergleich mit den Jahren 1978 und 1980 sehr gering. Dieser niedrige Wert könnte sich durch eine geänderte Definition des bereichsinternen Verbrauchs errechnet haben. Darauf wurde schon verwiesen.

Tabelle 6

Brutto-Anlageinvestitionen der feinmechanischen und optischen Industrie (einschließlich Uhrenindstrie) nach Gütergruppen, 1980 und 1986 (in jeweiligen Preisen, Benutzerkonzept[a])

Gütergruppe[b]	1980		1986	
	Mill. DM	%	Mill. DM	%
Maschinenbauerzeugnisse	413	42,1	617	41,6
Bauten	248	25,3	330	22,2
Elektrotechnische Erzeugnisse	123	12,5	172	11,6
Büromaschinen, ADV-Geräte und -Einrichtungen	54	5,5	160	10,8
Straßenfahrzeuge	72	7,3	73	4,9
Holzwaren	31	3,2	56	3,8
EBM-Waren	22	2,2	49	3,3
Stahl- und Leichtmetallbauerzeugnisse, Schienenfahrzeuge	14	1,4	18	1,2
Sonstige Gruppen	5	0,5	9	0,6
Insgesamt	982	100	1 484	100

a) Benutzerkonzept = einschließlich gemieteter Anlagen. – b) Geordnet nach der Höhe der Anteile 1986.

Quelle: Ifo-Investorenrechnung.

Betrachtet man die Absatzstruktur der feinmechanischen und optischen Industrie (einschließlich Uhrenindustrie), so zeigt sich, daß 1982 gut ein Viertel der Produktion auf die Zwischennachfrage, d.h. auf Zulieferungen feinmechanischer und optischer Erzeugnisse für den weiteren Verbrauch im Produktionsprozeß der eigenen Branche sowie anderer Wirtschaftsbereiche, und drei Viertel auf die Endnachfrage entfielen (Tab. 8).

Bei der Zwischennachfrage ist der Dienstleistungssektor (19,3 %) der weitaus wichtigste Abnehmerbereich, gefolgt vom Straßenfahrzeugbau (2,1 %), dem

Tabelle 7

Bedeutung der feinmechanischen und optischen Industrie (einschließlich Uhrenindustrie) für den Absatz anderer Wirtschaftszweige, 1978, 1980 und 1982

Lieferbereiche[a]	1978		1980		1982	
	Output insgesamt	Lieferungen[b] an die Feinmechanik/Optik[c]	Output insgesamt	Lieferungen[b] an die Feinmechanik/Optik[c]	Output insgesamt	Lieferungen[b] an die Feinmechanik/Optik[c]
	Mrd. DM	%	Mrd. DM	%	Mrd. DM	%
NE-Metalle	20,2	1,1	26,1	1,0	22,4	1,8
Feinmechanik/Optik/Uhren	15,9	7,6	19,1	8,5	17,4	1,4[d]
Glas	7,6	2,0	9,4	1,9	9,3	1,4
Kunststoffwaren	23,2	1,1	31,8	1,1	32,1	0,9
Marktbestimmte Dienstleistungen	724,9	0,7	854,9	0,7	1005,1	0,7
des Verkehrs	107,5	0,3	127,1	0,4	140,7	0,3
des Handels	196,1	0,2	216,7	0,2	249,3	0,2
sonstige	421,3	0,2	511,1	0,2	615,1	0,2
Elektroindustrie	85,5	0,5	100,7	0,4	103,6	0,5
EBM-Waren	31,8	0,2	36,8	0,3	35,8	0,5
Feinkeramik	3,5	0,3	4,0	0,3	4,0	0,4
Chemie	107,2	0,1	131,3	0,1	142,0	0,3

a) Geordnet nach der Höhe des Anteils der Lieferungen 1982. – b) Vorleistungen aus inländischer Produktion ohne abzugsfähige Mehrwertsteuer. – c) Einschließlich Uhrenindustrie. – d) Der gegenüber 1978 geringe Lieferanteil der Branche an sich selbst kann mit Schwierigkeiten der Definition des bereichsinternen Verbrauchs erklärt werden.

Quelle: Statistisches Bundesamt: Fachserie 18, Reihe 2.

Tabelle 8

Absatzstruktur feinmechanischer und optischer Erzeugnisse (einschl. Uhrenindustrie), 1978, 1980 und 1982

Wertanteile in %[a)]

Abnehmerbereiche[b)]	1978		1980		1982	
	Inlandsproduktion	Importe	Inlandsproduktion	Importe	Inlandsproduktion	Importe
Zwischennachfrage	27,6	25,8	43,8[c)]	26,9	28,5	25,1
dav.: Dienstleistungen	6,1	5,7	19,5	2,9	19,3	12,1
Straßenfahrzeugbau	3,6	2,6	4,0	2,3	2,1	2,8
Maschinenbau	2,5	1,4	3,1	2,2	1,9	2,7
Feinmechanik/Optik/Uhren	7,6	11,0	8,5	13,7	1,4	3,5
Elektroindustrie	1,1	0,6	1,2	0,5	0,5	0,8
Chemie	0,9	0,6	1,0	0,7	0,5	0,7
Luft- und Raumfahrzeugbau	0,9	0,8	0,7	0,8	0,3	0,6
Schiffbau	0,9	0,8	1,2	0,9	0,2	0,3
Sonstige Bereiche	4,0	2,3	4,6	2,9	2,3	1,6
Endnachfrage	72,4	74,2	56,2[c)]	73,1	71,5	74,9
dav.: Export	30,4	9,7	27,9	12,4	34,3	14,8
Staat	17,1	6,7	15,0	6,8	15,8	7,0
Privater Verbrauch im Inland	15,4	33,0	16,5	31,2	12,5	40,1
Brutto-Anlageinvestitionen	9,8	24,8	8,1	25,1	10,4	20,4
Vorratsveränderungen	-0,3	-	-11,3	-2,4	-1,5	-7,4
Insgesamt in %	100	100	100	100	100	100
in Mrd. DM[d)]	15,9	3,7	19,1	4,7	17,4	5,0

a) Errechnet aus den absoluten Werten ohne abzugsfähige Mehrwertsteuer. - b) Geordnet nach dem Absatzanteil aus der Inlandsproduktion im Jahr 1982. - c) Veränderung gegenüber 1978 und 1982 nicht erklärbar. Fehler in der Statistik müssen vermutet werden. - d) Die Produktionswerte sind hier höher, als in Tab. 1 ausgewiesen wegen Einbezugs der Uhrenindustrie und weiterer anderer Abgrenzung des Bereichs.

Quelle: Statistisches Bundesamt: Fachserie 18, Reihe 2.

Tabelle 9

Brutto-Anlageinvestitionen in feinmechanische und optische Investitionsgüter (einschließlich Uhren) nach Wirtschaftsbereichen, 1980 und 1986

(in jeweiligen Preisen, Benutzerkonzept[a])

Wirtschaftsbereich[b]	1980		1986	
	Mill. DM	%	Mill. DM	%
Bildung, Wissenschaft, Kultur usw. Verlagsgewerbe	1 142	30,7	1 135	28,5
Gesundheits- und Veterinärwesen	1 103	29,7	899	22,6
Elektrizitäts-, Fernwärmeversorgung usw.	231	6,2	450	11,3
Chemische Industrie, Herstellung und Verarbeitung von Spalt- und Brutstoffen	267	7,2	353	8,9
Gebietskörperschaften und Sozialversicherung	185	5,0	198	5,0
Land- und Forstwirtschaft	167	4,5	184	4,6
Bergbau	126	3,4	168	4,2
Schiffahrt, Wasserstraßen, Häfen	42	1,1	96	2,4
Baugewerbe	65	1,7	84	2,1
Nahrungs- und Genußmittelgewerbe	80	2,1	76	1,9
Mineralölverarbeitung	81	2,2	68	1,7
Sonstige Bereiche	231	6,2	269	6,8
Insgesamt	3 720	100	3 980	100

a) Benutzerkonzept = einschließlich gemieteter Anlagen. – b) Geordnet nach der Höhe der Anteile 1986.

Quelle: Ifo-Investorenrechnung.

Maschinenbau (1,9 %) und der Feinmechanik/Optik (einschließlich Uhren) selbst (1,4 %). Die Anteile der übrigen Bereiche lagen jeweils unter 1 %. Bei der Endnachfrage hatten der Export (34,3 %) und der Staat (15,8 %) die größte Bedeutung unter den Abnehmerbereichen.

Die Importe (1982: 5,0 Mrd. DM, ohne abzugsfähige Mehrwertsteuer) deckten die beiden Gruppen, Zwischen- und Endnachfrage, etwa im gleichen Verhältnis wie die inländische Produktion. Der größte Teil, nämlich 40 %, ging in den privaten Verbrauch im Inland.

Die von der Feinmechanik/Optik (einschließlich Uhrenindustrie) produzierten Ausrüstungsgüter (1986: 4,0 Mrd. DM) werden vor allem im Bereich Bildung, Wissenschaft, Kultur und im Verlagsgewerbe (28,5 %), im Gesundheits- und Veterinärwesen (22,6 %) sowie in der Elektrizitäts- und Fernwärmeversorgung (11,3 %) verwendet (Tab. 9). Unter den Abnehmern im verarbeitenden Gewerbe hat nur die chemische Industrie (8,9 %) eine Bedeutung. Zwischen 1980 und 1986 ist der Abnahmeanteil des Gesundheits- und Veterinärwesens von 29,7 % auf 22,6 % gesunken. Hierauf hat sich das Kostendämpfungsgesetz im Gesundheitswesen ausgewirkt. Der Anteil der Elektrizitäts- und Fernwärmeversorgung hat sich fast verdoppelt. Ansonsten ergaben sich zwischen 1980 und 1986 nur geringfügige Strukturverschiebungen.

4. Standortwahl und Unternehmensgröße

Fast 70 % der Beschäftigten in der feinmechanischen und optischen Industrie (1982: 133 000) arbeiten im Süden der Bundesrepublik, nämlich in Baden-Württemberg (31 %), in Bayern (21 %) und in Hessen (rund 14 %). Weitere 10 % der Beschäftigten entfallen auf Nordrhein-Westfalen. Im Vergleich zu 1978 hat sich die regionale Struktur der Beschäftigung – mit Ausnahme von Hessen – nur wenig verschoben (Tab. 10).[8]

Hinsichtlich der Produktionsstandorte und damit der Arbeitsplätze ist in der Feinmechanik/Optik keine ausgeprägte regionale Konzentration zu beobachten. Als Industriestandort haben die Unternehmen der Branche vielfach Universitätsstädte oder Orte in deren nächster Nachbarschaft wegen der Nähe zu Forschung und Lehre gewählt.

Die Zahl der Betriebe in der feinmechanischen und optischen Industrie hat von 1 325 im Jahr 1977 auf 1 295 im Jahr 1985 leicht abgenommen. Die zahlenmäßig weitaus größte Gruppe der Betriebe bis 99 Beschäftigte (1985: rund vier Fünftel) vereinigte nur knapp ein Viertel des Branchenumsatzes und gut ein Viertel der Beschäftigten der Branche auf sich. Großbetriebe sind in der

[8] Die letzte Länderstatistik (Umsätze, Beschäftigte) hat der Verband für 1982 veröffentlicht. Für einige Bundesländer fehlen aus Gründen der Geheimhaltung die Angaben.

Tabelle 10

Umsatz und Beschäftigte der feinmechanischen und optischen Industrie[a)] nach Bundesländern, 1978, 1980 und 1982

Anteile in %

Bundesländer[b)]	Umsatz			Beschäftigte		
	1978	1980	1982	1978	1980	1982
Baden-Württemberg	31,2	32,1	32,1	31,5	31,0	31,0
Bayern	19,5	18,6	19,2	21,9	21,5	21,2
Nordrhein-Westfalen	11,7	x[c)]	10,5	10,5	x[c)]	9,8
Schleswig-Holstein	4,6	6,1	6,8	4,7	6,1	6,3
Berlin (West)	5,4	3,6	2,5	2,8	3,1	2,7
Bremen	x[c)]	1,2	1,0	x[c)]	0,8	0,8
Saarland	x[c)]	0,1	0,2	x[c)]	0,1	0,2
Hessen	9,7	12,6	16,6	10,6	13,8	x[c)]
Rheinland-Pfalz	3,6	3,2	3,2	3,7	3,2	3,2
Hamburg	2,5	2,9	x[c)]	2,3	2,6	x[c)]
Niedersachsen	8,4	x[c)]	x[c)]	8,3	x[c)]	x[c)]
Insgesamt in %	100	100	100	100	100	100
in Mrd. DM	10,3	11,6	11,4			
in 1000				137	143	133
davon veröffentlicht in %	96,6	80,4	92,1	96,3	82,2	75,2
nicht veröffentlicht in %	3,4	19,6	7,9	3,7	17,8	24,8

a) Betriebe von Unternehmen mit 20 und mehr Beschäftigten, einschließlich Handwerk. – b) Geordnet nach Umsatz und Zahl der Beschäftigten 1982. – c) Aus Gründen der Geheimhaltung nicht veröffentlicht, jedoch in der Gesamtsumme enthalten.

Quelle: – Verband der deutschen feinmechanischen und optischen Industrie eV: Jahreszahlen 1980, S. 32 und 39, 1982, S. 49 und 53, sowie Zusatzinformationen;
– Berechnungen des Ifo-Instituts.

Feinmechanik/Optik zwar die Ausnahme, doch konzentrieren sich auf ihre geringe Zahl, d.h. auf die rund 4% der Betriebe, die 500 und mehr Beschäftigte[9] haben, etwa die Hälfte des Branchenumsatzes und der Beschäftigten (Tab. 11).

[9] Unter Großbetrieben versteht man in gängiger Abgrenzung solche mit 1000 und mehr Beschäftigten, deren Ergebnisse in der Verbandsstatistik (für 1985) aus Geheimhaltungsgründen jedoch nicht extra ausgewiesen werden.

Tabelle 11

Größenklassen in der feinmechanischen und optischen Industrie nach der Zahl der Beschäftigten, 1977 und 1985

Betriebe[a)] mit... Beschäftigten	Betriebe				Umsatz				Beschäftigte			
	Anzahl		Anteil in %		in Mrd. DM		Anteil in %		Anzahl in 1000		Anteil in %	
	1977	1985	1977	1985	1977	1985	1977	1985	1977	1985	1977	1985
1 - 19	93	149	7,0	11,5	0,1	0,1	0,5	0,9	1,1	1,6	0,8	1,2
20 - 49	750	678	56,6	52,4	1,3	1,6	12,8	11,9	23,2	21,3	16,0	15,7
50 - 99	247	227	18,7	17,5	1,1	1,5	11,1	11,0	17,5	15,6	12,0	11,5
100 - 199	121	134	9,1	10,3	1,1	1,8	11,3	12,8	17,3	18,4	11,9	13,6
200 - 299	32	35	2,4	2,7	0,4		4,5		7,9		5,4	
300 - 399	15	13	1,1	1,0	0,5	8,9[b)]	5,6	63,4[b)]	5,3	78,7[b)]	3,7	58,0[b)]
400 - 499	18	13	1,4	1,0	0,5		4,7		7,6		5,2	
500 und mehr	49	46	3,7	3,6	4,9		49,5		65,3		45,0	
Insgesamt	1325	1295	100	100	9,9	13,9	100	100	145,2	135,6	100	100

a) Betriebe von Unternehmen mit 20 und mehr Beschäftigten einschließlich Handwerk. - b) Die Verbandsstatistik (1985) weist die Ergebnisse (Umsatz, Beschäftigte) von Betrieben mit 1000 und mehr Beschäftigten aus Gründen der Geheimhaltung mit den Ergebnissen der Größenklasse 200 - 399 Beschäftigte zusammen aus. Um die Vergleichbarkeit mit dem Jahr 1977 herzustellen, wurden hier vier Größenklassen zusammengefaßt.

Quelle: Verband der deutschen feinmechanischen und optischen Industrie e.V.: Jahreszahlen, 1978, S. 50, und 1986, S. 50.

Tabelle 12

Konzentration von Beschäftigten und Umsatz in der feinmechanischen und optischen Industrie (einschließlich Uhrenindustrie)[a], 1977 bis 1983

Anteile in % der jeweils größten Unternehmen an der Branche

Die jeweils größten ... Unternehmen (Anzahl)	1977	1979	1981	1983
	Anteil in % an den Beschäftigten			
3	10,6	11,8	13,3	14,4
6	19,8	21,3	23,0	24,8
10	26,4	26,4	31,3	29,3
25	36,1	36,4	39,9	38,2
50	45,4	45,5	x[b]	47,5
	Anteil in % am Umsatz			
3	14,3	15,1	17,4	21,2
6	22,7	23,6	26,5	29,8
10	29,4	29,0	33,2	34,0
25	40,1	39,4	43,5	44,1
50	50,5	49,5	x[b]	54,2

a) Kumuliert. – b) Wegen der für die amtliche Statistik geltenden Geheimhaltungsbestimmungen nicht veröffentlicht bzw. keine vergleichbaren Angaben vorhanden.

Quelle: Monopolkommission: Hauptgutachten 1984/85, Gesamtwirtschaftliche Chancen und Risiken wachsender Unternehmensgrößen, Baden-Baden 1986.

Vergleicht man die Feinmechanik/Optik mit anderen Branchen, so stellt man fest, daß sie innerhalb des verarbeitenden Gewerbes zu den schwach konzentrierten Industriezweigen gehört.[10] 1983 hatten die drei größten Unternehmen

[10] Im verarbeitenden Gewerbe sind die am stärksten konzentrierten Wirtschaftszweige (in der Reihenfolge der amtlichen Wirtschaftszweigsystematik): Mineralölverarbeitung,

der Branche einen Beschäftigtenanteil von gut 14 % und einen Umsatzanteil von 21 % (Tab. 12). Erst die 50 größten Unternehmen der Branche können etwa die Hälfte der Beschäftigung und des Umsatzes auf sich vereinigen.

Gemessen an der Entwicklung der Beschäftigten- und Umsatzanteile der jeweils größten Unternehmen hat sich für die feinmechanische und optische Industrie eine Zunahme der Konzentration im Zeitraum 1977 bis 1983 ergeben.

Herstellung und Verarbeitung von Spalt- und Brutstoffen, eisenschaffende Industrie, Straßenfahrzeugbau, Schiffbau sowie Elektroindustrie.

KAPITEL II

Entwicklung der Produktionsfaktoren in der feinmechanischen und optischen Industrie

1. Kapitaleinsatz

a) Brutto-Anlagevermögen

Das in der feinmechanischen und optischen Industrie eingesetzte Realkapital (Brutto-Anlagevermögen) erhöhte sich (in Preisen von 1980) von 7,3 Mrd. DM (1977) auf 10,2 Mrd. DM (1986), also um rund zwei Fünftel (Tab. 13). Das Brutto-Anlagevermögen im verarbeitenden Gewerbe ist im Zeitraum 1977 bis 1986 nur um insgesamt 12 % gestiegen, während das Wachstum in der feinmechanischen und optischen Industrie mit rund 40 % gut dreimal so hoch war. Der Anteil des Brutto-Anlagevermögens der Branche am verarbeitenden Gewerbe (Tab. 4) erhöhte sich infolgedessen von 1,2 % (1977) auf 1,4 % (1985).

Trotz des starken Anstiegs des Brutto-Anlagevermögens in der feinmechanischen und optischen Industrie hat der Produktionsfaktor Kapital eine weit unter dem Durchschnitt des verarbeitenden Gewerbes liegende Bedeutung. Korrespondierend hierzu hat der Produktionsfaktor Arbeit ein stark über dem Durchschnitt liegendes Gewicht. Die Kennziffer „Kapitalintensität", also das Verhältnis des Brutto-Anlagevermögens (in Preisen von 1980) zu der Beschäftigtenzahl, bringt dies deutlich zum Ausdruck. Im Jahr 1977 war im verarbeitenden Gewerbe die Kapitalintensität mit rund 104 500 DM etwa 2,3 mal so hoch wie in der Feinmechanik und Optik mit 45 000 DM (Tab. 13). Von 1977 bis 1986 ist allerdings ein unterschiedlicher Anstieg der Kapitalintensität bei der feinmechanischen und optischen Industrie und im verarbeitenden Gewerbe festzustellen. Während in der Branche der Anstieg 54 % (auf 69 100 DM) betrug, steigerte sich die Kapitalintensität im verarbeitenden Gewerbe nur um knapp 21 % (auf 126 600 DM). Das Verhältnis der Kapitalintensität der Branche zu jener im verarbeitenden Gewerbe veränderte sich also von 1 : 2,3 (1977) auf 1 : 1,8 (1985).

Die Kapitalintensität in der feinmechanischen und optischen Industrie stieg von 1977 bis 1986 um fast 5 % im Durchschnitt der Jahre. Sprunghaft erhöhte sie sich in den Jahren 1981 und 1982 (je 7,5 %) sowie 1983 (13,2 %). Dies ist auf den in diesen Jahren durchgeführten massiven Abbau der Zahl von Beschäftigten zurückzuführen, stellt also einen rechnerischen Effekt dar (Abb. 3).

Tabelle 13

Kapitaleinsatz in der feinmechanischen und optischen Industrie (einschließlich Uhrenindustrie) und im verarbeitenden Gewerbe im Inland, 1977 bis 1986

Kapitaleinsatz	Einheit	1977	1978	1979	1980	1981	1982	1983	1984	1985	1986
Brutto-Anlagevermögen in Preisen von 1980											
Feinmechanik/Optik/Uhren	Mrd. DM	7,3	7,6	7,9	8,2	8,5	8,8	9,1	9,3	9,7	10,2
Verarbeitendes Gewerbe	Mrd. DM	772,3	784,3	797,0	812,4	826,5	835,9	842,5	847,5	854,7	867,7
Feinmechanik/Optik/Uhren	Veränderung in %	.	4,2	3,9	3,8	3,7	3,5	3,4	2,2	4,3	5,2
Verarbeitendes Gewerbe	Veränderung in %	.	1,5	1,7	1,9	1,7	1,2	0,8	0,6	0,8	1,5
Kapitalintensität[a)]											
Feinmechanik/Optik/Uhren	1000 DM	45,0	47,3	48,1	49,3	53,0	57,0	64,5	67,7	67,3	69,1
Verarbeitendes Gewerbe	1000 DM	104,5	106,7	108,0	109,4	113,9	119,5	125,8	127,8	127,0	126,6
Feinmechanik/Optik/Uhren	Veränderung in %	.	5,1	1,2	2,5	7,5	7,5	13,2	5,0	-0,6	2,7
Verarbeitendes Gewerbe	Veränderung in %	.	2,1	3,4	1,3	4,1	5,0	5,1	1,6	-0,6	-0,3
Kapazitätsausnutzung[b)]											
Feinmechanik/Optik/Uhren	%	85,2	84,5	85,4	84,9	79,0	77,5	77,0	84,2	87,9	85,8
Verarbeitendes Gewerbe[c)]	%	80,9	80,9	84,7	82,4	79,0	76,3	78,4	80,6	84,3	84,7

a) Brutto-Anlagevermögen in Preisen von 1980 je Beschäftigten (nach Betrieben). – b) In % der betriebsüblichen Vollausnutzung nach dem Ifo-Konjunkturtest. – c) Ohne chemische Industrie und ohne Nahrungs- und Genußmittelindustrie.

Quelle: – Deutsches Institut für Wirtschaftsforschung, B. Görzig u.a.: Produktionsvolumen und -potential, Produktionsfaktoren des Bergbaus und des Verarbeitenden Gewerbes in der Bundesrepublik Deutschland, 29. Folge,
– Ifo-Konjunkturtest,
– Berechnungen des Ifo-Instituts.

Abb. 3
Kapitaleinsatz in der Feinmechanik/Optik im Inland, 1977 bis 1986
1977 = 100

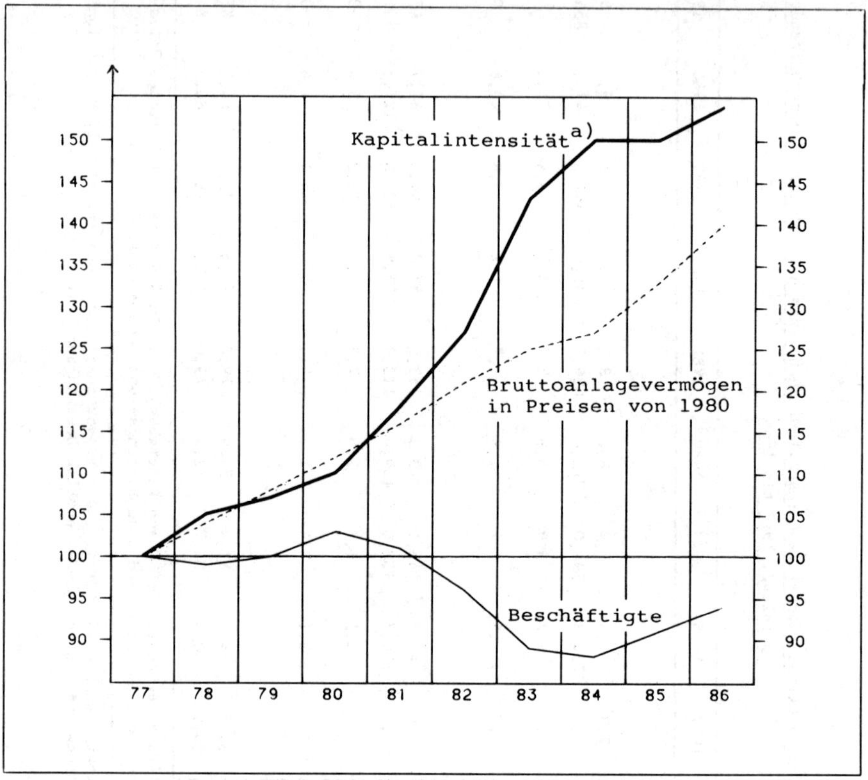

a) Brutto-Anlagevermögen (in Preisen von 1980) je Beschäftigten.

Quelle: Berechnet aus Tab. 1 und 13.

Die Altersstruktur der Ausrüstungsgüter[1] hat sich in den vergangenen 15 Jahren etwas verschlechtert. Dies zeigen folgende Zahlen (Anteile in %):[2]

---

[1] In der Feinmechanik/Optik dominieren Ausrüstungsgüter bei den Brutto-Anlageinvestitionen. Im Zeitraum von 1977 bis 1986 machten sie im Durchschnitt gut vier Fünftel aus (Tab. 14).

[2] Ifo-Anlagevermögensrechnung (Benutzerkonzept, also einschließlich gemieteter Anlagen, in Preisen von 1980).

	Feinmechanik/ Optik		Verarbeitendes Gewerbe	
	1973	1986	1973	1986
4 Jahre und jünger	41	37	40	31
5 bis 10 Jahre	37	40	35	37
11 Jahre und älter	22	23	25	32
	100	100	100	100

Der Anteil der „sehr jungen“ Ausrüstungsgüter (Alter 4 Jahre und darunter) ging also – wie auch im verarbeitenden Gewerbe – zurück, der Anteil der „älteren“ Ausrüstungsgüter (5 bis 10 Jahre sowie 11 Jahre und darüber) hat zugenommen. Das durchschnittliche Alter der Ausrüstungsgüter war in der Feinmechanik/Optik sowohl 1973 (6,5 Jahre) als auch 1986 (6,6 Jahre) niedriger als im verarbeitenden Gewerbe insgesamt (7,0 bzw. 8,0 Jahre).

Durch die rege Investitionstätigkeit in der feinmechanischen und optischen Industrie nahmen die Produktionskapazitäten mit hohen Jahresraten zu, jedoch flachte der jährliche Anstieg im Verlauf des untersuchten Zeitraums ab. Der Auslastungsgrad der Kapazitäten betrug von 1977 bis 1980 durchschnittlich 85%, lag aber in den Jahren 1981 bis 1983 mit rund 78% erheblich darunter. Erst ab 1984 wurde derselbe hohe Grad der Kapazitätsauslastung wie vor dem Einbruch wieder erreicht. Die Kapazitätsauslastung im verarbeitenden Gewerbe verlief tendenziell ebenso wie die in der feinmechanischen und optischen Industrie, jedoch mit niedrigeren Werten (Tab. 13).

b) Investitionstätigkeit im Inland

Im Zeitraum 1978 bis 1985 lassen die jährlichen realen Veränderungsraten der Investitionen und der Produktion starke konjunkturelle Schwankungen erkennen (Abb. 4). In jeweiligen Preisen nahmen die Brutto-Anlageinvestitionen fast kontinuierlich zu. Nur 1981 und 1982 war ein geringer Investitionsrückgang im Vergleich mit dem Vorjahr zu verzeichnen. Im Jahr 1985 betrugen die Brutto-Anlageinvestitionen 0,88 Mrd. DM und waren damit doppelt so hoch wie im Jahr 1977. Man muß jedoch berücksichtigen, daß die Preise für Investitionsgüter im Untersuchungszeitraum laufend gestiegen sind. Schaltet man die Preissteigerungen aus, so zeigt sich, daß die Brutto-Anlageinvestitionen im Untersuchungszeitraum nur um das 1,5fache angestiegen sind (Tab. 14).

Die Investitionstätigkeit in der Branche hat zu folgenden Veränderungen der Produktionskapazität geführt (in %):[3]

[3] Ifo-Investitionstest.

Abb. 4
Investitions- und Produktionsentwicklung in der Feinmechanik/Optik, 1977 bis 1985
Veränderung gegenüber dem Vorjahr in %

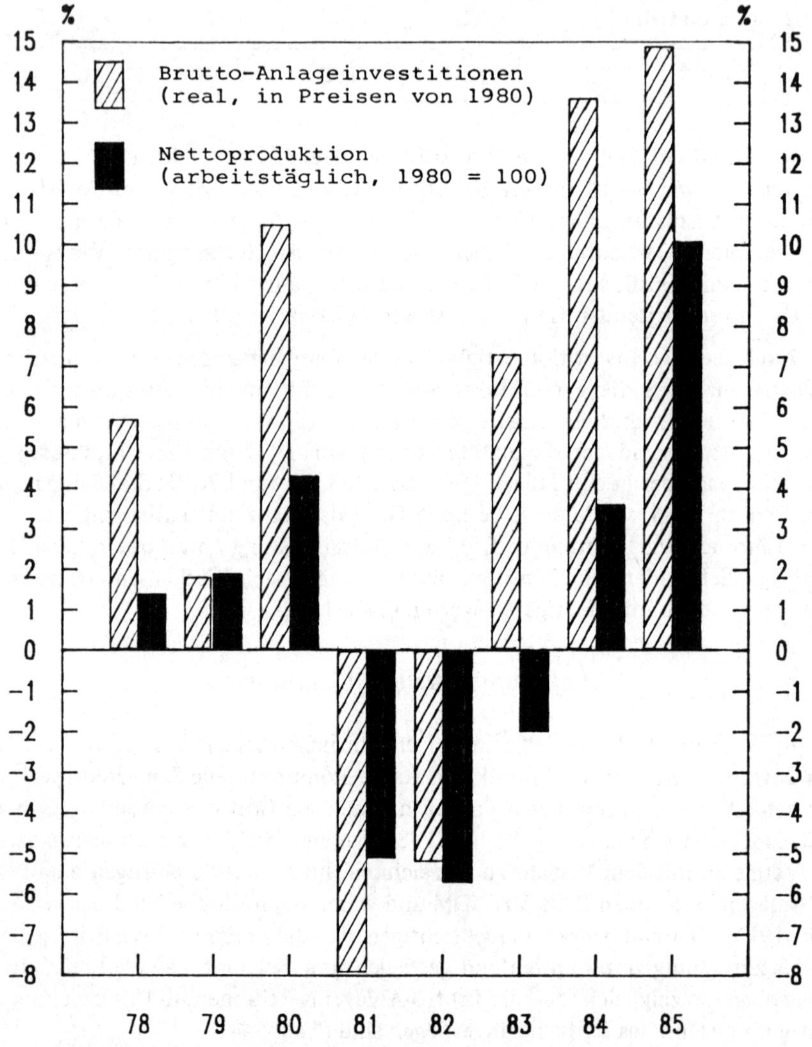

Quelle: - Statistisches Bundesamt: Fachserie 4, Reihe 2.1 (Nettoproduktionsindex, arbeitstäglich, 1980 = 100), und Zusatzangaben, Reihe 4.2.1; Fachserie 17, Reihe 2,
- Berechnungen des Ifo-Instituts.

Tabelle 14

Investitionstätigkeit der feinmechanischen und optischen Industrie im Inland, 1977 bis 1985

Brutto-Anlageinvestitionen[a)]	Einheit	1977	1978	1979	1980	1981	1982	1983	1984	1985
In jeweiligen Preisen	Mrd. DM	0,44	0,49	0,53	0,63	0,61	0,59	0,65	0,75	0,88
Entwicklung	1980=100	69,8	77,8	84,1	100	96,8	93,7	103,2	119,0	139,7
Veränderung	%	.	11,5	8,1	18,9	-3,2	-3,2	10,1	15,3	17,4
Anteil am verarbeitenden Gewerbe	%	1,2	1,3	1,2	1,2	1,2	1,1	1,2	1,5	1,4
In Preisen von 1980 Entwicklung	1980=100	84,1	88,9	90,5	100	92,1	87,3	93,7	106,3	122,2
Investitionsintensität[b)]										
nominal	DM	3 056	3 451	3 630	4 228	4 178	4 184	5 078	5 906	6 617
real	DM	3 681	3 944	3 904	4 228	3 973	3 901	4 275	5 276	5 789
Investitionsquote[c)]	%	3,8	4,0	4,1	4,4	4,3	4,2	4,8	5,2	5,2
Investitionsquote[c)] des verarbeitenden Gewerbes	%	4,0	4,0	4,1	4,4	4,1	4,1	4,1	3,8	4,2
Ausrüstungsanteil[d)]	%	77	82	83	77	78	84	85	88	85
Bautenanteil[d)]	%	23	18	17	23	22	16	15	12	15

a) Betriebe von Unternehmen mit 20 und mehr Beschäftigten einschließlich Handwerk. - b) Brutto-Anlageinvestitionen je Beschäftigten. Nominal: in jeweiligen Preisen; real: in Preisen von 1980. - c) Brutto-Anlageinvestitionen in % vom Umsatz (beide in jeweiligen Preisen). - d) Beim Ausrüstungs- und Bautenanteil: Feinmechanik/Optik einschließlich Uhren.

Quelle: - Statistisches Bundesamt: Fachserie 4, Reihe 4.1.1, Reihe 4.2.1 und Reihe 4.2.2,
- Ifo-Investitionstest,
- Berechnungen des Ifo-Instituts.

Tabelle 15

Investitionstätigkeit der feinmechanischen und optischen Industrie im Inland nach Erzeugnisbereichen,[a] 1977 bis 1985

Brutto-Anlageinvestitionen[b] im Erzeugnisbereich	Einheit	1977	1978	1979	1980	1981	1982	1983	1984	1985
Optik (SYPRO 3711)										
in jeweiligen Preisen	Mill. DM	33,0	45,7	58,8	80,6	109,6	60,7	70,8	110,0	144,4
Entwicklung	1980=100	40,9	56,7	73,0	100	136,0	75,3	87,8	136,5	179,2
Veränderung	%	.	38,6	28,7	37,0	36,0	-44,6	16,6	55,5	31,3
Anteil an Feinmechanik/Optik	%	7,5	9,3	11,1	12,9	17,9	10,3	10,9	14,7	16,4
Augenoptik (SYPRO 3715)										
in jeweiligen Preisen	Mill. DM	58,4	52,0	55,6	70,9	77,6	77,1	114,9	100,3	113,5
Entwicklung	1980=100	82,4	73,3	78,4	100	109,4	108,7	162,1	141,5	160,1
Veränderung	%	.	-11,1	7,0	27,6	9,4	-0,6	49,1	-12,7	13,1
Anteil an Feinmechanik/Optik	%	13,3	10,6	10,5	11,3	12,7	13,1	17,7	13,4	12,9
Foto-, Projektions- und Kinogeräte (SYPRO 3721)										
in jeweiligen Preisen	Mill. DM	102,2	105,7	107,2	143,1	119,3	153,3	135,9	142,4	151,8
Entwicklung	1980=100	71,4	73,9	74,9	100	83,4	107,1	95,0	99,5	106,1
Veränderung	%	.	3,5	1,4	33,5	-16,6	28,4	-11,3	4,7	6,6
Anteil an Feinmechanik/Optik	%	23,2	21,5	20,3	22,9	19,5	26,1	20,9	19,0	17,2

Feinmechanik (SYPRO 3751)										
in jeweiligen Preisen	Mill. DM	114,3	131,9	154,2	171,0	154,3	164,6	169,4	212,1	228,0
Entwicklung	1980=100	66,8	77,1	90,2	100	90,2	96,3	99,1	124,0	133,3
Veränderung	%	.	15,4	17,0	10,9	-9,8	6,8	2,9	25,1	7,5
Anteil an Feinmechanik/Optik	%	26,0	26,8	29,2	27,4	25,2	28,0	26,1	28,3	25,9
Medizin- und Orthopädiemechanik (SYPRO 3760)										
in jeweiligen Preisen	Mill. DM	131,9	157,0	152,9	159,5	150,3	132,3	158,7	184,1	243,1
Entwicklung	1980=100	82,7	98,4	95,9	100	94,2	82,9	99,5	115,4	152,4
Veränderung	%	.	19,0	-2,6	4,3	-5,8	-12,0	20,0	16,0	32,1
Anteil an Feinmechanik/Optik	%	30,0	31,9	28,9	25,5	24,6	22,5	24,4	24,6	27,6
Feinmechanik/Optik (SYPRO 3711-60)										
in jeweiligen Preisen	Mill. DM	439,8	492,3	528,7	625,1	611,1	588,0	649,7	748,9	880,8
Entwicklung	1980=100	70,4	78,8	84,6	100	97,8	94,1	103,9	119,8	140,9
Veränderung	%	.	11,9	7,4	18,2	-2,2	-3,8	10,4	15,3	17,6

a) Berechnungen aus nicht gerundeten Werten, deshalb geringfügige Abweichung zur Berechnung aus gerundeten Werten. –
b) Betriebe von Unternehmen mit 20 und mehr Beschäftigten, ab 1978 einschließlich Handwerk.

Quelle: – Statistisches Bundesamt: Fachserie 4, Reihe 4.2.1 und 4.2.2,
– Berechnungen des Ifo-Instituts.

Jahr	Feinmechanik, Optik, Uhren	Verarbeitendes Gewerbe
1977	2,9	2,9
1978	2,7	2,5
1979	3,5	2,7
1980	3,6	2,7
1981	2,2	1,5
1982	0,7	0,5
1983	0,2	0,5
1984	2,9	1,1
1985	3,9	1,1
1986	4,1	2,4

Die Erweiterung der Produktionskapazität der Branche war also in fast allen Jahren höher als im verarbeitenden Gewerbe.

Einblick in die Investitionstätigkeiten der feinmechanischen und optischen Industrie gibt auch der Verlauf der Investitionsintensität und der Investitionsquote. Die Investitionsintensität – gemessen als Brutto-Anlageinvestition je Beschäftigten – hat sich nominal im untersuchten Zeitraum mehr als verdoppelt (1985: 6 617 DM), real hat sie sich auf den 1,6fachen Wert erhöht. Die Investitionsquote (Brutto-Anlageinvestitionen in % vom Umsatz, beide in jeweiligen Preisen) stieg von 1977 (3,8 %) bis 1985 (5,2 %). Die Investitionsquote der Branche war von 1977 bis 1982 in etwa so hoch wie die Quote des verarbeitenden Gewerbes, ab 1983 lag sie jedoch deutlich darüber. Der Anteil der Ausrüstungen an den Gesamtinvestitionen, der 1977 gut drei Viertel ausmachte, hat sich im untersuchten Zeitraum in den meisten Jahren erhöht und erreichte 1984 (88 %) seinen höchsten Wert.

Betrachtet man die Investitionstätigkeit der Branche im Inland, gegliedert nach Erzeugnisbereichen, so fällt auf, daß in drei Bereichen (Augenoptik, Feinmechanik sowie Medizin- und Orthopädiemechanik) die Brutto-Anlageinvestitionen (1977 bis 1985) genau im gleichen Ausmaß wie im Branchendurchschnitt angestiegen sind, sich also (nominal) verdoppelt haben. Deutlich überdurchschnittlich (auf das 4,4fache) wuchsen die Investitionen im Bereich Optik, unterdurchschnittlich (1,5fach) im Bereich Foto-, Projektions- und Kinogeräte an (Tab. 15). Das Wachstum der Investitionen verlief in etwa synchron mit der Ausdehnung der Produktion in den einzelnen Erzeugnisbereichen (Tab. 48).

c) Investitionsziele und -anlässe

Bei den Investitionszielen wird zwischen Kapazitätserweiterung, Rationalisierung und Ersatzbeschaffung unterschieden. Im untersuchten Zeitraum ist mehrfach eine Veränderung in der Zielsetzung der Investitionstätigkeit eingetreten (Tab. 16 und Abb. 5). Als die Produktion zurückgegangen war (1981 bis 1983), verloren Kapazitätserweiterungen an Bedeutung. Rationalisierungsinvestitionen traten in den Vordergrund (1982–84). Erst nach dem Wiederanstieg der Produktion, der 1984 einsetzte, dienten die Investitionen in zunehmendem Ausmaß wieder der Kapazitätserweiterung. In fast allen Jahren dominierte beim Erweiterungsziel die Kapazitätserweiterung unter Änderung/Ausweitung des Produktionsprogramms vor jener unter Beibehaltung des Produktionsprogramms. Rationalisierungsinvestitionen (Mechanisierung und Automatisierung) waren überwiegend auf die Verringerung von Lohn- und Gehaltskosten gerichtet. Auffallend ist, daß der Anteil der Investitionen, die unter anderem der Einführung neuartiger Produktionsmethoden dienen, von 1977 (37 %) bis 1986 (75 %) stark zugenommen hat.

Bei der Beurteilung der Investitionsziele muß beachtet werden, daß sich die Produktionskapazitäten nicht nur durch Erweiterungsinvestitionen verändern, wenngleich sie am stärksten zur Kapazitätserweiterung beitragen. Beachtliche Kapazitätseffekte haben auch Rationalisierungsinvestitionen, und sogar im Wege der Ersatzbeschaffung kann noch eine Ausweitung der Kapazität erfolgen. Berechnungen für das verarbeitende Gewerbe ergaben, daß Erweiterungsinvestitionen einen durchschnittlichen Kapazitätseffekt von 6 bis über 11,5 %, Rationalisierungsinvestitionen einen solchen von durchschnittlich 1,5 bis 4 % haben, und Ersatzinvestitionen haben einen Kapazitätseffekt von durchschnittlich 0,5 bis 2 %.[4] Diese Ergebnisse dürften auch auf die Feinmechanik/Optik übertragbar sein.

d) Grenzüberschreitende Investitionen

Wenn sich die Wettbewerbsverhältnisse im internationalen Maßstab verändern, so ist dies nicht nur von Einfluß auf den Waren- und Dienstleistungsverkehr, sondern auch auf den Kapitalfluß und hier insbesondere auf die Direktinvestitionen. Im folgenden wird zunächst auf die Auslandsinvestitionen der deutschen feinmechanischen und optischen Industrie eingegangen. Sodann wird erörtert, inwieweit sich ausländische Unternehmen dieser Branche in der Bundesrepublik engagiert haben.

Wie in anderen Branchen, so war auch in der feinmechanischen und optischen Industrie die Errichtung von Fertigungsstätten im Ausland bedeutsam.

---

[4] Vgl. L. Uhlmann und M. Berger: Investitionsverhalten und Unternehmensgröße, Schriftenreihe des Ifo-Instituts für Wirtschaftsforschung, Nr. 119, Berlin-München 1986, S. 68.

Tabelle 16

Zielsetzung der Investitionstätigkeit der feinmechanischen und optischen Industrie (einschließlich Uhrenindustrie) im Inland, 1977 bis 1986

Als Haupt- bzw. Unterziel ihrer Investitionstätigkeit nannten .. % der meldenden Unternehmen[a]:	1977	1978	1979	1980	1981	1982	1983	1984	1985	1986
Kapazitätserweiterung	30	23	28	36	47	42	38	26	37	54
dabei[b]:										
unter Beibehaltung des Produktionsprogramms	18	3	8	7	11	11	19	10	14	18
unter Änderung/Ausweitung des Produktionsprogramms	9	20	20	28	36	31	18	15	23	36
Rationalisierung	47	48	37	38	35	41	50	53	39	35
dabei[b]:										
gerichtet auf Lohn- und Gehaltskosten	44	44	33	34	30	36	24	37	33	28
gerichtet auf sonstige Kosten	2	2	3	1	2	1	14	16	4	6
Ersatzbeschaffung	23	29	35	26	18	17	12	21	24	11
Insgesamt	100	100	100	100	100	100	100	100	100	100
Die Investitionen dienen u.a. der Einführung neuartiger Produktionsmethoden bei .. % der Unternehmen	37	47	42	54	59	61	68	65	74	75

a) Gewichtet mit dem Umsatz. - b) Die hier aufgeführten %-Anteile ergänzen sich nicht unbedingt zum %-Anteil des Hauptzieles, da nicht alle Unternehmen Unterziele angegeben haben.

Quelle: Ifo-Investitionstest.

Abb. 5
Zielsetzung der Investitionstätigkeit der Feinmechanik/Optik (einschließlich Uhrenindustrie), 1977 bis 1986
Als Hauptziel ihrer Investitionstätigkeit nannten . . . % der Unternehmen[a)]

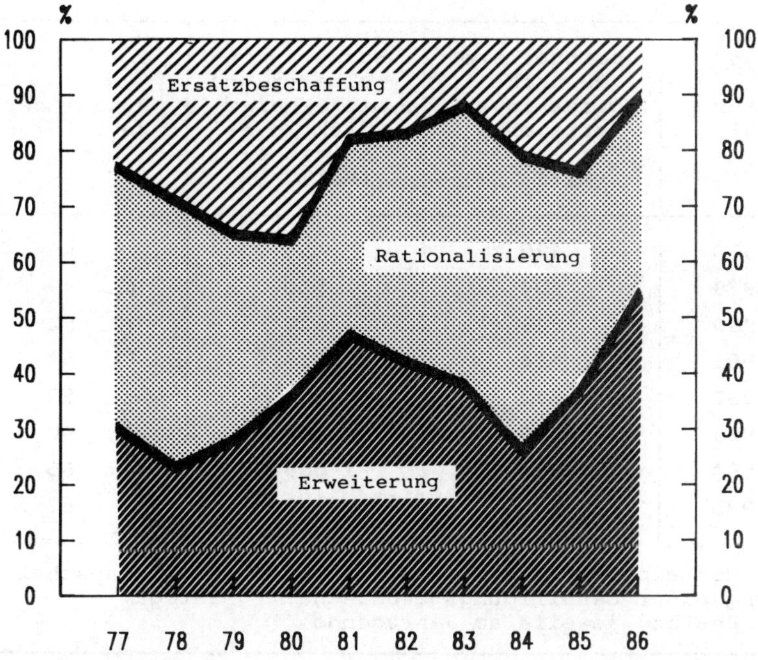

a) Meldungen gewichtet mit dem Umsatz.

Quelle: Ifo-Investitionstest.

Deutsche Unternehmen hatten bis Ende 1985 unmittelbar und mittelbar[5] insgesamt 1 133 Mill. DM im Ausland direkt investiert.[6] Rund vier Fünftel der

[5] Mittelbare Investitionen werden mit Zwischenschaltung einer Beteiligungsgesellschaft getätigt.

[6] Die Bestandserhebung über die Direktinvestitionen wird von der deutschen Bundesbank durchgeführt. Unter Direktinvestitionen wird der Anteil am Nominalkapital und an den Rücklagen eines ausländischen (bzw. inländischen) Unternehmens verstanden, der einem Inländer (bzw. Ausländer) zuzurechnen ist, sowie alle Kredite und Darlehen, die dieser Anteilseigner dem Unternehmen gewährt hat. Als Untergrenze für eine Direktinvestition wird eine Mindestbeteiligung von 25 % des Nominalkapitals oder der Stimmrechte angesehen.

Tabelle 17

Unmittelbare und mittelbare[a] Direktinvestitionen der deutschen feinmechanischen und optischen Industrie (einschließlich Uhrenindustrie) im Ausland,[b] 1978 bis 1985

Jahr	Unmittelbare deutsche Direktinvestitionen (Mill. DM)	Summe unmittelbarer und mittelbarer Direktinvestitionen (Mill. DM)	Anzahl der Investoren
1978	420	454	46
1979	504	550	49
1980	549	628	52
1981	614	716	54
1982	672	786	58
1983	689	849	60
1984	864	1 089	65
1985	930	1 133	67

a) Mittelbare Investitionen werden mit Zwischenschaltung einer Beteiligungsgesellschaft getätigt. – b) Bestand jeweils am Jahresende.

Quelle: Deutsche Bundesbank, Beilage zu "Statistische Beihefte zu den Monatsberichten der Deutschen Bundesbank", Reihe 3, Zahlungsbilanzstatistik, Nr. 2, Februar 1986, und Nr. 3, März 1987.

Summe sind unmittelbare Direktinvestitionen (Tab. 17). An den gesamten Investitionen waren 67 Investoren beteiligt; auf jeden Investor entfiel damit Ende 1985 eine Investitionssumme von durchschnittlich rund 17 Mill. DM (Direktinvestitionen 1978 bis 1985: 679 Mill. DM).

Die feinmechanische und optische Industrie hatte 1984 rund 130 Fertigungsstätten in über 40 Ländern. Neben Investitionen im europäischen Raum (68 Fertigungsstätten, davon 12 in Frankreich und je 8 in Großbritannien, Österreich und Spanien) und solchen in den USA (25 Fertigungsstätten), wurden Auslandsinvestitionen auch in Entwicklungsländern des asiatischen Raums (z.B. Indien, Malaysia, Hongkong, Singapur) und in Lateinamerika (z.B. Brasilien und Mexiko) getätigt.[7] Innerhalb der Branche hat besonders der Sektor Foto- und Videotechnik Produktionsanlagen im Ausland aufgebaut.

Man kann die Auslandsinvestitionen in der feinmechanischen und optischen Industrie in zwei Kategorien aufgliedern:

- Absatzorientierte Auslandsinvestitionen, durch die bestehende Absatzmärkte gesichert und ausgeweitet oder neue Märkte erschlossen werden.
- Kostenorientierte Auslandsinvestitionen, die das Ziel verfolgen, die Produktion unter Wahrung der bisherigen Produktionstechnik und/oder Produktpalette an einen Standort zu verlagern, der im Vergleich zur Bundesrepublik Kostenvorteile besitzt.

Für die Feinmechanik/Optik haben die absatzorientierten Auslandsinvestitionen das größte Gewicht. Sie wurden vor allem in Industrieländern (Europa, USA) getätigt, und zwar dort, wo bei großen Märkten die Errichtung lokaler Industrien wirtschaftlich ist. Die Direktinvestitionen bringen einem Unternehmen den Vorteil der räumlichen Nähe zum Kunden bei der Projektierung, Fertigung und Entwicklung. Häufig ist auch von den Erwartungen der Abnehmer her die Präsenz am Markt einfach erforderlich. Ein weiterer großer Vorteil ist die Tatsache, daß öffentliche Aufträge, von denen die feinmechanische und optische Industrie in starkem Maße abhängt (z.B. in den Bereichen Gesundheit und Unterricht) aus beschäftigungspolitischen Gründen in vielen Ländern bevorzugt an solche Unternehmen vergeben werden, die die in Auftrag gegebenen Erzeugnisse ganz oder zumindest zu einem großen Teil im Land des Auftraggebers selbst erstellen.

Wegen der zunehmenden Härte des internationalen Preiswettbewerbs hat die arbeitsintensive feinmechanische und optische Industrie kostenorientierte Auslandsinvestitionen vorgenommen. Sie hat die Produktion zum Teil in sogenannte „Niedriglohnländer" verlagert, und zwar entweder auf der Basis von Auftragsfertigungen oder in Form eigener Fabrikationen oder Joint ventures. Beispiele hierfür sind Produktionsverlagerungen im Bereich der Augenoptik in Schwellenländer. Die kostenorientierten Auslandsinvestitionen, bei denen in der Hauptsache niedrige Löhne den Ausschlag geben, spielen in der Feinmechanik/Optik jedoch eine geringere Rolle als die absatzorientierten Direktinvestitionen.

Die zunehmende Produktion deutscher Hersteller im Ausland hat dazu geführt, daß der Anteil der sogenannten „Eigenimporte" an den Importen feinmechanischer und optischer Erzeugnisse teilweise erheblich gestiegen ist. Der Verband der deutschen feinmechanischen und optischen Industrie schätzt die

---

[7] Verband der deutschen feinmechanischen und optischen Industrien eV: Geschäftsbericht 1985–1987, S. 15 und 45.

Höhe der Eigenimporte der Branche (1986) auf rund 15 % der Gesamteinfuhr von feinmechanischen und optischen Erzeugnissen.[8] Diese Eigenimporte setzen sich im wesentlichen aus drei Komponenten zusammen: Erzeugnisse eigener Fertigungsstätten im Ausland, passive Lohnveredelung und Zukäufe zur Vervollständigung des Sortiments. Sie werden in der Statistik nicht getrennt ausgewiesen.

Bei der passiven Lohnveredelung werden bestimmte Produkte in ausländischen Betrieben unter Verwendung von aus der Bundesrepublik stammenden Vormaterials und nach den Anweisungen des inländischen Unternehmers hergestellt. Anschließend importiert das auftraggebende deutsche Unternehmen die fertigen Waren wieder. Bei den Zukäufen aus dem Ausland, dem sogenannten Einfuhr-Vollgeschäft, sieht man die Hauptvorteile darin, daß die im Ausland zugekauften Produkte von dem jeweiligen Markenimage der Hersteller in der Bundesrepublik profitieren und daß sie es erlauben, ein preiswertes und umfassendes Sortiment anzubieten.

Die Bundesrepublik Deutschland ist für ausländische Investoren ein attraktives Investitionsland. Die Auslandsinvestitionen in der Branche konzentrieren sich auf Gebiete mit technisch anspruchsvollen Produkten und hohen Anforderungen an die Technologie und die Qualifikation der Arbeitskräfte.

Mit den Direktinvestitionen erreichen die ausländischen Firmen eine Anzahl von Vorteilen:

- Durch den Kauf einer eingesessenen Firma haben sie einen direkten, etablierten Zugang zum Markt.
- Sie kaufen mit dem Unternehmen auch dessen Einbindung in das offizielle und inoffizielle Informationsnetz.
- Über das Vertriebsnetz des erworbenen Unternehmens lassen sich auch andere Produkte vertreiben.

Ausländische Direktinvestitionen in der Bundesrepublik auf dem Gebiet der Feinmechanik und Optik haben eine höhere Bedeutung als die entsprechenden deutschen Investitionen im Ausland. Diesen 1 133 Mill. DM (Ende 1985) standen nämlich 1 395 Mill. DM unmittelbarer und mittelbarer Investitionen ausländischer Firmen gegenüber. Sie betrafen 216 Unternehmen, die 28 000 Arbeitnehmer beschäftigten, also immerhin etwa ein Fünftel der in der Branche insgesamt Beschäftigten. Ein Teil der Direktinvestitionen – Ende 1985 rund

[8] Eine Untersuchung zu den Eigenimporten der deutschen Industrie kommt zu dem Ergebnis, daß der Eigenimportanteil höher ist als die Schätzung des Verbandes. Besonders hoch ist er bei Erzeugnissen der Augenoptik, gefolgt von optischen Instrumenten und Produkten der Foto- und Videotechnik. Zu diesen Aussagen, die aufgrund von Hochrechnungen der Ergebnisse des Berichtskreises gemacht werden, vergleiche R. Jungnickel und U. Maenner: Eigenimporte der deutschen Industrie, Veröffentlichungen des HWWA-Instituts für Wirtschaftsforschung, Hamburg 1984, S. 188 ff.

Tabelle 18

Unmittelbare und mittelbare[a)] ausländische Direktinvestitionen in der deutschen feinmechanischen und optischen Industrie (einschließlich Uhrenindustrie),[b)] 1978 bis 1985

Jahr	Unmittelbare ausländische Direktinvestitionen (Mill. DM)	Mittelbare ausländische Direktinvestitionen (Mill. DM)	Anzahl der inländischen Unternehmen	Bilanzsumme (Mrd. DM) der inländischen Unternehmen	Jahresumsatz[b)] (Mrd. DM)	Beschäftigte[c)] (in 1000)
1978	649	92	87	2,1	2,7	27
1979	669	88	86	2,2	2,9	26
1980	694	91	88	2,5	3,2	27
1981	668	116	90	2,6	3,5	27
1982	694	138	91	2,8	3,7	27
1983	888	133	94	3,2	4,0	27
1984	1 047	122	93	3,4	4,5	26
1985	1 179	216	98	3,9	5,0	28

a) Mittelbare Investitionen werden unter Zwischenschaltung einer Beteiligungsgesellschaft getätigt. - b) Bestand jeweils am Jahresende. - c) Jahresumsatz und Beschäftigte der inländischen Unternehmen mit ausländischer Beteiligung.

Quelle: Deutsche Bundesbank, Beilage zu "Statistische Beihefte zu den Monatsberichten der Deutschen Bundesbank", Reihe 3, Zahlungsbilanzstatistik, Nr. 2, Februar 1986, und Nr. 3, März 1987.

15% – wurden als mittelbare Investitionen getätigt, d.h. unter Zwischenschaltung einer Beteiligungsgesellschaft (Tab. 18). Die Investitionssumme pro Investor betrug im Durchschnitt rund 14 Mill. DM. Von den Investitionen in der feinmechanischen und optischen Industrie in der Bundesrepublik entfielen immerhin rund 13% (1978–85) auf ausländische Unternehmen.

2. Arbeitseinsatz

a) Beschäftigtenzahl und Arbeitsvolumen

Die feinmechanische und optische Industrie beschäftigte 1986 rund 130 000 Personen. Dies sind 9 000 Beschäftigte weniger als 1977, zu Beginn des Berichtszeitraums. Für die Entwicklung der Beschäftigtenzahl[9] gibt es zwei markante Punkte: 1980 erreichte die Beschäftigtenzahl der Branche mit 143 000 ihren höchsten Stand. In nur vier Jahren sank sie um 21 000 auf 122 000 Personen (1984). Erst in jüngster Zeit war wieder ein Anstieg zu verzeichnen (1986: 130 000).

Der Anteil der in der Feinmechanik/Optik Beschäftigten lag im gesamten Berichtszeitraum bei 1,9 bzw. 2,0% des verarbeitenden Gewerbes (Tab. 4). Diese nahezu konstanten Werte machen deutlich, daß die Entwicklung der Beschäftigtenzahl in der feinmechanischen und optischen Industrie in etwa gleichförmig zur Entwicklung im verarbeitenden Gewerbe verlief. Der massive Personalabbau von 1981 bis 1984 ist also nicht allein auf branchenspezifische Ursachen zurückzuführen, sondern auch auf die allgemeine konjunkturelle Entwicklung.

Vom Beschäftigtenabbau, der allein zwischen 1980 und 1984 in der gesamten feinmechanischen und optischen Industrie rund 15% betrug, waren zwei Erzeugnisbereiche überdurchschnittlich stark betroffen, nämlich die Herstellung von Foto-, Projektions- und Kinogeräten mit rund 40% (1980 bis 1984) sowie die Feinmechanik mit 19% (Tab. 19).[10]

Im Untersuchungszeitraum war nicht nur der Einsatz von Arbeitskräften in der feinmechanischen und optischen Industrie rückläufig, sondern auch die von den Arbeitskräften geleisteten Arbeitsstunden: 1977 wurden pro Arbeiter 1 743 Stunden geleistet, 1986 waren es noch 1 622 Stunden, also um 121 Stunden weniger (Tab. 20). Dies entspricht einem Rückgang der Wochenarbeitszeit (bei 52 Kalenderwochen) um fast zweieinhalb Stunden. Die Ursachen für die Verkürzung der Jahresarbeitszeit sind mannigfaltig: Verkürzung der tariflichen

---

[9] Die Entwicklung der Beschäftigung wird hier auf der Basis fachlicher (beteiligter) Betriebsteile von Unternehmen mit 20 und mehr Beschäftigten einschließlich Handwerk beschrieben (vgl. Tab. 1 und 19). Die Beschäftigtenzahlen nach dem sogenannten „Hauptbeteiligtenprinzip", wie in Tab. 20 ausgewiesen, sind höher.

[10] Nach SYPRO-Gliederung.

Tabelle 19

Beschäftigte[a] in der feinmechanischen und optischen Industrie nach Erzeugnisbereichen, 1977 bis 1986

Anteile in %

Erzeugnisbereich[b]	1977	1980	1983	1984	1985	1986	Veränderung 1977-86 Beschäftigte in 1000	in %
Optik[c]	21,6	21,8	24,4	25,3	12,2	12,6	5	16
Augenoptik[c]	21,6	21,8	24,4	25,3	14,2	14,2	5	16
Foto-, Projektions- und Kinogeräte	20,3	18,5	14,7	13,2	12,6	12,3	-12	-43
Feinmechanik	30,7	30,8	29,1	29,2	28,9	29,3	-5	-21
Medizin- und Orthopädiemechanik	27,4	28,9	31,8	32,3	32,1	31,6	3	8
Feinmechanik/Optik insgesamt in %	100	100	100	100	100	100		
in 1000	139	143	124	122	127	130	-9	-6

a) Fachliche Betriebsteile von Betrieben der Unternehmen mit 20 und mehr Beschäftigten einschließlich Handwerk. - b) Geordnet nach den vierstelligen SYPRO-Nummern. - c) Die Beschäftigten im Bereich "Optik" und "Augenoptik" werden erst ab 1985 gesondert ausgewiesen, davor waren sie unter "Sonstige Erzeugnisse" zusammengefaßt.

Quelle: - Statistisches Bundesamt, Fachserie 4, Reihe 4.1.1,
- Berechnungen des Ifo-Instituts.

Tabelle 20

Arbeitseinsatz in der feinmechanischen und optischen Industrie, 1977 bis 1986

Arbeitseinsatz	Einheit	1977	1978	1979	1980	1981	1982	1983	1984	1985	1986
Beschäftigte[a)b)c)]											
Anzahl	1000	144	142	146	149	146	141	128	127	133	137
Entwicklung	1980=100	96,6	95,3	98,0	100	98,0	94,6	85,9	85,2	89,3	91,9
Veränderungsrate	%	.	-1,3	2,8	2,0	-2,0	-3,5	-9,2	-0,8	4,8	2,9
Geleistete Stunden je Arbeiter[a)b)]											
Anzahl	Std.	1 753	1 723	1 713	1 688	1 656	1 656	1 644	1 659	1 659	1 622
Entwicklung	1980=100	103,9	102,1	101,5	100	98,1	98,1	97,4	98,3	98,3	96,1
Veränderungsrate	%	.	-1,7	-0,6	-1,5	-1,9	±0	-0,7	0,9	±0	-2,2
Arbeitsvolumen[d)e)]											
Anzahl	Mill. Std.	281	274	279	280	265	254	230	229	239	239
Entwicklung	1980=100	100,4	97,9	99,6	100	94,6	90,7	82,1	81,8	85,4	85,4
Veränderungsrate	%	.	-2,5	1,7	0,4	-5,4	-4,1	-9,5	-0,4	4,4	±0
Arbeitsproduktivität[d)f)]											
Entwicklung	1980=100	96,0	95,8	96,5	100	101,0	98,4	108,0	115,4	121,7	125,2
Veränderungsrate	%	.	-0,1	0,6	3,4	1,3	-2,6	9,5	6,8	5,5	2,9

a) Ohne Uhren. - b) Betriebe von Unternehmen mit 20 und mehr Beschäftigten einschließlich Handwerk. - c) Nach dem sogenannten "Hauptbeteiligtenprinzip", nicht vergleichbar mit den Beschäftigten von fachlichen (beteiligten) Betriebsteilen. - d) Einschließlich Uhren. - e) Von allen Beschäftigten tatsächlich geleistete Jahresarbeitsstunden. - f) Effektives Bruttowertschöpfungsvolumen je geleistete Beschäftigtenstunde, in Preisen von 1980.

Quelle: - Statistisches Bundesamt: Fachserie 4, Reihe 4.1.1;
- Deutsches Institut für Wirtschaftsforschung, B. Görzig u.a.: Produktionsvolumen und -potential, Produktionsfaktoren des Bergbaus und des Verarbeitenden Gewerbes in der Bundesrepublik Deutschland, 29. Folge,
- Berechnungen des Ifo-Instituts.

Wochenarbeitszeit, erhöhter Jahresurlaub, Änderungen im Ausmaß der Krankheitsfälle, weniger Überstunden, Teilzeitarbeit und Änderungen bei Kurzarbeit. Das jeweilige Ausmaß der tatsächlichen Ursachen ist jedoch nicht bekannt. Das Arbeitsvolumen in der Feinmechanik/Optik – gemessen in geleisteten Beschäftigtenstunden[11] – hat sich bei reduzierter Beschäftigungszahl und verkürzter Jahresarbeitszeit von 1977 bis 1986 um rund 15% verringert, nämlich von 281 auf 239 Mill. Stunden. Die Produktion stieg jedoch im selben Zeitraum real insgesamt um rund 13%.[12] Das bedeutet, daß der Produktionsfaktor Arbeit in ganz beträchtlichem Umfang eingespart wurde.

Ende der siebziger Jahre sahen 10 bis 15% der Unternehmen in der feinmechanischen und optischen Industrie ihre Produktionstätigkeit durch den Mangel an Arbeitskräften behindert. Auch in den Jahren 1985 und 1986, als die Branche wieder in größerem Umfang Personal einstellte, machten sich Behinderungen bei der Produktion durch Personalmangel bemerkbar, und zwar bei etwa 10% der Unternehmen.[13]

b) Beschäftigtenstruktur

Im Berichtszeitraum hat sich der Anteil der Angestellten (einschließlich tätiger Inhaber und Mitinhaber) an den insgesamt in der feinmechanischen und optischen Industrie beschäftigten Personen von 31,3% (1977) auf 34,8% (1986) erhöht und lag damit über dem Durchschnitt des verarbeitenden Gewerbes (29,1 bzw. 31,2%).[14] Der im Vergleich mit dem verarbeitenden Gewerbe überdurchschnittlich hohe Angestelltenanteil der Branche ist auf die umfangreichen Projektierungs-, Forschungs- und Entwicklungsaufgaben zurückzuführen, auf die allgemeine Tendenz zur Ausdehnung der Verwaltung und auf die vermehrte Übernahme von qualifizierten Arbeiten in das Angestelltenverhältnis.

Die Qualifikationsstruktur in der Feinmechanik/Optik zeigt starke Unterschiede nach männlichen und weiblichen Beschäftigten. In der Gruppe der Arbeiter dominieren bei der höchsten Qualifikationsstufe, den Facharbeitern, eindeutig die männlichen Beschäftigten (1986: rund 38%) vor der verschwin-

---

[11] Die Statistik weist die von den Beschäftigten der Feinmechanik/Optik insgesamt geleisteten Beschäftigtenstunden nicht aus. Eine Näherungslösung erhält man, wenn man berücksichtigt, daß der Anteil der Arbeiter an der Gesamtzahl der Beschäftigten in der Vergangenheit bei etwa zwei Dritteln lag und man die von den Arbeitern geleisteten Jahresstunden als repräsentativ für die Entwicklung der von den Beschäftigten insgesamt geleisteten Jahresarbeitsstunden ansieht.

[12] Nach dem fachlichen arbeitstäglichen Nettoproduktionsindex (1980 = 100) für die Feinmechanik/Optik (ohne Uhren) vom Statistischen Bundesamt.

[13] Ifo-Konjunkturtest.

[14] Statistisches Bundesamt: Fachserie 4, Reihe 4.1.1 (Betriebe von Unternehmen mit 20 und mehr Beschäftigten, Jahresdurchschnitt).

Tabelle 21

Qualifikationsstruktur der Beschäftigten in der feinmechanischen und optischen Industrie (einschl. Uhrenindustie), 1977 bis 1986[a)]

Anteile in % je Beschäftigungsart

Beschäftigungsart	Geschlecht	Leistungsgruppe[b)]	1977	1978	1979	1980	1981	1982	1983	1984	1985	1986
Arbeiter	männlich	1	35,9	36,3	35,9	37,0	38,4	40,4	39,7	38,8	37,7	37,8
		2	16,0	15,9	15,5	15,4	15,5	15,0	14,5	14,8	15,4	15,7
		3	5,1	5,0	4,9	4,7	4,2	4,3	4,1	4,4	4,6	4,5
	weiblich	1	0,6	0,6	0,7	0,9	0,8	0,8	1,6	1,8	1,7	1,8
		2	15,8	14,5	14,9	15,0	14,7	14,2	13,3	13,0	13,4	13,9
		3	26,6	27,7	28,1	27,0	26,4	25,3	26,8	27,2	27,2	26,3
			100	100	100	100	100	100	100	100	100	100
Kaufmännische Angestellte	männlich	II	14,7	15,1	15,8	16,4	17,1	17,4	17,8	18,0	18,3	18,1
		III	19,8	19,6	19,5	19,7	19,5	20,1	19,2	19,3	18,8	18,6
		IV	6,1	5,9	5,6	5,2	5,2	5,3	4,9	4,8	4,8	5,0
		V	0,4	0,3	0,4	0,3	0,3	0,2	0,3	0,3	0,3	0,3

	weiblich	II	2,5	2,5	2,5	2,8	3,0	3,3	2,8	2,8	2,6	3,0
		III	21,3	21,4	22,2	22,4	22,6	21,6	22,4	22,2	22,6	22,7
		IV	31,3	30,7	29,9	29,8	29,1	28,9	29,5	30,2	30,1	30,2
		V	3,9	4,5	4,1	3,4	3,2	3,2	3,1	2,4	2,5	2,1
			100	100	100	100	100	100	100	100	100	100
Technische Angestellte	männlich	II	24,1	25,1	25,4	26,9	28,0	28,5	29,0	29,4	29,3	30,3
		III	56,0	55,4	55,4	54,4	53,4	53,2	53,9	53,0	53,0	52,3
		IV	11,3	10,9	10,5	10,0	9,9	9,9	8,7	9,2	9,4	9,0
		V	0,2	0,2	0,2	0,4	0,6	0,5	0,1	0,2	0,2	0,2
	weiblich	II	0,3	0,3	0,2	0,3	0,3	0,3	0,3	0,4	0,3	0,4
		III	2,1	2,2	2,3	2,4	2,5	2,6	2,7	2,5	2,6	2,7
		IV	4,9	5,1	5,1	4,8	4,5	4,2	4,7	4,8	4,8	4,8
		V	1,1	0,8	0,9	0,8	0,8	0,8	0,6	0,5	0,4	0,3
			100	100	100	100	100	100	100	100	100	100

a) Jeweils Oktober. - b) Bei Arbeitern: Leistungsgruppe 1 = Facharbeiter; 2 = angelernte Arbeiter, 3 = Hilfsarbeiter; bei kaufmännischen und technischen Angestellten: Abnahme der Qualifikation von II bis V (für die einzelnen Leistungsgruppen gibt es keine gängigen Kurzbezeichnungen).

Quelle: - Statistisches Bundesamt: Fachserie 16, Reihen 2.1 und 2.2,
- Berechnungen des Ifo-Instituts.

dend kleinen Zahl der weiblichen (knapp 2%). Bei angelernten Arbeitern ist der männliche und der weibliche Anteil mit 14 bis 15% etwa gleich hoch, während bei den Hilfsarbeitern und damit bei niedrig bezahlter Tätigkeit die Frauen mit gut 26% das weitaus größte Kontingent stellen gegenüber einem Männeranteil von 4,5% (Tab. 21).

Der Anteil der Facharbeiter/innen in der Feinmechanik/Optik (einschließlich Uhren) liegt unter dem Durchschnitt des verarbeitenden Gewerbes (1986: Feinmechanik, Optik und Uhren 39,6%, verarbeitendes Gewerbe 44,5%). Dies ist zum Teil durch die umfangreichen Montagearbeiten bedingt, wo ungelernte und angelernte Arbeitskräfte eingesetzt werden. Unter den kaufmännischen Angestellten der feinmechanischen und optischen Industrie befinden sich in der höchstqualifizierten Leistungsgruppe rund sechsmal so viele Männer wie Frauen. Je stärker die Anforderung an die Qualifikation abnimmt, desto größer wird der Anteil der in der jeweiligen Leistungsgruppe beschäftigten Frauen.

Bei den technischen Angestellten dominieren insgesamt gesehen eindeutig männliche Beschäftigte. Vor allem gilt das für die beiden oberen Leistungsgruppen, wo sich über vier Fünftel der technischen männlichen Angestellten finden. Der Frauenanteil aller Leistungsgruppen war bei den technischen Angestellten im gesamten Untersuchungszeitraum geringer als 10%.

Insgesamt liegt der Anteil weiblicher Arbeitskräfte, die vielfach weniger qualifizierte Tätigkeiten ausüben, in der feinmechanischen und optischen Industrie höher als im verarbeitenden Gewerbe. Teils dadurch bedingt, teils aber auch wegen des unterproportionalen Anteils der Facharbeiter/innen lag die Bruttolohnsumme je geleisteter Arbeiterstunde in der feinmechanischen und optischen Industrie im Untersuchungszeitraum um rund 10% unter dem Durchschnitt des verarbeitenden Gewerbes (Tab. 4).

Für alle drei Beschäftigtengruppen – Arbeiter, kaufmännische Angestellte und technische Angestellte – kann im Zeitablauf eine Zunahme des Anteils höherqualifizierter Beschäftigter beobachtet werden (Tab. 21). Dies ist auf die Politik der Unternehmen bei Neueinstellungen (steigender Anteil der Hoch- und Fachhochschulabsolventen) sowie auf ihre Anstrengungen in der Aus- und Weiterbildung des Personals zurückzuführen. Der Produktionsapparat wurde also nicht nur durch die Einführung neuer Techniken, sondern auch durch eine Qualitätserhöhung des Produktionsfaktors Arbeit verbessert.

c) Arbeitsproduktivität

Die Arbeitsproduktivität – gemessen als effektives Bruttowertschöpfungsvolumen (in Preisen von 1980) je geleistete Beschäftigtenstunde – lag in der feinmechanischen und optischen Industrie im gesamten Untersuchungszeitraum

Tabelle 22

Arbeitsproduktivität[a)] in der feinmechanischen und optischen Industrie (einschließlich Uhrenindustrie) und im verarbeitenden Gewerbe, 1977 bis 1986

Wirtschaftsbereich	Einheit	1977	1978	1979	1980	1981	1982	1983	1984	1985	1986
Feinmechanische und optische Industrie											
Absolut	DM	28,45	28,40	28,61	29,64	29,95	29,18	32,01	34,19	36,06	37,10
Entwicklung	1980=100	96,0	95,8	96,5	100	101,0	98,4	108,0	115,4	121,7	125,2
Veränderungsrate	%	5,4	-0,2	0,7	3,6	1,1	-2,6	9,7	6,8	5,5	2,9
Verarbeitendes Gewerbe											
Absolut	DM	32,37	33,31	35,04	35,43	35,93	36,37	38,01	39,60	41,29	41,93
Entwicklung	1980=100	91,4	94,0	98,9	100	101,4	102,7	107,3	111,8	116,5	118,3
Veränderungsrate	%	4,6	2,9	5,2	1,1	1,4	1,2	4,5	4,2	4,3	1,6
Feinmechanische und optische Industrie im Verhältnis zum verarbeitenden Gewerbe	%	87,9	85,3	81,6	83,7	83,4	80,2	84,2	86,3	87,3	88,5

a) Effektives Bruttowertschöpfungsvolumen je geleistete Beschäftigtenstunde, in Preisen von 1980.

Quelle: - Deutsches Institut für Wirtschaftsforschung, B. Görzig u.a.: Produktionsvolumen und -potential, Produktionsfaktoren des Bergbaus und des Verarbeitenden Gewerbes in der Bundesrepublik Deutschland, 29. Folge,
- Berechnungen des Ifo-Instituts.

Abb. 6
Beitrag des Produktionsfaktors Arbeit zum Produktionsergebnis der Feinmechanik/Optik (einschließlich Uhrenindustrie), 1977 bis 1986
1980 = 100

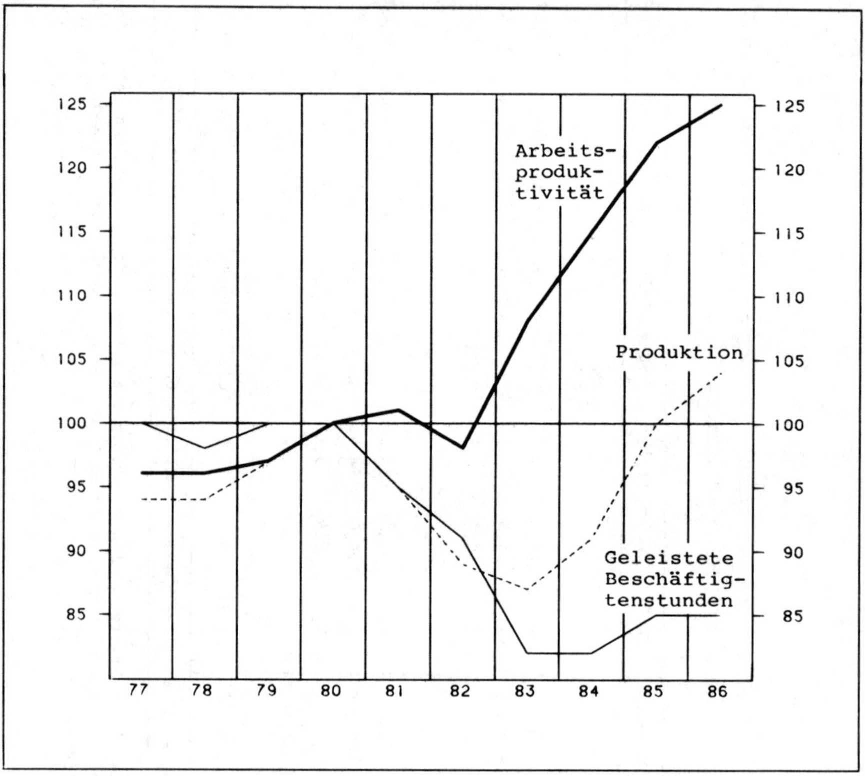

Quelle: - Statistisches Bundesamt: Fachserie 4, Reihe 2.1,
- Tab. 20.

weit unter der des verarbeitenden Gewerbes insgesamt. Das effektive Bruttowertschöpfungsvolumen je geleistete Beschäftigtenstunde betrug 1986 in der Branche 37,10 DM, im verarbeitenden Gewerbe jedoch 41,93 DM (1977: 28,45 bzw. 32,37 DM). In diesen Zahlen kommt zum Ausdruck, daß die Feinmechanik/Optik arbeitsintensiver ist als das verarbeitende Gewerbe im Durchschnitt. Es sind also je Produktionseinheit mehr Beschäftigtenstunden zu leisten (Tab. 22).

Im untersuchten Zeitraum hat sich die Arbeitsproduktivität der feinmechanischen und optischen Industrie mit einem durchschnittlichen Anstieg von rund

Tabelle 23

Arbeitsproduktivität[a)] in der feinmechanischen und optischen Industrie nach Erzeugnisbereichen, 1978 und 1986

Erzeugnisbereich	Produktion je Beschäftigten in 1000 DM		Durchschnittliche jährliche Veränderungsrate 1978-86 in %	
	1978	1986	Produktion je Beschäftigten	Produktion
Feinmechanische und optische Industrie insgesamt	64,8	106,0	6,4	5,6
Augenoptik	61,8	91,2	5,0	7,0
Optik und Labortechnik	50,8	116,1	10,9	13,5
Foto- und Videotechnik	74,8	101,7	3,9	- 2,6
Feinmechanik	59,8	112,1	8,1	8,4
Meß- und Automatisierungstechnik	60,1	102,3	6,9	4,1
Medizintechnik	69,1	109,6	6,0	6,9

a) Arbeitsproduktivität definiert als Produktion je Beschäftigten, in jeweiligen Preisen.

Quelle: - Verband der deutschen feinmechanischen und optischen Industrie eV: Jahreszahlen (verschiedene Jahrgänge),
- Berechnungen des Ifo-Instituts.

3% pro Jahr im gleichen Ausmaß verbessert wie im verarbeitenden Gewerbe insgesamt. Diese Verbesserung ist auf eine Vielzahl von Maßnahmen zurückzuführen, wie die vermehrte Ausstattung der Arbeitsplätze mit Kapital, organisatorische Verbesserungen, Veränderungen im Produktionsprogramm, der Übergang zu neuen Fertigungsverfahren, die flexiblere Gestaltung der Losgrößen und die bereits erwähnte Qualifikationssteigerung der Arbeitskräfte.

Ab 1980 hat das Arbeitsvolumen, gemessen in geleisteten Beschäftigtenstunden, stark abgenommen. Es betrug 1986 nur noch 85% des Jahres 1980. Die

Produktion (hier: einschließlich Uhren) konnte ab 1983 wieder ausgeweitet werden, d.h. daß Produktivitätsfortschritte die dominierende positive Komponente des Produktionswachstums waren (Abb. 6).

Die Aussagen zur Produktivitätsentwicklung in der gesamten feinmechanischen und optischen Industrie, gemessen am effektiven Bruttowertschöpfungsvolumen je geleistete Beschäftigtenstunde, verdecken die zum Teil ganz erheblichen Unterschiede zwischen den einzelnen Erzeugnisbereichen. Berechnet man die Arbeitsproduktivität als „Bruttoproduktion je Beschäftigten" (Einbezug fremdbezogener Vorleistungen), so kann man die Unterschiede in den Erzeugnisbereichen sehen. Die Produktion je Beschäftigten war in der Optik und Labortechnik (1986: 116 100 DM), in der Feinmechanik (112 100 DM) und in der Medizintechnik (109 600 DM) am höchsten (Tab. 23). Unter dem Durchschnitt der Feinmechanik/Optik (106 000 DM) lag die Produktion je Beschäftigten in der Meß- und Automatisierungstechnik, der Foto- und Videotechnik sowie in der Augenoptik. Ohne Kenntnis der Fertigungstiefe in den einzelnen Erzeugnisgruppen läßt sich aus diesen Zahlen allerdings kein Rückschluß auf die tatsächliche Leistung je Beschäftigten ziehen.

Der Produktivitätsfortschritt war im untersuchten Zeitraum in jenen Bereichen am höchsten, die auch die stärkste Produktionsausweitung aufweisen. Dies sind die Optik und Labortechnik sowie die Feinmechanik. Neue Betriebe, die vielfach besonders rationell arbeiten, kamen hinzu, so daß die Produktion je Beschäftigten angestiegen ist.

3. Material- und Energieeinsatz

a) Materialeinsatz

In der feinmechanischen und optischen Industrie (einschließlich Uhrenindustrie) ist der Anteil der Roh-, Hilfs- und Betriebsstoffe an den Vorleistungen niedriger als in anderen Industriezweigen. Dies kommt in der hohen Nettoquote dieser Branche zum Ausdruck, d.h. im Anteil des Nettoproduktionswertes am Bruttoproduktionswert. 1985 lag die Feinmechanik/Optik mit einer Nettoquote von 58,1% sowohl über dem Durchschnitt des Bergbaus und des verarbeitenden Gewerbes (45,3%) als auch der Investitionsgüterindustrie (50,2%). Innerhalb der Investitionsgüterindustrien haben nur wenige Bereiche ebenso hohe Nettoquoten (z.B. der Luftfahrzeugbau mit 59,1%).[15]

Vom Materialeinsatz in der feinmechanischen und optischen Industrie entfallen rund 90% (1982) auf Vormaterial, der Rest auf Betriebsstoffe, Brenn- und Treibstoffe sowie auf Verpackungsmaterial. Der bedeutendste Lieferant

[15] Statistisches Bundesamt: Fachserie 4, Reihe 4.3.

von Vormaterial ist die Feinmechanik/Optik selbst. Sie lieferte 1982 rund 24% der zur Weiterverarbeitung oder zum Einbau bestimmten Erzeugnisse (Tab. 24). Die zweitgrößte Materialgruppe sind chemische Erzeugnisse (fast 15%). Weitere wichtige Materialgruppen sind elektrotechnische Erzeugnisse (13,3 %) und NE-Metalle (9,8 %).

Die einzelnen Erzeugnisbereiche der feinmechanischen und optischen Industrie haben in bezug auf das Verhältnis des bezogenen Vormaterials zu den sonstigen Materialeingängen in etwa die gleiche Struktur wie die Branche insgesamt, unterscheiden sich jedoch naturgemäß ziemlich stark in der Struktur der Vormaterialbezüge. So liegt das Schwergewicht der Bezüge der Sektoren Augenoptik sowie Medizin- und Orthopädiemechanik auf vergleichsweise wenig bearbeiteten Vorerzeugnissen, bei der Augenoptik auf Glas und Glaswaren sowie NE-Metallen (Draht), bei der Medizin- und Orthopädiemechanik auf NE-Metallen und Kunststoffen. Die Bezüge der übrigen Sektoren sind in höherem Maß auf stärker bearbeitete Vorerzeugnisse ausgerichtet.

Der Materialbedarf der feinmechanischen und optischen Industrie hat im Untersuchungszeitraum im allgemeinen weniger zugenommen als die Produktion. Der spezifische Materialverbrauch (Verbrauch pro erzeugter Produkteinheit) hat sich also verringert. Diese Entwicklung hat ihre Ursachen in Verbesserungen der Konstruktionen, leichteren Ausführungsweisen und Verkleinerungen der Produkte, aber auch in verbesserten Materialqualitäten sowie einer Verringerung der Abfälle und des Ausschusses bei der Verarbeitung.

b) Energieeinsatz

In der feinmechanischen und optischen Industrie ist der Energie- und Brennstoffverbrauch im Vergleich zu anderen Industriegruppen gering. 1986 hatte die Branche am verarbeitenden Gewerbe einen Beschäftigtenanteil von 1,9 % und einen Umsatzanteil von 1,2 %; beim Energie- und Brennstoffeinsatz waren die Anteile hingegen weit niedriger. Sie betrugen beim Stromverbrauch 0,4 %, beim Heizöleinsatz 0,3 % und beim Gasverbrauch 0,2 %.[16]

Der gesamte Energieverbrauch der Feinmechanik/Optik hat sich im Untersuchungszeitraum anfangs stark verringert, stieg aber in den letzten Jahren wieder an und erreichte erst 1986 mit 181 000 t Steinkohleeinheiten (SKE) fast die Höhe des Jahres 1977, obwohl im gleichen Zeitraum ein Produktionswachstum von insgesamt rund 13 % (real) erzielt worden ist.[17] Die Zahlen zeigen, daß auch in der feinmechanischen und optischen Industrie der technische Fort-

[16] Statistisches Bundesamt: Fachserie 4, Reihe 4.1.1.

[17] Nach dem fachlichen arbeitstäglichen Nettoproduktionsindex (1980 = 100) für die Feinmechanik/Optik (Statistisches Bundesamt).

Tabelle 24

Material- und Wareneingang in der feinmechanischen und optischen Industrie, 1982

Wertanteile in %

Bezogene Warengruppen[c)] / Beziehende Bereiche	Optik[a)] (SYPRO 3711)	Augenoptik (SYPRO 3715)	Foto-, Projektions- und Kinogeräte (SYPRO 3721)	Feinmechanik[b)] (SYPRO 3751)	Medizin- und Orthopädiemechanik (SYPRO 3760)	Feinmechanische und optische Industrie insg. (SYPRO 3711-60)
Vormaterial	89,6	84,4	95,2	91,3	87,9	90,3
Betriebsstoffe	5,9	7,4	1,1	3,2	5,3	4,1
Brenn- und Treibstoffe	3,3	5,1	2,1	3,7	4,8	3,7
Verpackungsmaterial	0,7	1,8	1,2	1,2	1,7	1,3
Küchen- und Kantinenwaren	0,5	1,3	0,4	0,6	0,3	0,6
Insgesamt in %	100	100	100	100	100	100
in Mrd. DM	0,7	0,5	1,0	1,3	1,1	4,6
Vormaterial (aufgegliedert)						
Feinmechanische und optische Erzeugnisse[d)]	31,5	32,7	19,7	18,8	18,8	23,9
dar.: Foto-, Projektions- und Kinogeräte	x[e)]	0,4	16,9	0,1	x[e)]	5,0
Medizin- und Orthopädiemechanik	4,3	-	x[e)]	x[e)]	14,6	4,2

Augenoptik	-	29,1	x[e)]	x[e)]	x[e)]	3,3
Sonstige feinmechanische und optische Erzeugnisse	27,2	3,2	2,8	18,7	4,2	11,4
Chemische Erzeugnisse	x[e)]	8,4	x[e)]	3,4	10,3	14,7
Elektrotechnische Erzeugnisse	24,4	1,1	10,6	21,9	4,2	13,3
NE-Metalle	3,5	14,6	1,6	5,9	23,5	9,8
Erzeugnisse der Ziehereien und Kaltwalzwerke	1,6	7,5	6,9	13,5	3,2	7,2
Kunststofferzeugnisse	1,3	2,6	4,0	4,7	8,2	4,7
Glas, Glaswaren	10,2	14,0	1,2	0,9	0,9	3,7
Gießereierzeugnisse	1,9	0,2	0,2	4,4	0,8	1,8
Maschinenbauerzeugnisse	0,8	0,7	1,6	2,5	1,9	1,7
EBM-Waren	0,9	0,2	0,3	2,8	1,9	1,5
Walzstahlerzeugnisse	0,9	0,5	0,6	2,2	1,7	1,3
Sonstiges Vormaterial[f)]	12,6	1,9	48,5	10,3	12,5	6,7
Vormaterial insgesamt[f)]	89,6	84,4	95,2	91,3	87,9	90,3

a) Ohne Augenoptik, Foto- und Kinotechnik. - b) Ohne Medizin- und Orthopädiemechanik. - c) Geordnet nach der Höhe der Bezüge der feinmechanischen und optischen Industrie insgesamt. - d) Ohne die geheimgehaltenen Werte unter f). - e) Aus Gründen der Geheimhaltung von Einzelangaben nicht veröffentlicht, aber in der Gesamtsumme enthalten. - f) Einschließlich der geheimghehaltenen Werte unter e).

Quelle: - Statistisches Bundesamt: Fachserie 4, Reihe S. 5,
- Berechnungen des Ifo-Instituts.

Tabelle 25

Energieeinsatz in der feinmechanischen und optischen Industrie, 1977 bis 1986

Anteile in %

Energieart[a)]	1977	1980	1983	1984	1985	1986
Strom	29,2	33,3	37,5	39,6	39,2	39,9
Heizöl	55,6	47,1	37,3	36,2	37,2	34,5
Erdgas	11,1	15,8	21,7	21,1	21,0	22,8
Kohle	3,5	3,3	3,2	2,8	2,4	2,6
Orts- und Kokereigas	0,6	0,5	0,3	0,3	0,2	0,2
Energieverbrauch insgesamt in %	100	100	100	100	100	100
in 1000 t SKE[b)]	185	178	156	158	173	181

a) Geordnet nach dem Verbrauchsanteil im Jahr 1986. - b) SKE = Steinkohleeinheiten.

Quelle: - Statistisches Bundesamt: Fachserie 4, Reihe 4.1.1,
- Berechnungen des Ifo-Instituts.

schritt zu einer verbesserten Energieausnutzung und damit zu einem Sinken des spezifischen Energieeinsatzes geführt hat (Tab. 25).

Der Verbrauch von einzelnen Energieträgern ist sehr unterschiedlich verlaufen: Der Einsatz von Heizöl ging im Berichtszeitraum beträchtlich zurück (Anteil 1986: fast 35 %). Gründe hierfür waren vor allem die zweite Ölkrise, die den Heizölpreis rapide ansteigen ließ. Der Verbrauch von Erdgas hat sich verdoppelt (Anteil 1986: rund 23 %). Auch der Anteil des Verbrauchs von elektrischer Energie ist als Folge der zunehmenden Mechanisierung und Automatisierung des Fertigungsprozesses gestiegen. Dabei übertraf das Wachstum des Stromverbrauchs (1977 bis 1986: 37 %) bei weitem die Ausweitung der Produktion.

4. Technologische Position

a) Forschung und Entwicklung (FuE)

Die feinmechanische und optische Industrie zählt traditionell zu den besonders forschungsintensiven Industriezweigen der Bundesrepublik. Ihre jährlichen Forschungsaufwendungen erreichten 1983 die Höhe von 483 Mill. DM. Gemessen am Umsatz der Branche betrugen die FuE-Aufwendungen 4,8 %.[18] Damit lag die Feinmechanik/Optik mit an der Spitze der forschungsintensiven Branchen, übertroffen von der Elektroindustrie (7,6 %) und gefolgt von der chemischen Industrie (4,4 %), dem Straßenfahrzeugbau (3,7 %) und dem Maschinenbau (3,3 %).

Diese starke Position hatte die Feinmechanik/Optik bei den FuE-Aufwendungen im gesamten hier betrachteten Zeitraum inne. Von 1977 bis 1983 sind die FuE-Gesamtaufwendungen fast ebenso schnell angewachsen wie die Umsätze (Tab. 26).

Die hohe Forschungsintensität der Branche liegt teilweise darin begründet, daß ein größerer Teil des Angebots aus Spezialkonstruktionen für vom Abnehmer genau definierte Aufgaben besteht. Weitere Gründe sind der starke nationale und internationale Wettbewerb, die sich verkürzende Dauer des Produktzyklus bei vielen Erzeugnissen sowie die erhöhten Anforderungen der Abnehmer an technischen Neuerungen (Produkt- und Funktionsinnovationen). Zwar weisen Großunternehmen, die über vielseitige Forschungsabteilungen verfügen,

[18] Die Erhebungen des Stifterverbands für die deutsche Wissenschaft (in Tab. 26 wiedergegeben) erstreckten sich nur auf etwa 50 Unternehmen mit mehr als 50 Beschäftigten. Eine Erhebung des Verbands der deutschen feinmechanischen und optischen Industrie bei seinen Mitgliedsfirmen brachte als Ergebnis, daß der Anteil der Aufwendungen für Forschung und Entwicklung (gemessen am Umsatz) in einer Bandbreite zwischen 6 und 15 % liegt, also wesentlich höher ist.

Tabelle 26

Aufwendungen für Forschung und Entwicklung (FuE) der feinmechanischen und optischen Industrie, 1977 bis 1983

Merkmal	Einheit	1977	1979	1981	1983	Wachstum in % 1983/77
Umsatz[a]	Mill. DM	5 574	9 039	9 403	9 987	79
FuE-Gesamtaufwendungen	Mill. DM	280	427	501	483	73
Anteil der FuE-Aufwendungen	% vom Umsatz	5,0	4,7	5,3	4,8	x
FuE-Aufwendungen je Beschäftigten	1000 DM	4,1	4,3	5,3	5,8	41
FuE-Aufwendungen anderer forschungsintensiver Industriezweige[b]						
Elektroindustrie	% vom Umsatz	7,3	7,2	7,3	7,6	
Chemische Industrie	% vom Umsatz	4,5	4,4	4,6	4,4	
Straßenfahrzeugbau	% vom Umsatz	2,5	3,1	3,5	3,7	
Maschinenbau	% vom Umsatz	2,7	2,9	3,1	3,3	

a) Im Jahre 1977 nur Unternehmen mit 50 und mehr Beschäftigten. Für die Jahre 1979, 1981 und 1983 gilt: Auch Unternehmen mit weniger als 50 Beschäftigten wurden miteinbezogen. - b) Geordnet nach dem FuE-Aufwendungsanteil am Umsatz im Jahr 1983 (ohne Branchen mit spezieller Förderung, wie Luft- und Raumfahrzeugbau).

Quelle: Stifterverband für die Deutsche Wissenschaft: Forschung und Entwicklung in der Wirtschaft (verschiedene Jahrgänge).

überdurchschnittlich hohe FuE-Aufwendungen (am Umsatz gemessen) auf,[19] doch ist die Forschungsbreite und -intensität auch im Bereich der kleinen und mittleren Unternehmen beachtlich. Auf die Höhe der FuE-Aufwendungen haben – neben der Unternehmensgröße – vor allem die Wettbewerbsposition eines Anbieters auf dem nationalen und internationalen Markt, die Programmbreite und -tiefe sowie die Intensität des Produktwettbewerbs einen Einfluß.

Die starken Forschungsanstrengungen der feinmechanischen und optischen Industrie schlagen sich nicht zuletzt in entsprechend hohen Personalkosten bei den FuE-Aufwendungen nieder. Insofern wurde die vom Bundeswirtschaftsministerium getragene FuE-Personalförderung (befristet bis Ende 1988) als Eckpfeiler der indirekten Forschungsförderung angesehen. In der mittelständischen Industrie, zu der die Feinmechanik/Optik zählt, dürften 60 % der FuE-Aufwendungen auf das Personal entfallen.

Der Erfolg der hohen FuE-Anstrengungen der Branche zeigt sich nicht nur auf den Absatzmärkten, sondern auch in begehrten Auszeichnungen: Unternehmen der deutschen feinmechanischen und optischen Industrie wurden in den vergangenen zwanzig Jahren über vierzigmal mit dem amerikanischen Innovationspreis IR 100 ausgezeichnet. Der erst wenige Male vergebene Innovationspreis der deutschen Wirtschaft wurde dreimal in Folge an die Feinmechanik/Optik verliehen, und zwar

1984 für das Ultraschallmikroskop,
1985 für das Simultan-Spektrometer und
1986 für die mitwachsende Prothese.

b) Patentanmeldungen

Aus den Ausgaben für Forschung und Entwicklung (FuE) können keine gesicherten Rückschlüsse auf Richtung und Outputvolumen der Forschung gezogen werden. Abgesehen davon liegen zu Forschungs- und Entwicklungsausgaben Statistiken nur in hochaggregierter Form und eingeschränkter Vergleichbarkeit vor. Deshalb wird im folgenden das Ergebnis der Forschung in der feinmechanischen und optischen Industrie anhand der Patentanmeldungen im Ausland erfaßt. Diese Vorgehensweise hat zudem den Vorteil, daß die internationale Vergleichbarkeit erleichtert wird: Einerseits entstehen keine Schwierigkeiten mit unterschiedlicher Ausgabendefinition, andererseits werden die mit Wechselkursschwankungen zusammenhängenden Probleme vermieden. Grundlage dieser Darstellung ist die Ifo-Patentstatistik.

---

[19] Die Aufwendungen für Forschung und Entwicklung der Firma Carl Zeiss (Geschäftsbericht 1985/86) betrugen (gemessen am Umsatz) beispielsweise 9,2%.

Die Auswertung bezieht sich nur auf solche Erfindungen, die in mehr als einem Land angemeldet worden sind, also auf Erfindungen mit Patentanmeldung im Ausland. Da die Kosten einer internationalen Patentanmeldung wesentlich höher als bei einer nationalen sind, kann von einer Selektion unter diesem Kriterium angenommen werden, daß es sich um wirtschaftlich relevante Erfindungen handelt. Darüber hinaus werden Differenzen zwischen den nationalen Patentsystemen ausgeglichen.

Die zum Patent angemeldeten Erfindungen werden erst eineinhalb Jahre nach der Anmeldung offengelegt. Dies bedeutet, daß derzeit eine Statistik der Erfindungen auf der Basis der Auslandspatentanmeldungen die Erfindungsaktivitäten nur bis zum Jahre 1985 vollständig erfaßt.[20]

In den Jahren 1980 bis 1986 sind nach dem Stand der Erfassung vom Januar 1988 weltweit auf allen technischen Sachgebieten rund 430 000 Erfindungen gemacht worden, die wirtschaftlich so erfolgversprechend eingeschätzt wurden, daß sie in zwei oder mehr Ländern zum Patent angemeldet wurden. Dank der in bezug auf die Einwohnerzahl sehr hohen Erfindungsaktivität entfällt auf die Bundesrepublik rund ein Fünftel aller Erfindungen, die in mehr als einem Land zum Patent angemeldet wurden (1980–86: USA 27,1 %, Japan 19,7 %, Großbritannien 7,2 %, Frankreich 6,6 %, Schweiz 3,1 %).[21]

In den technologischen Bereichen, die für die Feinmechanik/Optik[22] relevant sind, lag die Zahl der jährlich weltweit angemeldeten Erfindungen mit Patentanmeldung im Ausland bei durchschnittlich etwa 12 000 pro Jahr. Der Anteil der Patentanmeldungen mit deutschem Ursprung lag im Zeitraum 1980–86 in der Größenordnung von 16 % (Tab. 27) und damit vier Prozentpunkte unter dem Durchschnittswert für alle Gebiete der Technik. Die Ursache hierfür liegt hauptsächlich in der relativ schwachen Position der deutschen Industrie auf den von der Entwicklung der Elektronik geprägten Sachgebieten. Als besonders positiv anzumerken ist deshalb, daß seit 1983 ein kontinuierlicher Anstieg des deutschen Anteils zu beobachten ist (von 15,1 auf 16,7 %). Weltweit führend bei Patentanmeldungen aus dem Bereich Feinmechanik/Optik sind die USA (durchschnittlicher Anteil 1980–86: 28,7 %) und Japan (27,6 %).[23]

---

[20] In den Vereinigten Staaten wird die Anmeldung nicht vor Patenterteilung publiziert. Die Erfindungen am aktuellen Rand sind deshalb unvollständig erfaßt. Hierdurch kann auch die Verteilung der Erfindungen nach dem Ursprungsland verzerrt sein. Insbesondere der Anteil Japans kann dabei wegen der relativ starken Orientierung der japanischen Industrie auf den US-Markt unterschätzt werden.

[21] Vgl. W. Gerstenberger: Entwicklung der Wettbewerbsfähigkeit in der deutschen Industrie, in: Ifo-Schnelldienst, Nr. 7, 7. März 1988, S. 10 ff.

[22] Zur entsprechenden Abgrenzung gemäß der Internationalen Patentklassifikation siehe Anhang B.

[23] Der Rückgang des japanischen Anteils am aktuellen Rand hat mit der starken Orientierung auf den US-Markt zu tun. Darauf wurde schon verwiesen.

Tabelle 27

Zum Patent angemeldete Erfindungen in der Feinmechanik und Optik nach Ursprungsländern, 1980 bis 1986

Erfindungen mit Patentanmeldung im Ausland in %

Ursprungsländer	1980	1981	1982	1983	1984	1985	1986	1980-86
EG(12)	33,3	33,2	32,2	31,1	32,1	34,5	36,3	32,9
dar.: BR Deutschland	17,5	16,8	16,1	15,1	15,5	16,4	16,7	16,3
Frankreich	5,5	5,5	5,4	5,3	5,4	6,4	6,9	5,7
Großbritannien	6,3	6,4	6,8	6,4	6,6	6,7	7,4	6,6
USA	28,4	27,6	29,8	29,2	27,3	29,4	30,4	28,7
Japan	26,9	29,0	27,4	29,3	29,5	24,8	23,3	27,6
Schweiz	3,1	2,4	2,6	2,4	2,2	2,3	2,5	2,5
Übrige Welt	8,3	7,8	8,0	8,0	8,9	9,0	7,5	8,3
Welt insgesamt in %	100	100	100	100	100	100	100	100
Anzahl	11394	12223	11874	12363	12443	11196	5059	76552

Quelle: - International Patent Documentation, Wien (INPADOC, Stand 15. Jan. 1988),
- Berechnungen des Ifo-Instituts.

Der technologische Wettbewerb in den für die Feinmechanik/Optik relevanten Bereichen zeichnet sich durch seinen überaus globalen Charakter aus. So ist für die EG-Länder der Anteil der Erfindungen mit Patentanmeldung im Ausland, jedoch nur innerhalb Westeuropas, um über 20% geringer als im Durchschnitt aller Technikgebiete. Zu beobachten ist eine deutliche Polarisierung des Wettbewerbs unter den führenden Industrieländern, die jeweils weit überdurchschnittliche Anteile der Patentaktivitäten ihrer Konkurrenten auf sich ziehen. Am deutlichsten ausgeprägt ist diese Tendenz für die japanischen Anbieter, die ihre für die Branche Feinmechanik/Optik relevanten Patentaktivitäten zu 44% auf die USA und die Bundesrepublik richten (gegenüber rund 37% im Durchschnitt aller Technikgebiete). Interessant ist, daß lediglich für Großbritannien der Anteil (gut 16%) noch in der Größenordnung des Durchschnitts liegt, dagegen selbst bei Ländern wie Frankreich eine unterdurchschnittliche Berücksichtigung bei den japanischen Patentaktivitäten festzustellen ist.

Gliedert man die Zahl der Patente mit Auslandsanmeldung auf die einzelnen Erzeugnisbereiche, so sieht man, daß der weitaus größte Teil der 88 900 Patente auf die Meß- und Automatisierungstechnik (rund 38%) entfällt. Mit Abstand folgen die Bereiche Foto- und Videotechnik sowie Medizintechnik (je 18%), Feinmechanik (15%), Optik und Labortechnik (10%) sowie – mit einem verschwindend geringen Anteil – die Augenoptik (1%).

Betrachtet man die Patentanmeldungen im Ausland (1980–86) der drei wichtigsten Wettbewerber im Bereich Feinmechanik/Optik (Bundesrepublik Deutschland, USA und Japan), so zeigt sich folgendes Bild (Anteile pro Land an den Erfindungen für die jeweiligen Erzeugnisgruppen insgesamt in %):[24]

Erzeugnisbereich	BR Deutschland	USA	Japan
– Augenoptik	20	29	15
– Optik und Labortechnik	14	25	36
– Foto- und Videotechnik	12	23	51
– Feinmechanik	19	26	24
– Meß- und Automatisierungstechnik	18	30	23
– Medizintechnik	17	36	15

[24] Zusammengestellt nach den Tabellen B1 bis B6 im Anhang B. Diese Tabellen enthalten für die einzelnen Erzeugnisbereiche die Patentanmeldungen (1980–86) der Bundesrepublik, Frankreichs, Großbritanniens, der EG(12), der USA, Japans, der Schweiz und der übrigen Welt.

Die Bundesrepublik hat im Bereich Augenoptik und Medizintechnik den zweiten Platz, wird aber in den anderen vier Bereichen von den USA und Japan bei den Patentanmeldungen übertroffen.

Die Position der Bundesrepublik, gemessen an den Patentanmeldungen im Bereich Feinmechanik/Optik, ist eher schwach, vor allem im Vergleich mit den Patentanmeldungen in allen Technikgebieten. Dort liegt – wie schon ausgeführt – der Anteil der USA bei 27 %. Der deutsche Anteil ist mit 20 % ebenso hoch wie der japanische.

5. Kostenstruktur und Ertragsentwicklung der Unternehmen

Das Verhältnis der Kosten des Einsatzes der Produktionsfaktoren Material, Arbeit und Kapital läßt sich anhand der Anteile erkennen, die diese drei Produktionsfaktoren an den Gesamtkosten haben. Daten hierzu liefert die Kostenstrukturerhebung des Statistischen Bundesamtes.[25] Sie erlaubt allerdings nicht, die Kosten für den Produktionsfaktor Technologie (z.B. Forschungs- und Entwicklungskosten, Kosten für den Patent- und Lizenzerwerb) zu quantifizieren. Die Kosten des Produktionsfaktors Technologie gehen in die drei Kostenblöcke „Vorleistungen" (z.B. Lizenzgebühren), „Personalkosten" (z.B. Gehälter für Mitarbeiter im Forschungsbereich) und „Kapitalkosten" (z.B. Ausstattung der Forschungslabors) ein.

Die periodenbezogenen Kosten der feinmechanischen und optischen Industrie (hier einschließlich Uhren) sind in ihrer Gesamtsumme gleich der Gesamtleistung (ohne Mehrwertsteuer) im Sinne der betrieblichen Gewinn- und Verlustrechnung. Sie entsprechen in der volkswirtschaftlichen Terminologie dem Wert der Bruttoproduktion. Im Jahr 1985 entfielen rund 53 % des Bruttoproduktionswertes der Feinmechanik/Optik (einschließlich Uhren) auf Vorleistungen von anderen Unternehmen, also auf Materialkosten (Tab. 28). Gut die Hälfte davon bzw. 29 % des Bruttoproduktionswertes waren durch den Materialverbrauch im engeren Sinne, also durch den Einsatz von Roh-, Hilfs- und Betriebsstoffen determiniert. Der Materialeinsatz ist damit nach den Personalkosten (36 %) der wichtigste Kostenfaktor in der feinmechanischen und optischen Industrie, doch ist seine Bedeutung wesentlich geringer als im verarbeitenden Gewerbe insgesamt (43 %).

Nach Abzug aller Vorleistungen von anderen Unternehmen – auch von solchen der eigenen Branche – bleiben in der Feinmechanik/Optik (einschließlich Uhren) fast 47 % des Bruttoproduktionswertes als eigener Beitrag der Unternehmen zur Bruttowertschöpfung. Verringert um die indirekten Steuern (abzüglich Subventionen), die nur 1,3 % ausmachen, bleiben gut 45 % als Per-

[25] Statistisches Bundesamt: Fachserie 4, Reihe 4.3.2.

Tabelle 28

Kostenstruktur der Unternehmen in der feinmechanischen und optischen Industrie (einschließlich Uhrenindustrie) und im verarbeitenden Gewerbe, 1980 und 1985

Anteile am Bruttoproduktionswert in %

Kostenart	1980		1985	
	Feinmechanische und optische Industrie	Verarbeitendes Gewerbe	Feinmechanische und optische Industrie	Verarbeitendes Gewerbe
Vorleistungen	50,2	63,8	53,4	65,8
Vorleistungen für die Produktion	40,5	53,7	41,9	55,3
Verbrauch an Roh-, Hilfs- und Betriebsstoffen	28,7	42,4	29,1	43,0
Einsatz an Handelsware	9,4	9,5	10,3	10,5
Kosten für durch andere Unternehmen ausgeführte Lohnarbeiten	2,4	1,8	2,5	1,8
Sonstige Vorleistungen	9,7	10,0	11,5	10,5
Kosten für sonstige industrielle/handwerkliche Dienstleistungen	1,2	1,6	1,2	1,6
Mieten und Pachten	1,2	0,9	1,6	1,1
Sonstige Kosten	7,3	7,5	8,7	7,8
Kostensteuern[a)b)]	1,4	3,4	1,3	3,1
Personalkosten	39,5	25,8	36,3	24,1
Löhne und Gehälter	33,1	21,3	29,9	19,5
Bruttolöhne	18,9	12,6	16,0	10,9
Bruttogehälter	14,0	8,6	13,8	8,5
Bruttoentgelte für Heimarbeiter	0,2	0,1	0,1	0,1
Sozialkosten	6,4	4,6	6,4	4,6
Gesetzliche	4,9	3,3	4,9	3,2
Sonstige	1,5	1,3	1,5	1,4
Kapitalkosten	8,9	7,0	9,0	7,0
Abschreibungen	3,0	3,2	3,3	3,3
Fremdkapitalzinsen	1,4	1,4	1,2	1,0
Unternehmereinkommen, Grundrente	4,5	2,4	4,5	2,7
Bruttoproduktionswert[b)]	100	100	100	100

a) Verbrauchsteuern und sonstige indirekte Steuern abzüglich Subventionen. – b) Ohne Mehrwertsteuer.

Quelle: – Statistisches Bundesamt: Fachserie 4, Reihe 4.3.2,
– Berechnungen des Ifo-Instituts.

sonal- und Kapitalkosten und damit als Einkommen der beiden Produktionsfaktoren Arbeit und Kapital aus der Produktionstätigkeit der Feinmechanik/Optik. Die Summe dieser beiden Kosten- bzw. Einkommensarten bildet die sogenannte Bruttowertschöpfung zu Faktorkosten, d.h. den Beitrag der feinmechanischen und optischen Industrie zum Bruttoinlandsprodukt (zu Faktorkosten).

Von der Wertschöpfung entfallen 80% auf Personalkosten (-einkommen) und 20% auf Kapitalkosten (-einkommen). Die entsprechenden Anteile für das verarbeitende Gewerbe belaufen sich auf 77% bzw. 23%. Hieraus wird ersichtlich, daß die Feinmechanik/Optik – wie schon ausgeführt – eine überdurchschnittlich arbeits(kosten)intensive Branche ist.

Die Daten zur Kostenstruktur erlauben, als Residualgröße den Anteil von Unternehmereinkommen und Grundrente (für den Produktionsfaktor Boden) „vor Steuern" zu berechnen. Er lag in der feinmechanischen und optischen Industrie mit 4,5% (bezogen auf den Bruttoproduktionswert) weit über dem Durchschnitt des verarbeitenden Gewerbes (2,7%).

Vergleicht man die Kostenstrukturen der Jahre 1980 und 1985, so fällt auf, daß in der Feinmechanik/Optik sich der Anteil der Kosten für Vorleistungen um rund 3 Prozentpunkte erhöht und der Anteil der Personalkosten im gleichen Ausmaß verringert hat (verarbeitendes Gewerbe: rund 2 Prozentpunkte). Der Anteil der Kapitalkosten und die Höhe der Unternehmereinkommen und der Grundrente sind gleich geblieben (Tab. 28).

Betrachtet man die Kostenstruktur der Unternehmen in der feinmechanischen und optischen Industrie nach Beschäftigtengrößenklassen, so sieht man, daß sowohl 1980 (Tab. 29) als auch 1985 (Tab. 30) der Anteil der Vorleistungen (bei unterschiedlichen Anteilen von Handelsware) in allen Größenklassen in etwa beim Durchschnitt der Branche (1980: 50%; 1985: 53%) liegt (Ausnahme 1980: Firmen mit 20 bis 49 Beschäftigten). Auch bei den Personalkosten ist die Abweichung vom Durchschnitt (1980: 40%; 1985: 36%) nicht groß, doch wird deutlich, daß die größeren Firmen anteilsmäßig etwas höhere Personalkosten haben als die kleineren.

Die Kapitalkosten zeigen sowohl 1980 als auch 1985 ein Gefälle von der untersten zur obersten Größenklasse. Die gleiche Entwicklung zeigt der Anteil, der auf die Unternehmereinkommen und die Grundrente „vor Steuern" entfällt. Er war bei kleinen Firmen wesentlich höher als bei größeren oder gar bei Großfirmen mit 1000 und mehr Beschäftigten (Tab. 29 und 30). Bei der Beurteilung dieser Entwicklung ist zu berücksichtigen, daß kleine und mittlere Firmen vielfach als Einzelunternehmen oder als Personengesellschaften (z.B. OHG oder KG) geführt werden. Bei ihnen ist der Unternehmerlohn (kalkulatorische Vergütung für den mitarbeitenden Inhaber oder Gesellschafter) neben der Eigenkapitalverzinsung und dem Gewinn ein Bestandteil des Unternehmer-

Tabelle 29

Kostenstruktur der Unternehmen in der feinmechanischen und optischen Industrie (einschließlich Uhrenindustrie) nach Beschäftigtengrößenklassen, 1980

Anteil am Bruttoproduktionswert in %

Kostenart \ Größenklassen	Unternehmen mit ... bis ... Beschäftigten 20 - 49	50 - 99	100 - 199	200 - 499	500 - 599	1000 und mehr	insgesamt
Vorleistungen	42,8	48,0	49,6	52,6	49,0	52,4	50,2
Vorleistungen für die Produktion	33,9	38,8	39,9	42,2	39,3	42,6	40,5
Verbrauch an Roh-, Hilfs- und Betriebsstoffen	28,1	30,6	28,5	28,7	30,4	27,9	28,7
Einsatz an Handelsware	3,6	6,7	9,7	12,0	5,1	11,8	9,4
Kosten für durch andere Unternehmen ausgeführte Lohnarbeiten	2,2	1,5	1,7	1,5	3,8	2,9	2,4
Sonstige Vorleistungen	8,9	9,2	9,7	10,4	9,7	9,8	9,7
Kosten für sonstige industrielle/handwerkliche Dienstleistungen	0,7	1,0	0,9	1,0	1,4	1,5	1,2
Mieten und Pachten	1,8	1,6	1,3	0,9	1,0	1,0	1,2
Sonstige Kosten	6,4	6,6	7,5	8,5	7,3	7,3	7,3
Kostensteuern[a)b)]	2,2	2,1	1,8	1,1	0,7	1,1	1,4

Personalkosten	40,1	37,0	39,0	37,7	40,1	40,7	39,5
Löhne und Gehälter	34,6	31,8	33,2	31,6	33,3	33,5	33,1
Bruttolöhne	22,8	20,3	19,0	17,6	19,6	17,6	18,9
Bruttogehälter	11,5	11,1	14,0	13,6	13,7	15,8	14,0
Bruttoentgelte für Heimarbeiter	0,3	0,4	0,2	0,4	-	0,1	0,2
Sozialkosten	5,5	5,2	5,8	6,1	6,8	7,2	6,4
Gesetzliche	4,9	4,5	4,9	4,8	5,1	5,0	4,9
Sonstige	0,6	0,7	0,9	1,3	1,7	2,2	1,5
Kapitalkosten	14,9	12,9	9,6	8,6	10,2	5,8	8,9
Abschreibungen	3,9	2,3	2,2	3,1	3,0	3,1	3,0
Fremdkapitalzinsen	1,0	1,4	1,2	1,7	1,5	1,5	1,4
Unternehmereinkommen, Grundrente	10,0	9,2	6,2	3,8	5,7	1,2	4,5
Bruttoproduktionswert b)	100	100	100	100	100	100	100
Anteil der Größenklasse am Bruttoproduktionswert b) in %	12,3	10,3	11,4	16,0	9,1	40,9	100

a) Verbrauchssteuern und sonstige indirekte Steuern abzüglich Subventionen. - b) Ohne Mehrwertsteuer.

Quelle: - Statistisches Bundesamt: Fachserie 4, Reihe 4.3.2,
- Berechnungen des Ifo-Instituts.

Tabelle 30

Kostenstruktur der Unternehmen in der feinmechanischen und optischen Industrie (einschließlich Uhrenindustrie) nach Beschäftigtengrößenklassen, 1985

Anteile am Bruttoproduktionswert in %

Größenklassen / Kostenart	Unternehmen mit .. bis .. Beschäftigten 20 - 499[a)]	500 - 999	1000 und mehr	insgesamt
Vorleistungen	52,2	53,2	55,3	53,4
Vorleistungen für die Produktion	41,2	40,0	43,6	41,9
Verbrauch an Roh-, Hilfs- und Betriebsstoffen	32,6	28,4	24,5	29,1
Einsatz an Handelsware	6,9	10,2	15,1	10,3
Kosten für durch andere Unternehmen ausgeführte Lohnarbeiten	1,7	1,4	4,0	2,5
Sonstige Vorleistungen	11,0	13,2	11,7	11,5
Kosten für sonstige industrielle/handwerkliche Dienstleistungen	1,0	1,5	1,5	1,2
Mieten und Pachten	2,0	1,3	1,1	1,6
Sonstige Kosten	8,0	10,4	9,1	8,7
Kostensteuern[b)c)]	1,5	1,0	1,0	1,3
Personalkosten	35,5	37,4	37,1	36,3
Löhne und Gehälter	29,8	31,0	29,8	29,9
Bruttolöhne	17,1	15,8	14,5	16,0
Bruttogehälter	12,5	15,0	15,3	13,8
Bruttoentgelte für Heimarbeiter	0,2	0,2	-	0,1
Sozialkosten	5,7	6,4	7,3	6,4
Gesetzliche	4,9	5,1	4,8	4,9
Sonstige	0,8	1,3	2,5	1,5
Kapitalkosten	10,8	8,4	6,6	9,0
Abschreibungen	2,8	3,7	3,8	3,3
Fremdkapitalzinsen	1,2	1,3	1,1	1,2
Unternehmereinkommen, Grundrente	6,8	3,4	1,7	4,5
Bruttoproduktionswert[c)]	100	100	100	100
Anteil der Größenklasse am Bruttoproduktionswert[c)] in %	52,2	11,0	36,8	100

a) Zusammenfassung in dieser Form durch das Statistische Bundesamt. - b) Verbrauchssteuern und sonstige indirekte Steuern abzüglich Subventionen. - c) Ohne Mehrwertsteuer.

Quelle: - Statistisches Bundesamt: Fachserie 4, Reihe 4.3.2,
- Berechnungen des Ifo-Instituts.

einkommens. Mit zunehmender Firmengröße nimmt der Anteil der Unternehmen, die in der Rechtsform einer Kapitalgesellschaft (z.B. GmbH oder AG)[26] geführt werden, zu. Der Unternehmerlohn, d.h. die Gehälter für die Manager, die Angestellte sind, ist hier in den Personalkosten enthalten. Dies ist mit eine Erklärung, warum – wie oben ausgeführt – bei Großunternehmen die Personalkosten etwas über dem Durchschnitt aller Unternehmen liegen.

Vergleicht man die Kostenstruktur der Unternehmen nach fünf Erzeugnisbereichen,[27] so zeigen sich starke Unterschiede in den Anteilen für die Produktionsfaktoren Material, Arbeit und Kapital (Tab. 31 und 32). Bei der Herstellung von Foto-, Projektions- und Kinogeräten sind die Kosten für die Vorleistungen besonders hoch. Dies ist vor allem durch umfangreiche Zukäufe von Handelsware bedingt, die die Unternehmen in diesem Erzeugnisbereich vielfach zur Vervollständigung ihres Produktsortiments vornehmen.

In den einzelnen Erzeugnisbereichen sind die Anteile von Unternehmereinkommen und Grundrente „vor Steuern“ recht unterschiedlich. Zum Teil ist dies durch die Zusammensetzung der Firmen pro Bereich nach ihrer Rechtsform zu erklären. Es wurde schon ausgeführt, daß der Unternehmerlohn bei Einzelunternehmen oder Personengesellschaften ein Teil des Unternehmereinkommens ist, daß er aber bei Kapitalgesellschaften (Gehälter der Manager) zu den Personalkosten gerechnet wird.

Wenn man die Ergebnisse der Jahre 1980 und 1985 vergleicht, so sieht man, daß im Erzeugnisbereich Augenoptik der Anteil des Unternehmereinkommens und der Grundrente leicht, im Bereich Feinmechanik sogar stark gestiegen ist. Einbußen mußte die Medizin- und Orthopädiemechanik hinnehmen und vor allem der Bereich Foto-, Projektions- und Kinogeräte, wo der Anteil von 5,4 % auf -0,1 % gesunken ist. Das negative Vorzeichen bedeutet Verluste der Unternehmen (Tab. 31 und 32).

---

[26] In der Feinmechanik/Optik ist die Rechtsform der AG eher die Ausnahme, jedoch gibt es viele Unternehmen, die in der Rechtsform der GmbH geführt werden. (Vgl. Mitgliederverzeichnis des Verbandes der deutschen feinmechanischen und optischen Industrie eV.)

[27] Die Abgrenzung der Erzeugnisbereiche ist hier nach der Systematik des produzierenden Gewerbes (SYPRO) vorgenommen.

Tabelle 31

Kostenstruktur der Unternehmen in der feinmechanischen und optischen Industrie nach Erzeugnisbereichen, 1980

Anteil am Bruttoproduktionswert in %

Kostenart / Erzeugnisbereich	Optik[a)] (SYPRO 3711)	Augenoptik (SYPRO 3715)	Foto-, Projektions- und Kinogeräte (SYPRO 3721)	Feinmechanik[b)] (SYPRO 3751)	Medizin- und Orthopädiemechanik (SYPRO 3760)
Vorleistungen	43,9	48,6	59,9	51,3	43,0
Vorleistungen für die Produktion	34,6	36,2	48,9	41,0	33,7
Verbrauch an Roh-, Hilfs- und Betriebsstoffen	16,4	25,5	23,4	30,7	26,3
Einsatz an Handelsware	11,4	9,2	24,3	7,5	5,3
Kosten für durch andere Unternehmen ausgeführte Lohnarbeiten	6,8	1,5	1,2	2,8	2,1
Sonstige Vorleistungen	9,3	12,4	11,0	10,3	9,3
Kosten für sonstige industrielle/handwerkliche Dienstleistungen	1,3	1,3	0,9	1,2	1,0
Mieten und Pachten	0,7	1,5	0,9	1,3	1,5
Sonstige Kosten	7,3	9,6	9,2	7,8	6,8
Kostensteuern[c)d)]	0,9	1,2	1,1	1,1	2,3

Personalkosten	47,1	42,0	29,9	41,0	41,5
Löhne und Gehälter	36,7	35,8	25,0	34,7	35,3
Bruttolöhne	19,4	22,1	13,1	17,3	22,6
Bruttogehälter	17,3	13,4	11,8	17,2	12,5
Bruttoentgelte für Heimarbeiter	-	0,3	0,1	0,2	0,2
Sozialkosten	10,4	6,2	4,9	6,3	6,2
Gesetzliche	5,4	5,4	3,8	5,1	5,0
Sonstige	5,0	0,8	1,1	1,2	1,2
Kapitalkosten	8,1	8,2	9,1	6,6	13,2
Abschreibungen	2,8	3,8	2,9	2,9	3,4
Fremdkapitalzinsen	1,3	2,1	0,8	1,5	1,2
Unternehmereinkommen, Grundrente	4,0	2,3	5,4	2,2	8,6
Bruttoproduktionswert[d)]	100	100	100	100	100

a) Ohne Augenoptik, Foto- und Kinotechnik. - b) Ohne Medizin- und Orthopädiemechanik. - c) Verbrauchssteuern und sonstige indirekte Steuern abzüglich Subventionen. - d) Ohne Mehrwertsteuer.

Quelle: - Statistisches Bundesamt: Fachserie 4, Reihe 4.3.2,
- Berechnungen des Ifo-Instituts.

Tabelle 32

Kostenstruktur der Unternehmen in der feinmechanischen und optischen Industrie nach Erzeugnisbereichen, 1985

Anteil am Bruttoproduktionswert in %

Erzeugnisbereich / Kostenart	Optik[a)] (SYPRO 3711)	Augenoptik (SYPRO 3715)	Foto-, Projektions- und Kinogeräte (SYPRO 3721)	Feinmechanik[b)] (SYPRO 3751)	Medizin- und Orthopädiemechanik (SYPRO 3760)
Vorleistungen	52,5	48,7	68,1	53,2	46,9
Vorleistungen für die Produktion	41,5	36,9	57,7	40,9	34,6
Verbrauch an Roh-, Hilfs- und Betriebsstoffen	23,5	26,9	30,4	30,8	25,4
Einsatz an Handelsware	10,1	8,2	26,7	7,8	8,1
Kosten für durch andere Unternehmen ausgeführte Lohnarbeiten	7,9	1,8	0,6	2,3	1,1
Sonstige Vorleistungen	11,0	11,8	10,4	12,3	12,3
Kosten für sonstige industrielle/handwerkliche Dienstleistungen	1,7	1,6	1,0	1,2	1,1
Mieten und Pachten	1,1	2,1	0,7	1,5	2,3
Sonstige Kosten	8,2	8,1	8,7	9,6	8,9
Kostensteuern[c)d)]	0,9	1,3	0,8	1,0	1,9

Personalkosten	38,2	41,1	25,9	36,6	40,0
Löhne und Gehälter	30,4	34,3	21,7	30,5	33,0
Bruttolöhne	15,2	20,0	9,5	14,8	19,0
Bruttogehälter	15,2	14,2	12,2	15,4	13,8
Bruttoentgelte für Heimarbeiter	-	0,1	-	0,3	0,2
Sozialkosten	7,8	6,8	4,2	6,1	7,0
Gesetzliche	4,8	5,6	3,5	5,0	5,4
Sonstige	3,0	1,2	0,7	1,1	1,6
Kapitalkosten	8,4	8,9	5,2	9,2	11,2
Abschreibungen	3,1	4,5	4,1	2,9	3,2
Fremdkapitalzinsen	1,2	1,7	1,2	1,1	1,1
Unternehmereinkommen, Grundrente	4,1	2,7	-0,1	5,2	6,9
Bruttoproduktionswert d)	100	100	100	100	100

a) Ohne Augenoptik, Foto- und Kinotechnik. - b) Ohne Medizin- und Orthopädiemechanik. - c) Verbrauchssteuern und sonstige indirekte Steuern abzüglich Subventionen. - d) Ohne Mehrwertsteuer.

Quelle: - Statistisches Bundesamt: Fachserie 4, Reihe 4.3.2,
- Berechnungen des Ifo-Instituts.

KAPITEL III

Strukturveränderungen in der feinmechanischen und optischen Industrie

1. Ursachen struktureller Veränderungen

Die Feinmechanik/Optik erzeugt über 30 000 unterschiedliche Produkte, die zu fast 200 in der Statistik ausgewiesenen Güterarten (sechsstellige GP-Nummern)[1] zusammengefaßt sind. Sie lassen sich entsprechend dem Verwendungszweck der Güter einteilen in Investitionsgüter, Gebrauchsgüter und Vorerzeugnisse sowie zum geringeren Teil auch in Verbrauchsgüter (Konsumgüter). Strukturelle Veränderungen, die sich im Zeitablauf bei einem derart komplexen Aggregat ergeben, sind auf sehr unterschiedliche Ursachen zurückzuführen. So ist die quantitative Veränderung der in- und ausländischen Nachfrage abhängig von der Entwicklung des Wirtschaftswachstums in den Abnehmerländern, von Veränderungen der internationalen Arbeitsteilung und Veränderungen des Angebots durch neue und verbesserte Produkte.

Die Analyse struktureller Veränderungen setzt bei der Inlandsnachfrage an, die in der Umgangssprache auch als „Inlandsmarkt" bezeichnet wird. Da für sie keine Daten zur Verfügung stehen, wurde hilfsweise die Inlandsmarktversorgung berechnet, und zwar aus der Beziehung:

$$IM = P - X + M$$

Hierbei bedeuten:

IM die Inlandsmarktversorgung mit feinmechanischen und optischen Erzeugnissen,
P die Produktion der Feinmechanik/Optik,
X die Ausfuhren der Feinmechanik/Optik und
M die Einfuhren feinmechanischer und optischer Erzeugnisse.

In der Beschreibung des Außenhandels informiert die Exportquote (Anteil des Exports an der Produktion) über die Bedeutung der Auslandsnachfrage für

---

[1] GP = Güterverzeichnis für Produktionsstatistiken. Es teilt ein in Gütergruppen (z.B. 37 = Feinmechanik/Optik), Güterklassen (z.B. 3711 = Augenoptik) und Güterarten (z.B. 371112 = Kontaktlinsen), bis einschließlich 1981 bezeichnet als „Warengruppen", „Warenklassen" und „Warenarten".

inländische Hersteller, während Veränderungen der Importquote (Anteil des Imports an der Inlandsmarktversorgung) erkennen lassen, wie sich die Marktanteile der in- und ausländischen Unternehmen, bezogen auf den inländischen Markt, entwickelt haben.

Aus den Veränderungen von Export und Import[2] erkennt man, wie sich die internationale Arbeitsteilung entwickelt hat. Der Warenverkehr mit dem Ausland gibt darüber Aufschluß, ob und in welchem Umfang in der Bundesrepublik oder in anderen Ländern Schwerpunkte in bestimmten Produktionsbereichen bestehen.

Bei der Analyse der strukturellen Veränderungen in der Produktionsstruktur wird von nominalen Produktionswerten ausgegangen, die als „Bruttoproduktionswerte"[3] in den Zeitreihen der amtlichen Statistik ausgewiesen sind. Zur Kennzeichnung der unterschiedlichen Produktionsentwicklung nach Produktgruppen und Jahren wurden aus den Produktionswerten Wachstumsraten (prozentuale Veränderungen gegenüber dem Vorjahr) errechnet. Die durchschnittlichen Veränderungsraten für mehrere Jahre wurden mit Hilfe der Zinseszinsformel ermittelt.

Die strukturellen Veränderungen werden in zwei Schritten analysiert. Zunächst wird ein Überblick über die Strukturveränderungen in der gesamten feinmechanischen und optischen Industrie gegeben (Kapitel III). Im nächsten Schritt (Kapitel IV) werden die Strukturveränderungen der folgenden sechs Bereiche analysiert:[4] Augenoptik, Optik und Labortechnik, Foto- und Videotechnik, Feinmechanik, Meß- und Automatisierungstechnik sowie Medizintechnik.

[2] Die in der Außenhandelsstatistik ausgewiesenen Exporte und Importe werden den Güterklassen der Produktionsstatistik zugeordnet. Statistisch wird der Warenverkehr im Zeitpunkt der Grenzüberschreitung erfaßt und bewertet.

[3] Als Produktion gelten statistisch die zum Absatz bestimmten, fertiggestellten Erzeugnisse eines Unternehmens oder Betriebes sowie die für den Eigenverbrauch hergestellten feinmechanischen und optischen Erzeugnisse; ferner alle bezahlten Dienstleistungen in Gestalt von Lohnarbeiten, Lohnveredelungsarbeiten, Reparaturen und Montagen. Die wertmäßige Produktionsmessung erfolgt zu jeweiligen (tatsächlichen oder erwarteten) Verkaufspreisen einschließlich Verpackung, jedoch ohne in Rechnung gestellte Umsatz-(Mehrwert-)steuer sowie abzüglich gewährter Rabatte und evtl. Verbrauchssteuern. Da dieser Produktionswert auch die verarbeiteten Rohstoffe und Vorerzeugnisse umfaßt, wird er als Bruttoproduktion bezeichnet. Durch Abzug der fremdbezogenen Leistungen ergibt sich die sogenannte Nettoproduktion. Wegen der schwierigen Erfaßbarkeit der Vorleistungen muß sich jedoch die laufende Statistik mit dem Bruttoproduktionswert begnügen.

[4] Eine Definition der feinmechanischen und optischen Industrie (Gütergruppe 37 ohne Uhren) und ihrer einzelnen Erzeugnisbereiche findet sich im Anhang A.

2. Inlandsnachfrage

a) Entwicklungstendenzen

Die Inlandsnachfrage nach feinmechanischen und optischen Erzeugnissen, gemessen an der Inlandsmarktversorgung, ist im untersuchten Zeitraum 1978[5] bis 1986 angestiegen, und zwar mit 4,8 % im Durchschnitt der Jahre. Die Veränderungsraten lagen jedoch deutlich unter denen der sechziger und der ersten Hälfte der siebziger Jahre, denn das gesamtwirtschaftliche Wachstum hat sich verlangsamt und war von Konjunktureinbrüchen (1980–82) gekennzeichnet. Real war das Wachstum allerdings wesentlich geringer (durchschnittlich 2,2 % pro Jahr)[6].

Die Nachfrage hat sich in den einzelnen Erzeugnisbereichen recht unterschiedlich entwickelt (Tab. 33 und Abb. 7). In den Rezessionsjahren 1980–82 kam es vielfach zu einem Nachfragerückgang. Einen überdurchschnittlich hohen jährlichen Anstieg der Nachfrage (nominal)[7] konnten im achtjährigen Zeitraum (1978–86) die Optik und Labortechnik (17,6 %) durch zahlreiche Innovationen, wie die Verknüpfung der Optik mit der Elektronik, verzeichnen, die Feinmechanik (10,9 %) und die Augenoptik (8,4 %). Unter dem Durchschnitt lag die Steigerung der Inlandsnachfrage bei der Meß- und Automatisierungstechnik (2,8 %) sowie der Medizintechnik (3,7 %). Bei der Foto- und Videotechnik, die zu einem großen Teil von der Entwicklung des privaten Verbrauchs abhängt, ging die Nachfrage in den Rezessionsjahren am stärksten zurück. Obwohl sie ab 1983 wieder angezogen hat, errechnet sich über den untersuchten Zeitraum hinweg (1978–86) ein Nachfragerückgang (-0,8 %).[8]

Zur Ausweitung der Inlandsnachfrage haben auch die öffentlichen Auftraggeber wesentlich beigetragen, denn die Branche hängt in starkem Maße von ihnen ab. Rund ein Viertel des Inlandsumsatzes der feinmechanischen und opti-

---

[5] Wegen unterschiedlicher Abgrenzung des Berichtskreises für die statistischen Erhebungen im Jahr 1977 (Produktion ohne Handwerk) wird hier der Zeitraum 1978 bis 1986 gewählt.

[6] Errechnet aus Tab. 3.

[7] Wachstumsraten errechnet aus Tab. 33. Da es nicht für alle Erzeugnisgruppen Preisindizes für die Verkaufspreise für Ausfuhrgüter sowie die Einkaufspreise für Einfuhrgüter gibt, kann nur das Wachstum der nominalen Werte errechnet werden. Der Erzeugerpreisindex für den Inlandsabsatz aus heimischer Produktion zeigt die zum Teil doch recht unterschiedliche Preisentwicklung in den einzelnen Erzeugnisbereichen (z. B. Anstieg insgesamt 1978–86 bei Foto- und Videotechnik: 8 %, Optik und Labortechnik: 27 %). Der unterschiedlich hohe (nominale) Anstieg der Inlandsnachfrage ist also auch auf unterschiedliche – nur näherungsweise bekannte – Preisentwicklungen zurückzuführen.

[8] Die Inlandsnachfrage und ihre wichtigsten Einflußgrößen (z. B. Investitionsverhalten der Industrie, Marktsättigung) wird detailliert bei den einzelnen Erzeugnisbereichen in Kapitel IV beschrieben.

Tabelle 33

Entwicklung der Inlandsmarktversorgung[a] mit feinmechanischen und optischen Produkten nach Erzeugnisbereichen[b], 1977 bis 1986

in Mill. DM

Erzeugnisbereich	1977[c]	1978	1979	1980	1981	1982	1983	1984	1985	1986	DJV[d] in % 1978-86
Augenoptik	697	722	772	889	904	879	881	1 062	1 224	1 378	8,4
Optik und Labortechnik	241	276	283	427	345	557	582	649	637	1 007	17,6
Foto- und Videotechnik	1 515	1 824	1 845	1 770	1 649	1 258	1 448	1 427	1 638	1 707	-0,8
Feinmechanik	466	571	699	770	629	569	591	729	1 081	1 303	10,9
Meß- und Automatisierungstechnik	962	949	945	1 227	1 129	972	1 146	1 082	1 212	1 186	2,8
Medizintechnik	907	2 288	2 638	3 025	3 111	3 029	3 094	3 357	3 085	3 066	3,7
Feinmechanische und optische Produkte insgesamt	4 788	6 630	7 182	8 108	7 767	7 264	7 742	8 306	8 877	9 647	4,8

a) Inlandsmarktversorgung = Produktion ./. Export + Import. - b) Zugrundegelegt wurden die Produktions-, Export- und Importwerte des Verbandes der deutschen feinmechanischen und optischen Industrie eV. (Produktionswerte für Betriebe von Unternehmen mit 20 und mehr Beschäftigten, ab 1978 einschließlich Handwerk. Reparaturen, Montagen und Lohnveredelungsarbeiten sind nicht im Produktionswert enthalten. Die Export- und Importwerte enthalten den Veredelungsbereich ebenfalls nicht.) - c) Wegen der unterschiedlichen Abgrenzung des Berichtskreises (Produktion 1977 ohne Handwerk) ist das Jahr 1977 nicht mit späteren Jahren vergleichbar. - d) DJV = Durchschnittliche jährliche Veränderungsrate.

Quelle: - Verband der deutschen feinmechanischen und optischen Industrie eV: Jahreszahlen (verschiedene Jahrgänge),
- Berechnungen des Ifo-Instituts.

Abb. 7
Entwicklung der Inlandsmarktversorgung mit feinmechanischen und optischen Produkten nach Erzeugnisbereichen, 1978 bis 1986

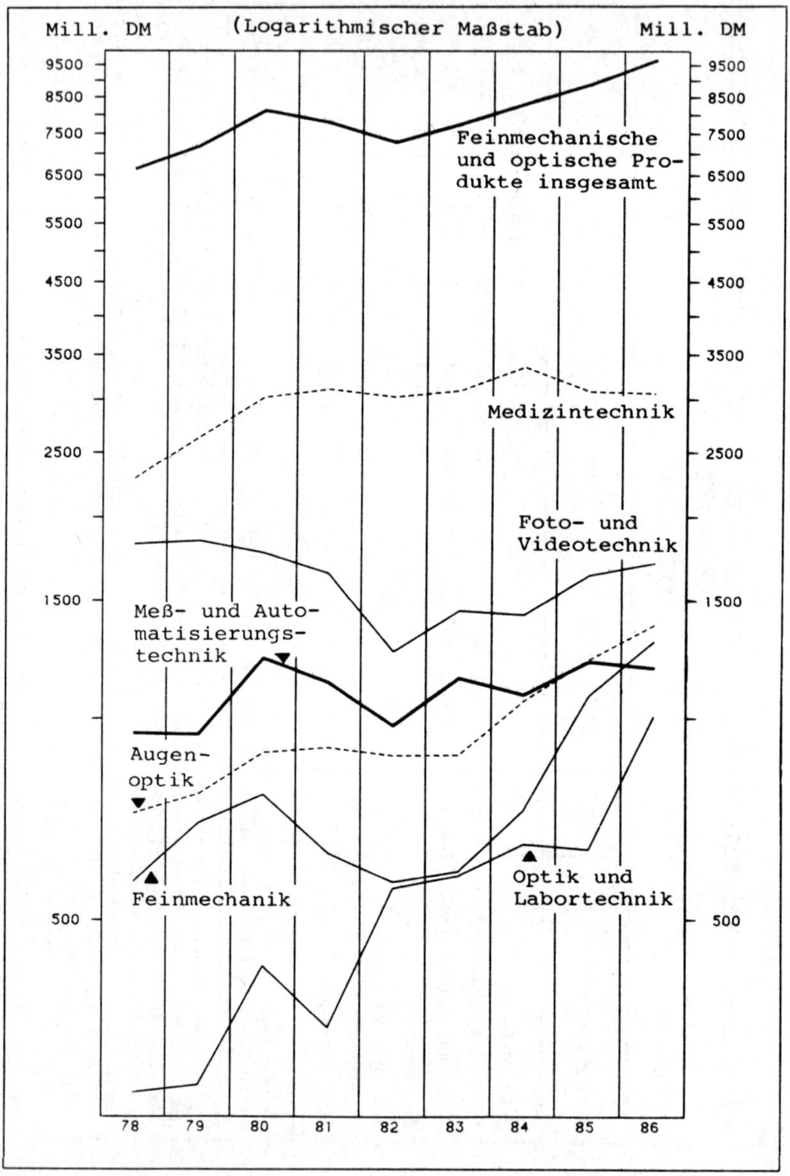

Quelle: Tab. 33.

Tabelle 34

Struktur der Inlandsmarktversorgung[a)] mit feinmechanischen und optischen Produkten nach Erzeugnisbereichen[b)], 1977 bis 1986

Wertanteile in %

Erzeugnisbereich	1977[c)]	1978	1979	1980	1981	1982	1983	1984	1985	1986
Augenoptik	14,6	10,9	10,8	11,0	11,6	12,1	11,4	12,8	13,8	14,3
Optik und Labortechnik	5,0	4,2	3,9	5,3	4,4	7,7	7,5	7,8	7,2	10,4
Foto- und Videotechnik	31,6	27,5	25,7	21,8	21,2	17,3	18,7	17,2	18,5	17,7
Feinmechanik	9,7	8,6	9,7	9,5	8,1	7,8	7,6	8,8	12,2	13,5
Meß- und Automatisierungstechnik	20,1	14,3	13,2	15,1	14,6	13,4	14,8	13,0	13,6	12,3
Medizintechnik	19,0	34,5	36,7	37,3	40,1	41,7	40,0	40,4	34,7	31,8
Feinmechanik/Optik insgesamt in %	100	100	100	100	100	100	100	100	100	100
in Mrd.DM	4,8	6,6	7,2	8,1	7,8	7,3	7,7	8,3	8,9	9,6

a) Inlandsmarktversorgung = Produktion ./. Export + Import. - b) Zugrundegelegt wurden die Produktions-, Export- und Importwerte des Verbandes der deutschen feinmechanischen und optischen Industrie eV. (Produktionswerte für Betriebe von Unternehmen mit 20 und mehr Beschäftigten, ab 1978 einschließlich Handwerk. Reparaturen, Montagen und Lohnverede- lungsarbeiten sind nicht im Produktionswert enthalten. Die Export- und Importwerte enthalten den Veredelungsbereich ebenfalls nicht.) - c) Wegen der unterschiedlichen Abgrenzung des Berichtskreises (Produktion 1977 ohne Handwerk) ist das Jahr 1977 nicht mit späteren Jahren vergleichbar.

Quelle: - Verband der deutschen feinmechanischen und optischen Industrie eV: Jahreszahlen (verschiedene Jahrgänge),
- Berechnungen des Ifo-Instituts (aus Tab. 33).

schen Industrie werden mit staatlichen Stellen getätigt.[9] Die öffentliche Nachfrage erstreckt sich vor allem auf Erzeugnisse für die Bereiche Forschung und Lehre, Gesundheitswesen, Umweltschutz und Raumfahrttechnik, so daß an fast alle Erzeugnisbereiche der Branche öffentliche Aufträge vergeben werden. Das Nachfrageverhalten der öffentlichen Auftraggeber beeinflußt also nachhaltig die Wachstumschancen der einzelnen Erzeugnisbereiche. Auf die vergleichsweise geringe Zuwachsrate der Nachfrage in der Medizintechnik (1978–86) wirkte sich das Kostendämpfungsgesetz im Gesundheitswesen aus.

b) Struktur

Die Struktur der Nachfrage hat sich im achtjährigen Zeitraum stark verändert. Die größten Anteilsverschiebungen traten bei der Foto- und Videotechnik ein, deren Anteil von 27,5 % (1978) auf 17,7 % (1986) zurückgegangen ist, und bei der Optik und Labortechnik, die bei gegenläufiger Bewegung von 4,2 % auf 10,4 % gestiegen ist. Anteilsgewinne konnten auch die Augenoptik und die Feinmechanik verzeichnen, Anteilsverluste (gegenüber dem Ausgangsjahr) mußten die Meß- und Automatisierungstechnik sowie der größte Bereich innerhalb der Branche, die Medizintechnik, hinnehmen (Tab. 34).

3. Ausfuhren der feinmechanischen und optischen Industrie

a) Entwicklungstendenzen

Die Feinmechanik/Optik ist traditionell eine sehr stark exportorientierte Branche. Während der Produktionsanteil der Branche am verarbeitenden Gewerbe zwischen 0,8 und 0,9 % betrug (1977–86), machte der Ausfuhranteil zwischen 1,9 und 2,1 % aus (Tab. 4).

Die Ausfuhren der Branche[10] wuchsen von 1977 bis 1986 (nominal) kontinuierlich auf den doppelten Wert an (1986: rund 10,3 Mrd. DM). Dabei erzielte die Feinmechanik/Optik in einigen Jahren zweistellige Zuwachsraten, wie beispielsweise 1985, als gegenüber dem Vorjahr um 20 % mehr Waren ins Ausland verkauft wurden. Im Durchschnitt des Zeitraums 1977 bis 1986 (Abb. 8) be-

---

[9] Verband der deutschen feinmechanischen und optischen Industrie eV: Geschäftsbericht 1985–1987, S. 36.

[10] Die Exportentwicklung (ohne Veredelung) wird hier anhand der Daten des Verbandes der deutschen feinmechanischen und optischen Industrie beschrieben. Die Exportwerte nach Verbandsangaben sind niedriger, und zwar sowohl ohne Veredelung (1986: 10,3 Mrd. DM) wie mit Veredelung (10,6 Mrd. DM), als die Angaben des Statistischen Bundesamts (1986: 11,1 Mrd. DM, Tab. 1). Bei den Wachstumsraten ergeben sich allerdings nur ganz geringfügige Abweichungen zwischen der Berechnung nach Verbands- und Bundesamtsdaten.

Abb. 8
Ausfuhr und Einfuhr von feinmechanischen und optischen Erzeugnissen, 1977 bis 1986
nominal und real, 1977 = 100

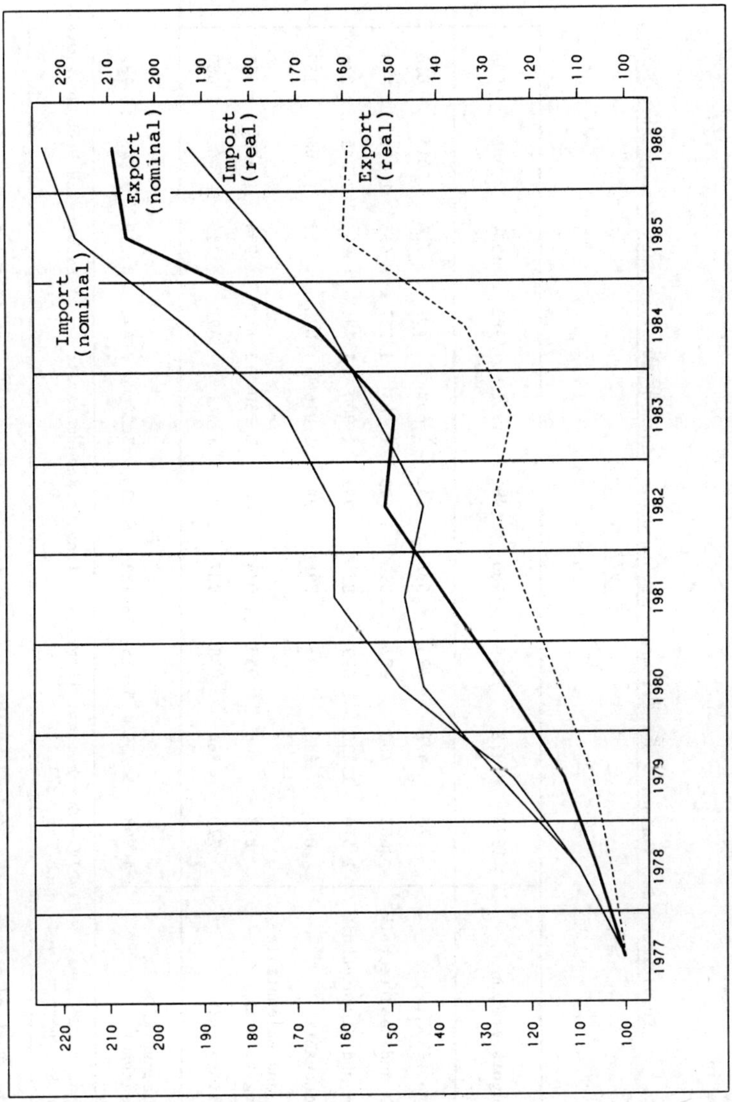

Quelle: Tab. 1 und 3.

Tabelle 35

Entwicklung der Ausfuhr[a] der feinmechanischen und optischen Industrie nach Erzeugnisbereichen, 1977 bis 1986

in Mill. DM

Erzeugnisbereich	1977	1978	1979	1980	1981	1982	1983	1984	1985	1986	DJV[b] in % 1977-86
Augenoptik	475	471	523	532	543	668	709	724	815	816	6,2
Optik und Labortechnik[c]	682	760	807	890	1 025	1 183	1 257	1 465	1 892	1 873	11,9
Foto- und Videotechnik[c]	1 570	1 630	1 699	1 851	1 992	1 900	1 795	1 999	2 245	2 278	4,2
Feinmechanik	668	688	693	798	995	1 076	1 078	1 122	1 108	1 159	6,4
Meß- und Automatisierungstechnik	828	846	955	1 074	1 067	1 130	1 110	1 254	1 402	1 476	6,6
Medizintechnik	770	864	938	987	1 208	1 367	1 491	1 735	2 481	2 680	14,9
Feinmechanik/Optik insgesamt	4 993	5 259	5 615	6 132	6 830	7 324	7 440	8 299	9 943	10 282	8,4

a) Ohne Veredelung. – b) DJV = Durchschnittliche jährliche Veränderungsrate. – c) Exporte zu hoch ausgewiesen wegen Reexporten (vgl. auch Tab. 37).

Quelle: Verband der deutschen feinmechanischen und optischen Industrie eV: Jahreszahlen (verschiedene Jahrgänge).

trug das Exportwachstum 8,4% pro Jahr. Die Ausfuhr in realen Werten war allerdings wesentlich niedriger. Sie lag bei durchschnittlich 5,3% pro Jahr.[11]

Die Entwicklung der Auslandsnachfrage in den einzelnen Erzeugnisbereichen verlief – ähnlich der inländischen Nachfrage – im neunjährigen Zeitraum (1977–86) sehr unterschiedlich (Tab. 35 und Abb. 9). Einen überdurchschnittlichen jährlichen Zuwachs (nominal)[12] erzielten die Erzeugnisbereiche Medizintechnik (14,9%) sowie Optik und Labortechnik (11,9%). Unter dem Branchendurchschnitt lagen die Meß- und Automatisierungstechnik (6,6%), die Feinmechanik (6,4%), die Augenoptik (6,2%) sowie die Foto- und Videotechnik (4,2%).[13]

Im Zeitraum 1977 bis 1986 haben sich die Anteile der einzelnen Erzeugnisbereiche an den Ausfuhren wie folgt geändert: Die Medizintechnik konnte ihren Anteil von 15,4% (1977) auf 26,1% (1986) erhöhen, die Optik und Labortechnik von 13,7% auf 18,2%. Gesunken ist der Anteil der Foto- und Videotechnik (von 31,4% auf 22,1%), während die anderen Erzeugnisbereiche ihre Position im Außenhandel in etwa halten konnten (Tab. 36).

Die Exportquote der feinmechanischen und optischen Industrie, berechnet als Anteil des Exports an der Produktion, ist im Untersuchungszeitraum kontinuierlich angestiegen. 1978 wurden 59,0% vom gesamten Produktionswert der Branche ausgeführt, 1986 waren es 74,3% (Tab. 37).[14] Im Durchschnitt der Jahre des untersuchten Zeitraums war die Exportquote der Feinmechanik/Optik rund 2,4mal so hoch wie im Durchschnitt des verarbeitenden Gewerbes (Tab. 4).

Die Exportquoten sind zwischen 1978 und 1986 bei allen Erzeugnisbereichen – zum Teil mit Schwankungen – angestiegen. Die Höhe der Ausfuhranteile ist bei den einzelnen Bereichen jedoch recht unterschiedlich. Im Jahr 1986 waren diese Anteile bei der Meß- und Automatisierungstechnik (71,1%), der Medizintechnik (59,3%) und der Feinmechanik (57,7%) am höchsten. In der Augenoptik waren sie (48,4%) am niedrigsten.

In zwei Bereichen, nämlich der Optik und Labortechnik sowie der Foto- und Videotechnik, lagen die Exportquoten in fast allen Jahren über 100% (Tab. 37). Die in der Statistik ausgewiesenen Exportwerte sind hier höher als

---

[11] Errechnet aus Tab. 3.

[12] Der unterschiedlich hohe Anstieg ist zum Teil auch wieder durch die in den einzelnen Erzeugnisgruppen abweichende Entwicklung der Verkaufspreise für Ausfuhrgüter bestimmt.

[13] In den beiden Bereichen Optik und Labortechnik sowie Foto- und Videotechnik sind die in der Statistik ausgewiesenen Exporte höher als die Produktion. Darauf wird im folgenden noch eingegangen.

[14] Berechnet nach den Angaben des Verbands zu Ausfuhr und Produktion. Nach den entsprechenden Angaben des Statistischen Bundesamts (Tab. 2) stieg die Exportquote von 62,9% (1978) auf 80,4% (1986) an.

Abb. 9
Entwicklung der Ausfuhr der feinmechanischen und optischen Industrie nach Erzeugnisbereichen, 1977 bis 1986

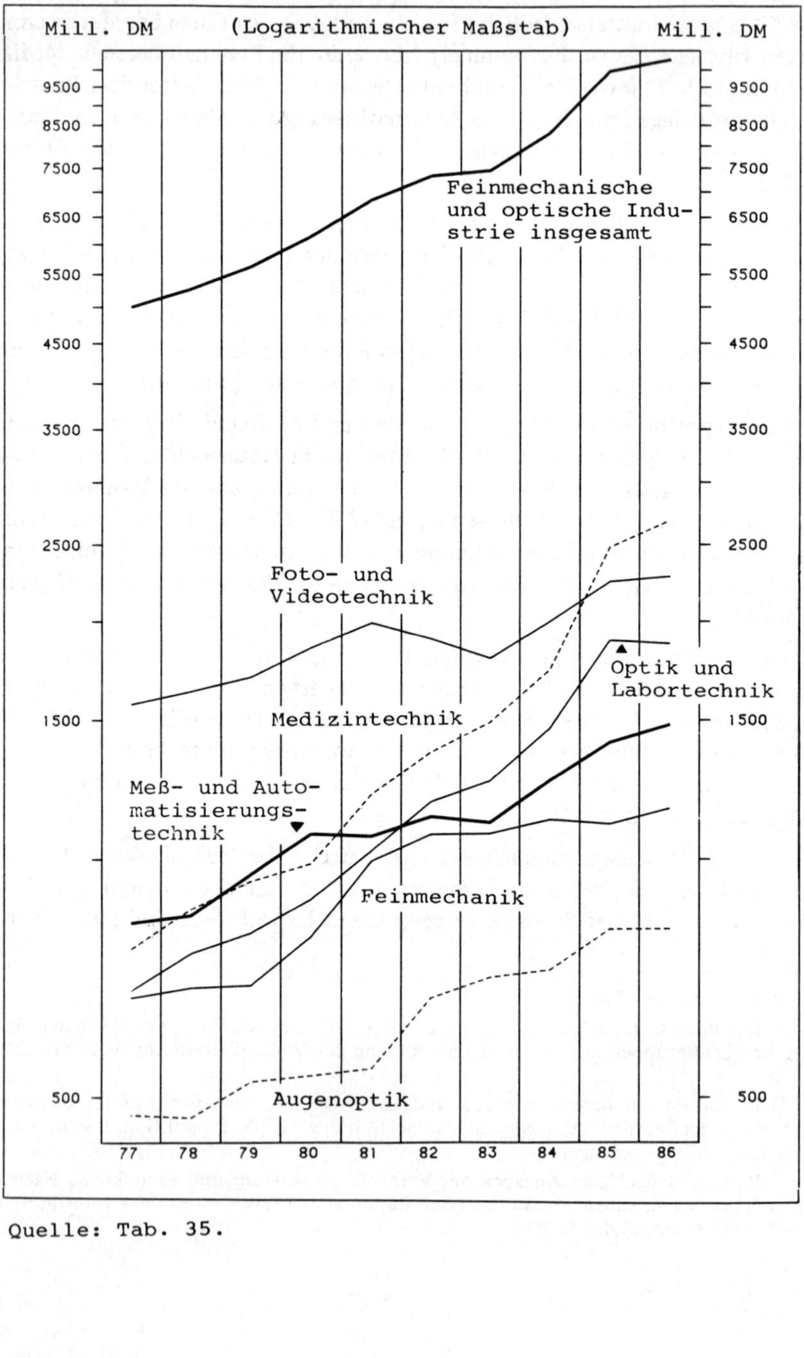

Quelle: Tab. 35.

Tabelle 36

Struktur der Ausfuhr[a] der feinmechanischen und optischen Industrie nach Erzeugnisbereichen, 1977 bis 1986

Wertanteile in %

Erzeugnisbereich	1977	1978	1979	1980	1981	1982	1983	1984	1985	1986
Augenoptik	9,5	9,0	9,3	8,7	7,9	9,1	9,5	8,7	8,2	7,9
Optik und Labortechnik	13,7	14,4	14,4	14,5	15,0	16,2	16,9	17,7	19,0	18,2
Foto- und Videotechnik	31,4	31,0	30,3	30,2	29,2	25,9	24,1	24,1	22,6	22,1
Feinmechanik	13,4	13,1	12,3	13,0	14,6	14,7	14,5	13,5	11,1	11,3
Meß- und Automatisierungstechnik	16,6	16,1	17,0	17,5	15,6	15,4	14,9	15,1	14,1	14,4
Medizintechnik	15,4	16,4	16,7	16,1	17,7	18,7	20,1	20,9	25,0	26,1
Feinmechanik/Optik insgesamt in %	100	100	100	100	100	100	100	100	100	100
in Mrd. DM	5,0	5,3	5,6	6,1	6,8	7,3	7,4	8,3	9,9	10,3

a) Ohne Veredelung.

Quelle: - Verband der deutschen feinmechanischen und optischen Industrie eV: Jahreszahlen (verschiedene Jahrgänge),
- Berechnungen des Ifo-Instituts (aus Tab. 35).

Tabelle 37

Exportquoten[a] der feinmechanischen und optischen Industrie nach Erzeugnisbereichen[b], 1978 bis 1986

in %

Erzeugnisbereich	1978	1979	1980	1981	1982	1983	1984	1985	1986
Feinmechanische und optische Industrie insgesamt	59,0	59,7	59,9	67,3	71,4	70,9	73,1	76,9	74,3
Augenoptik	48,0	50,0	46,3	46,5	53,7	56,8	52,8	52,6	48,4
Optik und Labortechnik[c]	110,0	117,5	112,1	128,3	103,3	107,5	114,2	116,8	98,4
Foto- und Videotechnik[c]	79,8	85,9	101,0	124,7	142,3	143,6	153,2	146,1	138,2
Feinmechanik	65,3	59,9	62,0	74,6	79,3	79,0	73,8	60,8	57,7
Meß- und Automatisierungstechnik	56,4	61,8	58,0	62,1	70,1	62,8	68,4	68,8	71,1
Medizintechnik	32,6	31,3	29,7	34,1	38,3	40,4	42,9	56,9	59,3

a) Anteil des Exports (ohne Veredelung) an der Produktion. - b) Betriebe von Unternehmen mit 20 und mehr Beschäftigten, ab 1978 einschließlich Handwerk. Die zugrundegelegten Produktionswerte enthalten die Bereiche Reparaturen, Montagen und Lohnveredelungsarbeiten nicht. - c) Die Außenhandelsentwicklung ist nicht interpretierbar. Die Exporte (und damit die Exportquoten) sind durch Wiederausfuhren von Importen überhöht und dadurch, daß bei den Exporten alle Ausfuhren, also auch jene der hier ins Gewicht fallenden Handelsfirmen jeder Größe und von Industriebetrieben von Unternehmen mit weniger als 20 Beschäftigten erfaßt werden.

Quelle: - Verband der deutschen feinmechanischen und optischen Industrie eV: Jahreszahlen (verschiedene Jahrgänge),
- Berechnungen des Ifo-Instituts.

die Produktionswerte. Das liegt daran, daß zu einem großen Teil Exporte, die nicht aus inländischer Produktion stammen (sogenannte Reexporte, also Wiederausfuhren von Importen) zu den Exporten hinzugerechnet werden. Hinzu kommt, daß Exporte generell zum Zeitpunkt der Grenzüberschreitung erfaßt und bewertet werden, und zwar alle Ausfuhren, also auch jene von Handelsfirmen und von Industriebetrieben von Unternehmen mit weniger als 20 Beschäftigten. Da die so erfaßten Exporte auf die Produktion der Industriebetriebe von Unternehmen mit 20 und mehr Beschäftigten bezogen werden, kommt es generell zu einer Überhöhung der Exportquoten.[15]

Für den Bereich Optik und Labortechnik kommt hinzu, daß die Produktions- und Außenhandelsstatistik in ihrer statistischen Abgrenzung nicht übereinstimmen und daß die Produktion den Bereich der Rüstungsgüter nicht erfaßt. Bei der Foto- und Videotechnik dürften vor allem die Reexporte, die auch Handelshäuser durchführen, der Grund für die hohen Exportzahlen sein. In beiden Bereichen haben die Exportquoten, die in den meisten Jahren über 100 % liegen, keine Aussagekraft.

Es sei noch darauf hingewiesen, daß die einzelnen Erzeugnisbereiche der Feinmechanik/Optik zum Teil wesentlich stärker vom Ausland abhängig sind, als es in ihren Exportquoten zum Ausdruck kommt. Dies gilt insbesondere für die Meß- und Automatisierungstechnik, deren Erzeugnisse in zahlreichen Zweigen der Investitionsgüterindustrie Verwendung finden. Erzeugnisse der Feinmechanik/Optik gelangen also – eingebaut in Investitionsgütern, die ausgeführt werden – als sogenannte „indirekte Exporte“ ins Ausland.

b) Struktur nach Abnehmerländern

Die Feinmechanik/Optik ist ein klassischer Industriezweig hochentwickelter Wirtschaftsräume. Da die Branche nur wenige Konsumgüter, eine Reihe von Gebrauchsgütern, aber vor allem Investitionsgüter bzw. Vorprodukte, die in Investitionsgüter eingehen, herstellt, sind die Industrienationen die Hauptabnehmer feinmechanischer und optischer Erzeugnisse.

Das regionale Strukturbild des deutschen Exports von Erzeugnissen der Branche zeigt, daß die Ausfuhr mit Schwerpunkt auf Europa ausgerichtet ist. Im Untersuchungszeitraum gingen rund zwei Drittel der deutschen feinmechanischen und optischen Erzeugnisse in europäische Länder (Tab. 38). Unter den EG-Ländern (Abnahmeanteil 1986: rund 43 Prozentpunkte) finden sich die Hauptabnehmer: Frankreich (11,4 %), die Niederlande (7,8 %), Großbritannien (7,2 %) und Italien (6,6 %).

---

[15] Vergleiche hierzu auch: Wirtschaftsvereinigung deutscher Feinmechanik und Optik eV: Mit einem gemeinsamen Zeichen. Wettbewerbsfähig, o.J.

Tabelle 38

Regionale Struktur der Ausfuhr[a] der feinmechanischen und optischen Industrie, 1977 bis 1986

Wertanteile in %

Verbrauchsländer	1977	1980	1983	1984	1985	1986
A. Europa	67,8	69,7	65,7	64,3	62,2	64,2
1. EG-Länder[b]	40,9	43,8	41,5	41,0	38,8	42,7
darunter:						
Frankreich	12,9	14,1	12,9	11,8	11,2	11,4
Niederlande	9,5	8,5	9,0	8,4	7,7	7,8
Großbritannien	5,1	7,0	7,4	8,2	7,7	7,2
Italien	6,0	7,5	6,2	6,4	6,4	6,6
Belgien/Luxemburg	4,7	4,4	3,3	3,4	3,1	3,4
2. EFTA-Länder	16,7	17,2	15,7	15,6	15,3	16,7
darunter:						
Österreich	5,1	5,2	5,2	5,3	5,4	5,6
Schweiz	4,8	5,3	4,8	5,2	4,7	5,5
Schweden	4,4	4,2	3,7	3,4	3,3	3,2
3. Übrige europäische Länder	6,7	5,6	5,1	4,7	5,1	1,9
4. Ostblockländer	3,5	3,1	3,4	3,0	3,0	2,9
B. Übersee	32,2	30,3	34,3	35,7	37,8	35,8
1. Nordamerika	10,8	11,3	13,5	15,9	18,6	19,1
davon:						
USA	9,3	10,1	12,5	14,7	17,3	17,9
Kanada	1,5	1,2	1,0	1,2	1,3	1,2
2. Mittel- und Südamerika	4,1	3,8	1,9	2,0	2,1	2,3
3. Naher Osten	4,8	3,1	6,2	4,5	3,8	2,6
4. Asien ohne Nahen Osten	6,1	6,8	7,4	7,7	8,5	7,8
darunter:						
Japan	2,8	2,9	2,5	3,0	3,1	3,3
5. Übrige Regionen	6,4	5,3	5,3	5,6	4,8	4,0
darunter:						
Australien	1,3	1,1	1,0	1,4	1,4	1,1
Republik Südafrika	1,0	1,2	1,2	1,1	0,8	0,6
Insgesamt in %	100	100	100	100	100	100
in Mrd. DM	5,0	6,3	7,5	8,4	10,2	10,6

a) Einschließlich Veredelung. – b) Ab 1983 einschließlich Griechenland.

Quelle: – Verband der deutschen feinmechanischen und optischen Industrie eV: Jahreszahlen (verschiedene Jahrgänge),
– Berechnungen des Ifo-Instituts.

Wichtige Abnehmer unter den EFTA-Ländern sind Österreich (5,6 %) und die Schweiz (5,5 %). Der Export in die osteuropäischen Länder blieb im untersuchten Zeitraum ziemlich konstant bei etwa 3 %.

Unter den überseeischen Industrieländern haben die USA eine herausragende Bedeutung. Ihr Abnahmeanteil hat sich von gut 9 % (1977) auf rund 18 % (1986) erhöht. Der Anteil Japans ist leicht angestiegen, absolut mit rund 3 % aber noch sehr niedrig.

Durch den Kauf von Gütern für das Gesundheitswesen, für Forschung und Lehre oder zur Erschließung neuer Rohstoffquellen haben die Entwicklungs- und Schwellenländer als Exportmärkte für die deutsche Feinmechanik/Optik eine zunehmende Bedeutung erlangt, wenn sich ihr Abnahmeanteil auch noch nicht nennenswert in der Statistik niedergeschlagen hat. Die Lieferungen an die OPEC-Länder waren allerdings in den letzten Jahren wegen des relativ niedrigen Rohölpreises, der die Einnahmen und damit die Investitionsmöglichkeiten dieser Länder schmälert, rückläufig. Zu erwähnen sind noch die Ausfuhren nach China, die absolut betrachtet erst eine geringe Größe haben, aber in den letzten Jahren hohe Zuwachsraten verzeichneten.

Insgesamt haben sich die Abnahmeanteile der einzelnen Regionen und Länder – sieht man von den USA ab – im Untersuchungszeitraum nicht stark verändert.

4. Einfuhren feinmechanischer und optischer Erzeugnisse

a) Entwicklungstendenzen

Die wachsende Verflechtung der internationalen Märkte bei gleichzeitig zunehmendem Wettbewerb schlug sich auch bei den Importen feinmechanischer und optischer Erzeugnisse nieder. Im Zeitraum 1977 bis 1986 (nominal) sind die Einfuhren auf das 2,4fache angestiegen (1986: 6,1 Mrd. DM) und damit stärker als die Exporte. Im Durchschnitt des Berichtszeitraums (1977–86) betrug die Importzunahme 10,3 % pro Jahr. Real lag das Wachstum (7,6 %)[16] darunter (Abb. 8).

Im Gegensatz zur Exportzunahme in den einzelnen Erzeugnisbereichen (Tab. 35) verlief der Anstieg der Importe in allen Bereichen ziemlich gleichförmig (Tab. 39 und Abb. 10). Überdurchschnittlich stieg die Einfuhr im Bereich Optik und Labortechnik (13,8 % pro Jahr), in der Medizintechnik (12,3 %) und in der Augenoptik (10,7 %) an. Unter dem Branchendurchschnitt lag die

---

[16] Errechnet aus Tab. 3.

Tabelle 39

Entwicklung der Einfuhr[a] feinmechanischer und optischer Produkte nach Erzeugnisbereichen, 1977 bis 1986

in Mill. DM

Erzeugnisbereich	1977	1978	1979	1980	1981	1982	1983	1984	1985	1986	DJV[b] in % 1977-86
Augenoptik	204	211	248	272	280	304	341	414	490	507	10,7
Optik und Labortechnik	304	345	403	523	571	595	670	831	909	976	13,8
Foto- und Videotechnik	1 134	1 411	1 566	1 788	2 043	1 823	1 993	2 121	2 346	2 337	8,4
Feinmechanik	179	206	236	281	290	288	305	330	366	455	10,9
Meß- und Automatisierungstechnik	273	296	355	450	478	490	488	504	575	586	8,9
Medizintechnik	433	504	578	686	779	826	891	1 049	1 206	1 230	12,3
Feinmech. und optische Produkte insgesamt	2 527	2 973	3 386	4 000	4 441	4 326	4 688	5 249	5 892	6 091	10,3

a) Ohne Veredelung. – b) DJV = Durchschnittliche jährliche Veränderungsrate.

Quelle: Verband der deutschen feinmechanischen und optischen Industrie eV: Jahreszahlen (verschiedene Jahrgänge).

Abb. 10
Entwicklung der Einfuhr feinmechanischer und optischer Produkte nach Erzeugnisbereichen, 1977 bis 1986

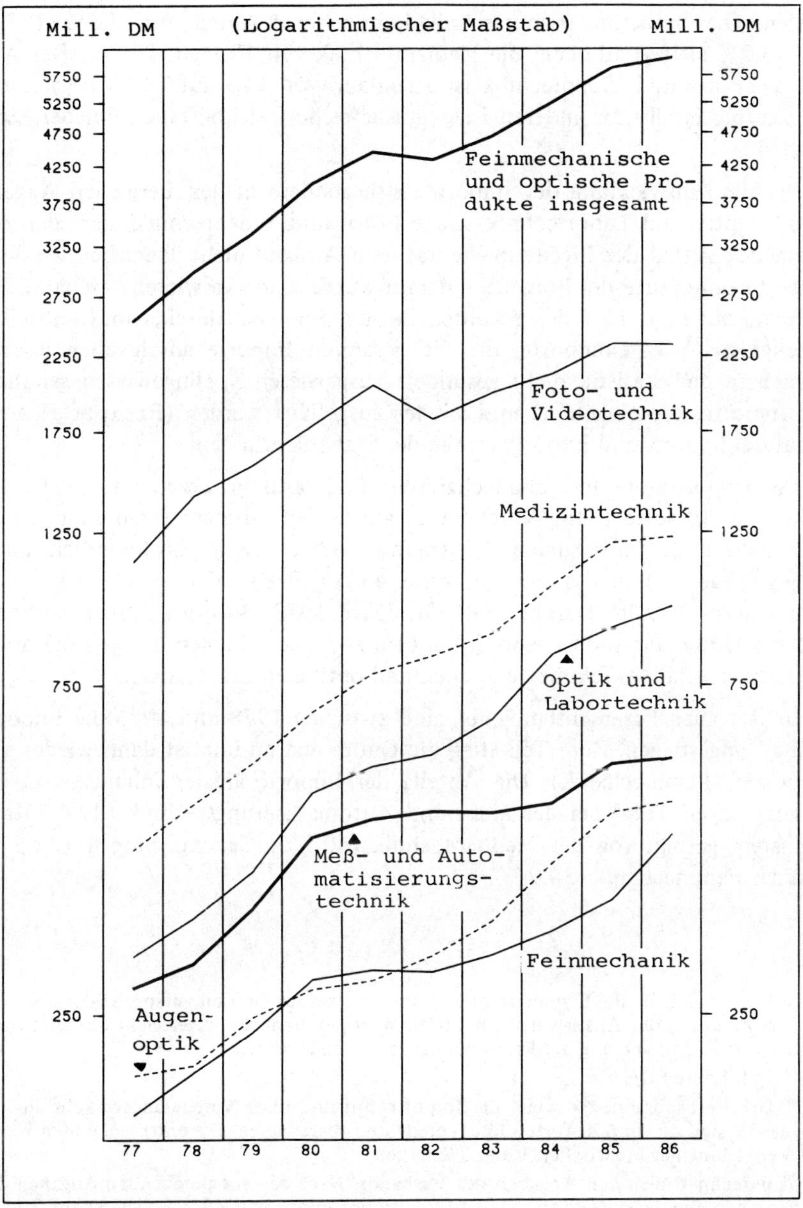

Quelle: Tab. 39.

Meß- und Automatisierungstechnik (8,9 %) sowie die Foto- und Videotechnik (8,4 %).[17]

Die unterschiedlich hohen Zuwächse bei der Einfuhr führten zu leichten Veränderungen bei den Anteilen der einzelnen Erzeugnisbereiche an den Importen: Die Optik und Labortechnik konnte ihren Anteil von 12,0 % (1977) auf 16,0 % (1986) erhöhen, die Medizintechnik von 17,1 auf 20,2 %. Der Anteil der Foto- und Videotechnik ist gesunken (von 44,9 auf 38,4 %), während die Einfuhranteile der anderen Erzeugnisbereiche fast konstant geblieben sind (Tab. 40).

Bei der Entwicklung der Importe, insbesondere in den Bereichen Augenoptik, Optik und Labortechnik sowie Foto- und Videotechnik, darf der zunehmende Anteil der Eigenimporte aus dem Ausland nicht übersehen werden. Diese Eigenimporte der Branche – darauf wurde schon verwiesen – schätzt der Verband auf rund 15 % der gesamten Einfuhr feinmechanischer und optischer Erzeugnisse.[18] Eigenimporte, die die gesamten Importe anschwellen lassen, werden in der Statistik nicht gesondert ausgewiesen.[19] Hingewiesen sei auch auf Importe, die eingeführt und wieder ausgeführt werden (Reexporte), und somit die Import- und Exportwerte in der Statistik erhöhen.

Die Importquote für feinmechanische und optische Erzeugnisse, d.h. der Anteil der Importe (ohne Veredelung) an der Inlandsmarktversorgung, ist in allen Jahren des untersuchten Zeitraums (außer 1986) kontinuierlich angestiegen (Tab. 41), und zwar von rund 45 % (1978) auf 63 % (1986).[20] Die Importquote war im Durchschnitt der Jahre 1978–86 etwa 2,6mal so hoch wie die Quote für Industrieprodukte (Tab. 4). Diese Zahlen belegen die hohe Importintensität bei feinmechanischen und optischen Erzeugnissen.

In fast allen Erzeugnisbereichen sind zwischen 1978 und 1986 die Importquoten angestiegen. Zum Teil stieg die Quote erst an und ist dann wieder abgesunken (Feinmechanik). Die Anteile der Importe an der Inlandsmarktversorgung lagen 1986 bei der Meß- und Automatisierungstechnik (49,4 %) am höchsten, gefolgt von der Medizintechnik (40,1 %), der Augenoptik (36,8 %) und der Feinmechanik (34,9 %).

---

[17] Da es nicht für alle Erzeugnisgruppen Preisindizes für die Einkaufspreise der Einfuhrgüter gibt, wurde der Anstieg der nominalen Werte erreichnet. Er verdeckt die durch unterschiedliche Entwicklung der Preise bedingten Veränderungen.

[18] Vgl. Kapitel II/1/d.

[19] Die Verbandsstatistik weist die Importe mit und ohne Veredelungsverkehr aus. In Tabelle 39 sind die Importwerte ohne Veredelung ausgewiesen. Die entsprechenden Werte mit Veredelung liegen zwischen 1 und 3 % höher.

[20] Berechnet nach den Angaben des Verbands. Nach den entsprechenden Angaben des Statistischen Bundesamts (Tab. 2) stieg die Importquote von 49,2 % (1978) auf 70,7 % (1986) an.

Tabelle 40

Struktur der Einfuhr[a] feinmechanischer und optischer Produkte nach Erzeugnisbereichen, 1977 bis 1986

Wertanteile in %

Erzeugnisbereich	1977	1978	1979	1980	1981	1982	1983	1984	1985	1986
Augenoptik	8,1	7,1	7,3	6,8	6,3	7,0	7,3	7,9	8,3	8,3
Optik und Labortechnik	12,0	11,6	11,9	13,1	12,9	13,8	14,3	15,8	15,4	16,0
Foto- und Videotechnik	44,9	47,5	46,2	44,7	46,0	42,1	42,5	40,4	39,8	38,4
Feinmechanik	7,1	6,9	7,0	7,0	6,5	6,7	6,5	6,3	6,2	7,5
Meß- und Automatisierungstechnik	10,8	10,0	10,5	11,3	10,8	11,3	10,4	9,6	9,8	9,6
Medizintechnik	17,1	16,9	17,1	17,1	17,5	19,1	19,0	20,0	20,5	20,2
Feinmech. und optische Produkte insgesamt in %	100	100	100	100	100	100	100	100	100	100
in Mrd.DM	2,5	3,0	3,4	4,0	4,4	4,3	4,7	5,2	5,9	6,1

a) Ohne Veredelung.

Quelle: - Verband der deutschen feinmechanischen und optischen Industrie eV: Jahreszahlen (verschiedene Jahrgänge),
- Berechnungen des Ifo-Instituts (aus Tab. 39).

Tabelle 41

Importquoten[a] bei feinmechanischen und optischen Produkten nach Erzeugnisbereichen[b], 1978 bis 1986

in %

Erzeugnisbereich	1978	1979	1980	1981	1982	1983	1984	1985	1986
Feinmechanische und optische Produkte insgesamt	44,8	47,1	49,3	57,2	59,6	60,6	63,2	66,4	63,1
Augenoptik	29,2	32,1	30,6	31,0	34,6	38,7	39,0	40,0	36,8
Optik und Labortechnik[c]	125,0	142,4	122,5	165,5	106,8	115,1	128,0	142,7	96,9
Foto- und Videotechnik[c]	77,4	84,9	101,0	123,9	144,9	137,6	148,6	143,2	136,9
Feinmechanik	36,1	33,8	36,5	46,1	50,6	51,6	45,3	33,9	34,9
Meß- und Automatisierungstechnik	31,2	37,6	36,7	42,3	50,4	42,6	46,6	47,4	49,4
Medizintechnik	22,0	21,9	22,7	25,0	27,3	28,8	31,2	39,1	40,1

a) Anteil des Imports (ohne Veredelung) an der Inlandsmarktversorgung. - b) Betriebe von Unternehmen mit 20 und mehr Beschäftigten, ab 1978 einschließlich Handwerk. Die zugrundegelegten Produktionswerte enthalten die Bereiche Reparaturen, Montagen und Lohnveredelungsarbeiten nicht. - c) Die Außenhandelsentwicklung ist nicht interpretierbar. Die Importquoten sind überzeichnet, da überhöhte Exporte (Tab. 37) zu einem rechnerisch negativen Inlandsabsatz aus inländischer Produktion geführt haben.

Quelle: - Verband der deutschen feinmechanischen und optischen Industrie eV: Jahreszahlen (verschiedene Jahrgänge),
- Berechnungen des Ifo-Instituts.

Tabelle 42

Regionale Struktur der Einfuhr[a] feinmechanischer und optischer Erzeugnisse, 1977 bis 1986

Wertanteile in %

Erzeugerländer	1977	1980	1983	1984	1985	1986
A. Europa	53,5	53,8	48,9	47,5	45,4	48,2
1. EG-Länder[b]	38,6	37,3	33,0	31,7	29,7	31,8
darunter:						
Frankreich	10,3	10,3	9,0	8,4	8,5	8,0
Großbritannien	7,7	9,3	7,6	6,8	6,6	7,3
Niederlande	10,0	7,9	6,6	7,1	5,0	5,7
Italien	6,0	5,2	5,1	5,0	5,1	5,2
2. EFTA-Länder	13,3	14,8	14,4	14,4	14,3	15,4
darunter:						
Schweiz	7,7	8,7	8,6	8,6	8,4	9,6
Österreich	2,4	2,4	2,6	2,9	3,0	3,4
Schweden	2,2	2,1	2,0	1,8	1,8	1,9
3. Übrige europäische Länder	0,7	0,9	0,8	0,9	0,9	0,5
4. Ostblockländer	0,9	0,8	0,7	0,5	0,5	0,5
B. Übersee	46,5	46,2	51,1	52,5	54,6	51,8
1. Nordamerika	17,0	16,0	20,7	21,3	20,6	17,0
davon:						
USA	16,8	15,7	20,0	20,4	19,9	16,5
Kanada	0,2	0,3	0,7	0,9	0,7	0,5
2. Mittel- und Südamerika	0,1	0,2	0,1	0,1	0,1	0,1
3. Naher Osten	0,3	0,3	0,2	0,2	0,3	0,4
4. Asien ohne Nahen Osten	26,2	28,3	28,9	29,4	32,0	32,8
darunter:						
Japan	22,5	24,4	25,9	26,4	28,8	29,5
5. Übrige Regionen	2,9	1,4	1,2	1,5	1,6	1,5
Insgesamt in %	100	100	100	100	100	100
in Mrd. DM	2,7	4,1	4,8	5,4	6,1	6,3

a) Einschließlich Veredelung. – b) Ab 1983 einschließlich Griechenland.

Quelle: – Verband der deutschen feinmechanischen und optischen Industrie eV: Jahreszahlen (verschiedene Jahrgänge),
– Berechnungen des Ifo-Instituts.

In zwei Erzeugnisbereichen – Optik und Labortechnik sowie Foto- und Videotechnik – errechnen sich Importquoten von über 100%, da dort – wie erwähnt – in der Statistik die Exportwerte höher sind als die Produktionswerte.[21]

b) Struktur nach Lieferländern

Die regionale Struktur der deutschen Importe feinmechanischer und optischer Erzeugnisse zeigt, daß die Hauptlieferanten mit den Hauptabnehmern ziemlich identisch sind. Im Berichtszeitraum kam rund die Hälfte der Einfuhren aus europäischen Ländern (Tab. 42). Den größten Lieferanteil haben die EG-Länder (1986: 32 Prozentpunkte). Innerhalb der EG-Länder dominieren Frankreich (8,0%) und Großbritannien (7,3%) als Lieferanten. Unter den EFTA-Ländern hat die Schweiz (9,6%) eine herausragende Stellung. Der Lieferanteil der USA (16,5%) ist in etwa so hoch wie ihr Abnahmeanteil.

An erster Stelle der Lieferländer steht Japan, und zwar vor allem wegen seiner starken Stellung im Fotoamateurbereich. Der Anteil der Einfuhr aus Japan ist von rund 23% (1977) auf knapp 30% (1986) angestiegen. Das entspricht einer Verdreifachung der Importe in absoluten Werten.

Die regionale Struktur der deutschen Importe hat sich insofern verändert, als der Anteil Japans – wie erwähnt – stark angestiegen ist, die europäischen Länder jedoch an Bedeutung verloren haben (Rückgang des Anteils von rund 54% auf 48%). Eine zunehmende Bedeutung haben Importe aus Schwellenländern im asiatischen Raum, die sich allerdings in der Statistik noch nicht nennenswert niedergeschlagen haben. Es sind zum Teil Eigenimporte deutscher Unternehmen, die in diesen Ländern Produktionsstätten aufgebaut haben.

5. Außenhandelssalden

Im Untersuchungszeitraum 1977 bis 1986 hat sich der Außenhandel mit Erzeugnissen der Feinmechanik/Optik sehr stark intensiviert, und zwar in allen Bereichen der Branche. Darin kommt die verstärkte internationale Arbeitsteilung zum Ausdruck. Im Zeitraum 1977 bis 1986 wies der Außenhandel mit Erzeugnissen der Feinmechanik/Optik in allen Jahren einen erheblichen Exportüberschuß auf. Er betrug 1977 rund 2,4 Mrd. DM (bei einem Exportwert von 5,3 Mrd. DM) und stieg bis 1986 auf 4,6 Mrd. DM (Exportwert 11,1 Mrd. DM).

---

[21] Vgl. Kapitel III/3/a. Sind aus den genannten Gründen die Exporte höher als die Produktion, so ergibt sich rechnerisch ein negativer Inlandsabsatz aus inländischer Produktion. Addiert man zu diesem die Importe, so erhält man eine niedrige Inlandsmarktversorgung. Bezieht man die Importe auf diese niedrige Inlandsmarktversorgung, so erhält man Importquoten von über 100%.

Tabelle 43

Außenhandel[a)] feinmechanischer und optischer Erzeugnisse mit wichtigen Handelspartnern, 1977 und 1986

Land[b)]	1977				1986			
	Mill. DM			Einfuhr in % der Ausfuhr	Mill. DM			Einfuhr in % der Ausfuhr
	Ausfuhr	Einfuhr	Saldo		Ausfuhr	Einfuhr	Saldo	
Belgien/Luxemburg	236	55	181	23,3	361	95	266	26,3
Frankreich	642	279	363	43,5	1206	501	705	41,5
Großbritannien	255	208	47	81,6	763	458	305	60,0
Italien	298	163	135	54,7	694	324	370	46,7
Japan	138	611	-473	442,8	346	1851	-1505	535,0
Niederlande	473	272	201	57,5	819	357	462	43,6
Österreich	256	66	190	25,8	590	211	379	35,8
Schweden	218	60	158	27,5	335	121	214	36,1
Schweiz	239	210	29	87,9	577	600	23	104,0
USA	464	456	8	98,3	1883	1036	847	55,0

a) Einschließlich Veredelung. – b) In alphabetischer Reihenfolge.

Quelle: – Verband der deutschen feinmechanischen und optischen Industrie eV: Jahreszahlen (verschiedene Jahrgänge),
– Berechnungen des Ifo-Instituts.

Bezieht man den Außenhandelssaldo auf den gesamten Außenhandel (Export + Import), so zeigt sich, daß er von 1977 (29 %) bis 1986 (26 %) relativ zurückgegangen ist. Dies erklärt sich aus dem schnelleren Anwachsen der Importe (1977 bis 1986: 10,3 % im Durchschnitt der Jahre) gegenüber den Exporten (8,4 %). Im Jahr 1977 wurden etwa 55 % des Wertes der Ausfuhren importiert, 1986 waren es 59 %.[22]

Im Berichtszeitraum waren die Salden des Außenhandels mit feinmechanischen und optischen Erzeugnissen der Bundesrepublik mit fast allen Ländern positiv (Tab. 43). Zwischen 1977 und 1986 war – absolut betrachtet – ein Anstieg des Exportüberschusses zu beobachten. Nur im Außenhandel mit Japan übertrafen die Einfuhrwerte die Ausfuhrwerte in zunehmendem Ausmaß (1977: 473 Mill. DM; 1986: 1 505 Mill. DM).

6. Internationale Wettbewerbsposition deutscher feinmechanischer und optischer Erzeugnisse

a) Vorbemerkung

Die Änderung der weltwirtschaftlichen Rahmenbedingungen und der deutschen Außenhandelsposition in einigen Branchen haben in den letzten Jahren zahlreiche empirische Untersuchungen über die internationale Wettbewerbsfähigkeit der deutschen Wirtschaft ausgelöst. Die internationale Wettbewerbsfähigkeit wird dabei nach unterschiedlichen Kriterien gemessen, je nachdem, welcher theoretische Ansatz zugrundeliegt.

Im folgenden wird von der Überlegung ausgegangen, daß sich die Stärke und die Veränderung der internationalen Wettbewerbsfähigkeit einer Volkswirtschaft oder Branche in den betreffenden Handelsströmen niederschlagen. Bei diesem Vorgehen wird ausschließlich nach dem Ergebnis des internationalen Wettbewerbs gefragt und nicht nach den dahinterstehenden Ursachen. Letzteres wäre aber auch schwierig, weil sich die Ursachen gegenseitig überlagern und deshalb in der Realität nicht isolieren lassen.

Aus einer derartigen Messung der Wettbewerbsfähigkeit und ihren Ergebnissen kann noch nicht auf die Leistungsfähigkeit einer Branche oder Volkswirtschaft geschlossen werden und umgekehrt. Der internationale Wettbewerb unterliegt nämlich vielfach ungleichen Bedingungen. So können sowohl unterschiedlich verteilte Marktmacht als auch staatliche Eingriffe in den einzelnen Ländern (z.B. in Form von Zöllen, nichttarifären Handelshemmnissen oder Subventionen) den außenwirtschaftlichen Datenkranz bestimmen und die Handlungsfreiheit der Marktteilnehmer einschränken. Darüber hinaus wird die

[22] Berechnet aus Tab. 1.

Konkurrenzsituation durch inflatorische Prozesse und Änderungen in den Währungsrelationen beeinflußt. Dementsprechend können die Untersuchungsergebnisse hinsichtlich des Außenhandels mit feinmechanischen und optischen Erzeugnissen nicht ausschließlich als Resultat der Wettbewerbsfähigkeit interpretiert werden, sondern als die sich aus den dahinterstehenden, zum Teil unbekannten Faktoren jeweils ergebende internationale Wettbewerbsposition. Sie wird im folgenden anhand verschiedener Kennziffern dargestellt. Man kann dabei zwei Kategorien unterscheiden, nämlich

- globale Exportkennziffern, die die Exporte bzw. den Außenhandelssaldo in Beziehung zu anderen Größen darstellen (Lieferanteil, Spezialisierung, Export pro Kopf, Handelssaldo in % des Exports) und
- spezielle Außenhandelskennziffern, die Aussagen ermöglichen über Art und Struktur der Handelsbeziehungen mit anderen Ländern (Handelskooperation, Niedriglohnkonkurrenz).

Die einzelnen Kennziffern wurden auf der Grundlage der OECD-Außenhandelsstatistik (SITC, Revision II, = Standard International Trade Classification) für feinmechanische und optische Erzeugnisse berechnet, und zwar für die Branche (einschließlich Uhren) insgesamt und für die einzelnen Erzeugnisbereiche.[23] Die Exportkennziffern wurden nicht nur für die Bundesrepublik Deutschland errechnet, sondern auch für die EG(8) (Europäische Gemeinschaft ohne die Bundesrepublik und ohne Portugal, Spanien und Griechenland), für die EFTA, die USA und Japan sowie für die asiatischen Schwellenländer (Südkorea, Singapur, Taiwan, Hongkong, Malaysia und die Philippinen).

b) Anteil am Weltexport

Als erstes Kriterium für die Beurteilung der Wettbewerbsposition der Feinmechanik/Optik wird die Veränderung ihres Anteils am Weltexport mit Erzeugnissen der Branche untersucht, und zwar nach Veröffentlichungen des Verbandes.[24]

In den ersten Jahren (1977–79) des untersuchten Zeitraums belegte die deutsche feinmechanische und optische Industrie mit Anteilen am Weltexport der gleichen Güterart, die bei 20% lagen, den zweiten Platz nach Japan (Tab. 44). Der deutsche Lieferanteil sank in den Folgejahren kontinuierlich ab (1984: 14,4%) und erhöhte sich 1985 wieder leicht (15,4%). 1981 haben die USA die

---

[23] Eine Aufstellung, welche SITC-Gruppen den SYPRO-Nummern der deutschen Statistik (Systematik des produzierenden Gewerbes) zugeordnet wurden, findet sich in Anhang C.

[24] Die vom Verband veröffentlichten Werte beruhen auf den Statistiken der einzelnen Länder und wurden nach dem jeweiligen Kurs des betreffenden Jahres in D-Mark umgerechnet.

Tabelle 44

Länder mit bedeutenden Ausfuhren von feinmechanischen und optischen Erzeugnissen[a], 1977 bis 1985

Wertanteile in %[b]

Länder[c]	1977	1978	1979	1980	1981	1982	1983	1984	1985
Japan	23,5	26,4	23,9	24,7	32,7	26,7	29,3	31,6	31,9
USA	16,3	15,0	14,3	15,9	19,3	20,1	19,6	18,8	16,4
BR Deutschland	19,9	19,5	19,8	17,9	17,7	16,2	15,0	14,4	15,4
Großbritannien	8,4	7,7	9,5	12,5	.	9,8	6,8	6,8	8,1
Frankreich	6,4	6,2	5,8	5,7	5,4	5,0	4,6	5,0	5,1
Niederlande	5,6	5,5	5,5	4,8	4,4	3,9	4,3	5,1	4,5
Schweiz	4,8	5,1	5,5	4,6	4,9	4,4	4,2	4,1	4,1
Italien	3,6	3,3	3,8	3,7	2,8	3,1	3,2	3,1	3,3
Kanada	2,0	1,8	2,0	.	2,8	3,1	4,0	3,6	2,9
Übrige Länder[d]	9,5	9,5	9,9	10,2	10,0	7,7	9,0	7,5	8,3
Insgesamt in %	100	100	100	100	100	100	100	100	100
in Mrd. DM	25,1	27,3	29,3	35,2	38,9	45,7	50,1	58,5	66,4

a) Bei der Zusammenstellung wurde darauf geachtet, daß sich die Summe der betreffenden Länder möglichst nur aus solchen Positionen zusammensetzt, die in der Bundesrepublik Deutschland zu Feinmechanik und Optik zählen. Da jedoch in zahlreichen Ländern andere Warenbezeichnungen, Begriffsbestimmungen und Warenzusammenfassungen angewandt werden, ist es nicht möglich, die zu Feinmechanik und Optik zählenden Positionen rein darzustellen. – b) Den Anteilsberechnungen liegen die Werte der amtlichen Statistiken der Länder zugrunde, umgerechnet in D-Mark nach dem jeweiligen Kurs des betreffenden Jahres. – c) Ohne Ostblockländer, geordnet nach dem Ausfuhrwert 1985. – d) Die in der Verbandsstatistik ausgewiesenen weiteren acht Ausfuhrländer erreichten 1985 Exportanteile, die zwischen 0,2 und 1,8 % lagen.

Quelle: – Verband der deutschen feinmechanischen und optischen Industrie: Jahreszahlen (verschiedene Jahrgänge),
– Berechnungen des Ifo-Instituts.

Bundesrepublik vom zweiten Platz verdrängt. Japans Anteil erhöhte sich von 23,5 % (1977) auf 31.9 % (1985).

Betrachtet man nur die Verschiebung der Anteilswerte, so könnte ein ausgeprägter Rückgang des deutschen Anteils, wie er im Jahr 1980 erfolgte, als plötzlich aufgetretene Wettbewerbsschwäche gedeutet werden. Es ist jedoch zu beachten, daß die Anteilsberechnungen auf Nominalwerten in jeweiliger Landeswährung basieren, die entsprechend den jeweiligen Wechselkursen in D-Mark umgerechnet werden. Bei starken Wechselkursverschiebungen[25] kann von der Entwicklung der nominalen Anteile nicht auf eine Veränderung der mengenmäßigen Anteile geschlossen werden, da „kompensierende" Mengenreaktionen, d.h. solche, die von einer Abwertung bzw. Aufwertung zu erwarten sind, in der Regel mit Verzögerung auftreten.

Die Änderung der Wechselkurse beschreibt die Veränderung der realen Austauschverhältnisse jedoch nicht vollständig. Hier bleibt zu berücksichtigen, daß die Entwicklung der Produktionskosten oder der Preise den Einfluß der Wechselkursänderung kompensieren oder auch verstärken kann. Es erscheint daher sinnvoll, eine „reale Wechselkursänderung" zu bestimmen, die die in den betreffenden Ländern unterschiedlichen Inflationskomponenten in der Form von Lohnstückkosten- oder Konsumentenpreisänderungen mit berücksichtigt.

Berechnet man den realen Wechselkurs der D-Mark gegenüber zwölf Industrieländern, bereinigt auf Lohnstückkostenbasis, so zeigt sich, daß es im Zeitraum 1978 bis 1987 in vier Jahren zu einer realen Aufwertung und in sechs Jahren zu einer realen Abwertung kam (Abb. 11). Die preisliche Wettbewerbssituation hat sich also teils verschlechtert und teils verbessert. Für den ausländischen Kunden bedeutet eine reale Aufwertung eine Verteuerung, die unter Umständen zu geringeren Wachstumsraten des Exports oder gar zu einem Rückgang führen kann, eine reale Abwertung jedoch eine Verbilligung der gekauften Erzeugnisse mit einem in der Regel positiven Effekt auf die Exportentwicklung.

[25] Es sei an einem Beispiel aufgezeigt, wie stark sich eine Veränderung der Währungsparitäten auf die Berechnung der Exportanteile auswirkt: Innerhalb des Untersuchungszeitraums wurde die D-Mark gegenüber dem US-Dollar im Jahr 1981 am stärksten abgewertet, nämlich nominal um rund 20 %. Gegenüber dem Yen betrug die Abwertung 21 %. 1980 erhielt man für 1 US-$ den Gegenwert von 1,81 DM, 1981 waren es 2,26 DM. 1980 machte ein Ausfuhrwert von 100 US-$ umgerechnet 181 DM aus. Bei einer Exportsteigerung von 10 % ergaben 1981 die 110 US-$ umgerechnet 249 DM. Das bedeutet, daß durch eine Veränderung der Währungsrelation im Jahr 1981 eine 10 %ige Exportsteigerung in US-$ einer 38 %igen Steigerung auf D-Mark-Basis entspricht. Bei Berechnung der Wertanteile am Weltexport führte also ein mengenmäßig gleicher Ausfuhrzuwachs wegen der geschilderten Abwertung der D-Mark gegenüber dem US-$ und dem Yen im Jahr 1981 zu erheblich größeren Zuwachsraten auf D-Mark-Basis und damit zu höheren Ausfuhrwerten der beiden Länder in D-Mark umgerechnet. Dies bedeutet, daß 1981 der US-Anteil und der japanische Anteil am Weltexport feinmechanischer und optischer Erzeugnisse stieg, der deutsche dadurch aber geringer wurde (Tab. 44).

Abb. 11
Ausfuhr der feinmechanischen und optischen Industrie und Änderung der Währungsparitäten[a], 1978 bis 1987

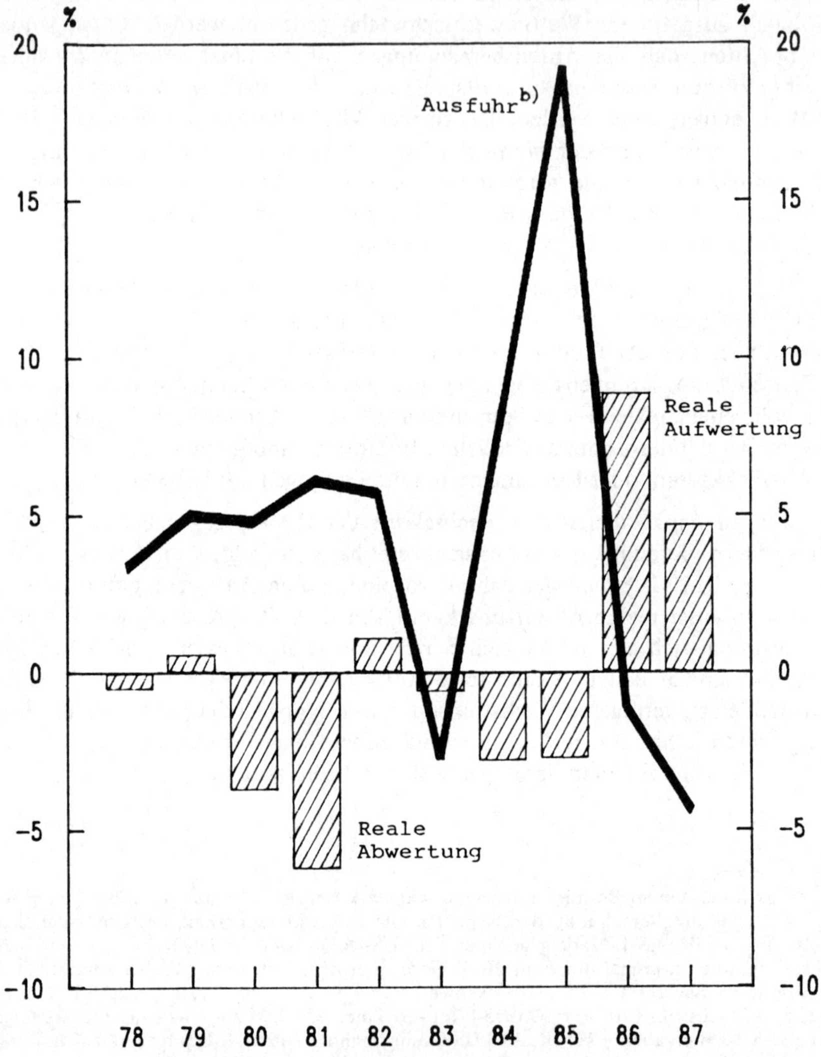

a) Realer Wechselkurs der D-Mark gegenüber zwölf Industrieländern, bereinigt auf Lohnstückkostenbasis.
b) Ausfuhr in Preisen von 1980

Quelle: - Errechnet aus Tab. 3 (Ausfuhr real),
- Berechnungen des Ifo-Instituts (zur Paritätsveränderung).

Wenn man die realen Veränderungsraten der Ausfuhr mit den seit 1978 eingetretenen Paritätsveränderungen vergleicht, so kann man einen deutlichen Zusammenhang feststellen (Abb. 11): Mit einer zeitlichen Verzögerung von etwa einem halben bis einem Jahr – durchaus plausibel, wenn man diese Zeitspanne als „Reaktionszeit" unterstellt – folgte die Ausfuhr in den meisten Jahren den Paritätsänderungen. Die starke reale Aufwertung der Jahre 1986 und 1987, die deutsche Erzeugnisse für das Ausland verteuerte, ließ die Exporte feinmechanischer und optischer Erzeugnisse absinken, die reale Abwertung der Jahre 1983 und 1984 führte zu einem Anstieg der Ausfuhren.

Der hier festgestellte Zusammenhang zwischen Paritätsveränderungen und Ausfuhrwachstum ist jedoch mit Vorsicht zu interpretieren, denn neben dem Preis gibt es eine große Zahl anderer – langfristig wirkender – Wettbewerbskomponenten wie Technologie, Produktspektrum, Qualität, Beratung, Service, Lieferbereitschaft usw. Darüber hinaus spielen die konjunkturelle Situation im Abnehmer- wie im Lieferland eine Rolle. Schließlich sind die Einfuhr- und Finanzierungsbedingungen im Abnehmerland und ihre Veränderung von Bedeutung. Wegen der genannten zahlreichen Einflußfaktoren ist eine Messung der direkten Einflüsse realer Wechselkursveränderungen auf den Auslandsabsatz nicht möglich.

Auch wenn der isolierte Einfluß von Wechselkursveränderungen auf das Exportgeschäft wegen der großen Zahl weiterer Wettbewerbskomponenten nicht meßbar ist, steht fest, daß starke Wechselkursschwankungen das Auslandsgeschäft erschweren, denn preisliche Nachteile für den Abnehmer, die sich durch eine schnelle reale Aufwertung der D-Mark ergeben, können die Unternehmen nur durch Senkung ihrer Verkaufspreise kompensieren, nicht aber durch andere – langfristig wirkende – Wettbewerbskomponenten (z.B. Qualität, Service, Lieferbereitschaft). Da ungefähr 25 % des Außenhandels der Feinmechanik/Optik in den Dollarraum geliefert werden,[26] brachte der rapide Kursverfall des US-Dollars in den Jahren 1986 und 1987 für die Branche erhebliche Einbrüche im Außenhandel, und zwar nicht nur im Handel mit den USA selbst, sondern auch bei den Ausfuhren in Märkte, die vom US-Dollar abhängen.

Kurz- und längerfristige Schwankungen der Wechselkurse haben seit dem Übergang zum System flexibler Wechselkurse im Jahr 1973 beträchtlich zugenommen. Eine Umfrage des Ifo-Instituts aus dem Jahr 1987 hat ergeben, daß im Bereich Feinmechanik/Optik (einschließlich Uhren) vor allem längerfristige Wechselkursschwankungen bei den Unternehmen Anpassungsstrategien ausgelöst haben. 55 % der meldenden Unternehmen der Branche (verarbeitendes Gewerbe: 39 %) äußerten sich in diesem Sinne. 28 % der Firmen aus der Feinmechanik/Optik streben eine stärkere Inlandsmarktorientierung an (verarbei-

[26] Vgl. Verband der deutschen feinmechanischen und optischen Industrie eV: Geschäftsbericht 1985–1987, S. 12.

tendes Gewerbe: 16%), nur 22% der Firmen suchen eine finanzielle Absicherung durch Devisentermingeschäfte, Diskontierung von Fremdwährungswechseln oder Wechselkursversicherungen (verarbeitendes Gewerbe: 53%). Bei anderen erfragten Strategien gegen Wechselkursschwankungen (z.B. Verlagerung von Produktionsstätten ins Ausland, betriebsinterne Maßnahmen) gibt es kaum Unterschiede in den Antworten von Unternehmen der Feinmechanik/Optik und jenen der Unternehmen im verarbeitenden Gewerbe.[27]

c) Weitere Kennziffern zur Außenhandelsposition

Nach der Beschreibung der Lieferanteile am Weltexport auf der Grundlage der Veröffentlichungen des Verbandes (auf D-Mark-Basis) wird hier auf den Lieferanteil auf der Grundlage der OECD-Außenhandelsstatistik (auf Dollar-Basis) und auf weitere Kennziffern zur Außenhandelsposition der deutschen feinmechanischen und optischen Industrie (einschließlich Uhrenindustrie) eingegangen (Tab. 45). Auch hier ist zu beachten, daß diese Kennziffern durch Veränderungen der Währungsparitäten verzerrt sein können. Darüber hinaus sei auf die Problematik des Veredelungsverkehrs verwiesen, der die Exporte und die Importe anschwellen läßt, sowie auf die Eigenimporte der deutschen Unternehmen, die die Einfuhr ebenfalls erhöhen.

Die Bundesrepublik lag mit einem *Lieferanteil* am Weltexport (1986) von 14% nach Japan (28%) an zweiter Stelle, gefolgt von den USA (12%).[28] Den zweiten Platz konnte die Bundesrepublik bei fast allen Erzeugnisbereichen der Branche nach Japan oder den USA einnehmen. In der Augenoptik belegte sie mit 22% Weltexportanteil sogar den ersten Platz (Tab. 45). Die Zahlen zeigen – wie die Lieferanteile auf DM-Basis (Tab. 44) – die starke Stellung der deutschen Feinmechanik/Optik beim Weltexport mit Erzeugnissen der Branche.

Die *Spezialisierung* der Bundesrepublik auf den Export von feinmechanischen und optischen Erzeugnissen, also der Anteil der Exporte der Branche am Industriegüterexport, ist niedrig, gemessen an anderen Ländern. Dies ist im wesentlichen dadurch bedingt, daß das Exportspektrum der deutschen Industrie sehr breit ist und die deutsche Wirtschaft generell sehr exportstark ist. Während feinmechanische und optische Erzeugnisse am deutschen Industrie-

---

[27] Zu den einzelnen Ergebnissen der Umfrage des Ifo-Instituts im Sommer 1987 vergleiche: A. Herrmann: Wechselkursrisiko und Unternehmensstrategien, Konstanz, April 1988.

[28] Für das Jahr 1985 errechnen sich folgende Lieferanteile nach der OECD-Statistik: Japan 34%, Bundesrepublik 18% und USA 15%. Wegen der unterschiedlichen Bereichsabgrenzung weichen diese Anteilswerte von jenen in Tabelle 44 ab. Zu beachten ist darüber hinaus, daß hier die Lieferanteile in US-$ umgerechnet wurden, daß also bei einer Abwertung der D-Mark gegenüber dem US-$ der Anteil der Bundesrepublik besser abschneidet, d.h. durch die Umrechnung höher wird.

gütersektor einen Anteil von 2,3 % haben, erreichen sie in den USA 2,9 % und in Japan sogar 4,9 %. Die Spezialisierung in den einzelnen Erzeugnisbereichen ist in fast allen anderen Ländern oder Ländergruppen höher (Tab. 45).

Hinsichtlich des *Pro-Kopf-Exports* (Bevölkerungszahl) von feinmechanischen und optischen Erzeugnissen liegt die Bundesrepublik mit 82,4 US-$ knapp hinter Japan (83,7 US-$) weltweit an zweiter Stelle. Die EG-Länder, die USA sowie die asiatischen Schwellenländer weisen deutlich niedrigere Exportwerte pro Kopf auf. Diese Kennzahl unterstreicht somit die starke Außenhandelsposition der deutschen feinmechanischen und optischen Industrie. Der im Vergleich mit der Bundesrepublik etwa ebenso hohe Pro-Kopf-Export Japans ist vor allem durch die hohen japanischen Ausfuhren im Bereich Foto-, Projektions- und Kinogeräte bedingt. In allen anderen Erzeugnisbereichen ist der Pro-Kopf-Export der Bundesrepublik zum Teil wesentlich höher als der japanische (Tab. 45).

Der *Handelssaldo in % des Exports*[29] ist für die Bundesrepublik im Bereich der feinmechanischen und optischen Erzeugnisse insgesamt für die Branche und alle Erzeugnisgruppen – mit Ausnahme der Foto-, Projektions- und Kinogeräte – positiv (Tab. 45). Das deutet auf eine relativ starke Exportposition hin.

Der *Anteil* der deutschen feinmechanischen und optischen Erzeugnisse *am Welt-Nettoexport*[30] ist mit 12 % in etwa so hoch wie jener der EG- und EFTA-Länder (Tab. 45). Auch dieses Ergebnis reflektiert die bedeutende Exportstellung der Bundesrepublik.

Die Kennziffer für die *Handelskooperation*[31] weist für die Bundesrepublik bei feinmechanischen und optischen Erzeugnissen insgesamt einen Grad der gegenseitigen (intraindustriellen) Handelsverflechtung auf, der genauso hoch ist wie in den USA, aber niedriger als in den EG- und EFTA-Ländern (Tab 45). Die Bundesrepublik ist also bei Erzeugnissen der Feinmechanik und Optik, sowohl was den heimischen Markt als auch die heimischen Hersteller anbelangt, relativ stark in den Weltmarkt eingebunden. Damit ist die Gefahr, daß die Ausfuhr deutscher feinmechanischer und optischer Erzeugnisse durch protektionistische Maßnahmen behindert wird, als relativ gering einzuschätzen.

Eine gewisse Gefahr für die Stellung der deutschen feinmechanischen und optischen Industrie auf dem Weltmarkt ist derzeit durch die *Konkurrenz der Niedriglohnländer*[32] zu erkennen. Der Anteil der Schwellen- und Entwicklungsländer am Weltexport jener feinmechanischen und optischen Erzeugnisse (ein-

---

[29] Export . / . Import in % des Exports im entsprechenden Bereich.

[30] Anteil einzelner Positivsalden in Produktgruppen an den gesamten Positivsalden des entsprechenden Bereichs (Negativsalden bleiben unberücksichtigt).

[31] Durch Importe in gleichen Produktgruppen ausgeglichener Handel in % des Exports.

[32] Anteile der Schwellen- und Entwicklungsländer am Weltexport (ohne Export der Schwellen- und Entwicklungsländer in diese Ländergruppen (in %)) im Exportsortiment des entsprechenden Landes bzw. der Region.

Tabelle 45

Kennzahlen zum Export feinmechanischer und optischer Erzeugnisse (einschließlich Uhren), 1986

Erzeugnisbereich	SYPRO-Nr.	Lieferanteil[a)] in %						Spezialisierung[b)] in %					
		D	EG(8)	EFTA	USA	J	AS	D	EG(8)	EFTA	USA	J	AS
Feinmechanik, Optik, Uhren	3711-60	14	22	13	12	28	8	2,3	2,3	4,6	2,9	4,9	3,4
Optik[c)]	3711	19	16	7	15	34	4	0,3	0,2	0,3	0,4	0,6	0,2
Augenoptik	3715	22	37	8	8	13	7	0,5	0,8	0,4	0,3	0,3	0,4
Foto-, Projektions- und Kinogeräte	3721	10	20	3	9	51	4	0,5	0,6	0,3	0,6	2,7	0,5
Feinmechanik[d)]	3751	20	27	10	23	9	3	0,4	0,3	0,5	0,7	0,2	0,2
Medizinmechanik[e)]	3760	16	19	14	31	4	13	0,3	0,2	0,5	0,7	0	0,5

Erzeugnisbereich	SYPRO-Nr.	Export pro Kopf[f)] in US-$						Handelssaldo in % des Exports[g)]					
		D	EG(8)	EFTA[h)]	USA	J	AS	D	EG(8)	EFTA[h)]	USA	J	AS
Feinmechanik, Optik, Uhren	3711-60	82,4	39,5	.	18,2	83,7	20,6	28	-16	.	-113	89	4
Optik[c)]	3711	11,6	3,0	.	2,5	10,7	1,2	35	-33	.	-67	92	-51
Augenoptik	3715	19,3	9,9	.	1,9	5,8	2,7	53	34	.	-247	72	63
Foto-, Projektions- und Kinogeräte	3721	18,6	10,6	.	3,9	45,0	2,8	-4	-50	.	-275	97	-17
Feinmechanik[d)]	3751	15,1	6,2	.	4,5	3,6	1,0	54	4	.	42	72	-91
Medizinmechanik[e)]	3760	8,9	3,1	.	4,4	1,0	3,0	47	-28	.	30	-44	78

Erzeugnisbereich	SYPRO-Nr.	Anteil am Welt-Nettoexport[i] in %						Handelskooperation[j]					
		D	EG(8)	EFTA	USA	J	AS	D	EG(8)	EFTA	USA	J	AS
Feinmechanik, Optik, Uhren	3711-60	12	11	12	8	46	7	36	49	43	36	7	23
Optik[c]	3711	15	7	5	7	62	2	32	46	51	28	6	28
Augenoptik	3715	27	40	-	-	22	11	40	42	56	76	24	20
Foto-, Projektions- und Kinogeräte	3721	4	5	1	1	84	2	38	53	57	39	1	23
Feinmechanik[d]	3751	25	13	6	30	16	2	40	50	58	30	17	56
Medizinmechanik[e]	3760	17	9	11	38	1	25	42	48	47	29	54	8

Erzeugnisbereich	SYPRO-Nr.	Niedriglohnkonkurrenz[k]					
		D	EG(8)	EFTA	USA	J	AS
Feinmechanik, Optik, Uhren	3711-60	6,0	5,9	12,8	6,0	7,4	22,0
Optik[c]	3711	4,2	4,3	3,4	5,3	5,5	7,4
Augenoptik	3715	5,8	7,1	9,7	6,6	6,8	24,7
Foto-, Projektions- und Kinogeräte	3721	3,3	2,6	3,2	3,1	4,4	10,1
Feinmechanik[d]	3751	5,0	4,7	5,3	3,8	4,3	7,4
Medizinmechanik[e]	3760	10,3	9,5	6,6	11,5	16,5	42,5

a) Anteil am Weltexport im entsprechenden Bereich. - b) Anteil der Exporte im entsprechenden Bereich am Industriegüterexport. - c) Ohne Augenoptik, Foto- und Kinotechnik. - d) Ohne Medizin- und Orthopädiemechanik. - e) Einschließlich Orthopädiemechanik. - f) Pro Kopf der Bevölkerung. - g) Export ./. Import in % des Exports im entsprechenden Bereich. - h) Werte nicht ausgewiesen. - i) Anteil einzelner Positivsalden in Produktgruppen an den gesamten Positivsalden des entsprechenden Bereichs (Negativsalden bleiben unberücksichtigt). - j) Durch Importe in gleichen Produktgruppen ausgeglichener Handel in % des Exports. - k) Anteile der Schwellen- und Entwicklungsländer am Weltexport (ohne Export der Schwellen- und Entwicklungsländer in diese Ländergruppe (in %)) im Exportsortiment des Landes ... bzw. der Region ...

Länderlegende: D = Bundesrepublik Deutschland; EG(8) = Frankreich, Italien, Niederlande, Belgien, Luxemburg, Großbritannien, Irland, Dänemark; J = Japan; AS = asiatische Schwellenländer (Südkorea, Singapur, Taiwan, Hongkong, Malaysia, Philippinen)

Quelle: - Statistics (OECD), Paris (Zur Zuordnung der SITC-Nummern auf die SYPRO vergleiche Anhang C.),
- Berechnungen des Ifo-Instituts.

schließlich Uhren), die die Bundesrepublik ausführt, beläuft sich im Durchschnitt auf 6%. Deutlich stärker (10,3%) ist die Niedriglohnkonkurrenz im Bereich Medizin- und Orthopädiemechanik. In allen anderen Erzeugnisbereichen liegt sie unter dem Branchendurchschnitt (Tab. 45).

d) Veränderung der Außenhandelsposition

Die Veränderung der Außenhandelsposition in der Vergangenheit gibt Hinweise auf die Entwicklung der Wettbewerbsposition der feinmechanischen und optischen Industrie. Für die Erzeugnisse der Branche läßt sich feststellen, daß die Weltmarktposition der Bundesrepublik, gemessen am Lieferanteil, im Zeitraum von 1978 bis 1986 schwächer geworden ist (Abb. C1 im Anhang C).[33]

Innerhalb des gesamten Industriegüterexports konnten die Ausfuhren von feinmechanischen und optischen Erzeugnissen die gleiche Position halten. Das zeigt sich an der ziemlich konstant bleibenden Kennzahl für die Spezialisierung. Mit anderen Worten: Trotz einer generellen Verschärfung der internationalen Konkurrenzsituation für deutsche Industriegüterexporte hat sich die Feinmechanik/Optik ebenso gut behauptet wie das verarbeitende Gewerbe im Durchschnitt. Der Export pro Kopf ist stark angestiegen (Abb. C1 im Anhang C).[34]

Die Konkurrenz aus Niedriglohnländern hat zugenommen. 1978 war der Anteil der Schwellen- und Entwicklungsländer am Weltexport jener feinmechanischen und optischen Erzeugnisse (einschließlich Uhren), die die Bundesrepublik ausführt, 4,6%, 1986 betrug er 6%. Die Zunahme der Niedriglohnkonkurrenz war am stärksten im Bereich der Medizin- und Orthopädiemechanik.

Die hier beschriebene Außenhandelsposition der deutschen feinmechanischen und optischen Industrie läßt erkennen, daß die Branche insgesamt und ihre Erzeugnisbereiche (von einer Ausnahme, nämlich der Foto-, Projektions- und Kinotechnik abgesehen) eine sehr starke Stellung auf dem Weltmarkt haben. Hinsichtlich der Lieferanteile am Weltexport (1985/86) liegt die Branche – je nach Berechnung (Tab. 44 und 45) – an zweiter (nach Japan) oder an dritter Stelle (nach Japan und den USA). Im Zeitablauf (seit 1977/78) ist die Weltmarktposition der Bundesrepublik, gemessen am Lieferanteil, schwächer geworden. Fast alle anderen Kennziffern zur Außenhandelsposition der Branche, die sich im Zeitablauf meist verbessert haben, unterstreichen jedoch die starke Stellung der Branche auf dem Weltmarkt. Eine gewisse Gefahr könnte

---

[33] Dieselbe Entwicklung zeigte sich auch anhand der vom Verband veröffentlichten Daten, in Tabelle 44 wiedergegeben.

[34] In den Abbildungen C1 bis C6 im Anhang C ist die Veränderung der Außenhandelsposition der deutschen feinmechanischen und optischen Industrie (einschließlich Uhrenindustrie) sowie jene der einzelnen Erzeugnisbereiche für den Zeitraum 1978 bis 1986 graphisch dargestellt.

aus der Konkurrenz der Niedriglohnländer, die sich im Zeitablauf etwas verstärkt hat, erwachsen.

7. Produktion

a) Entwicklung

Vergleicht man die Entwicklung der Produktion der feinmechanischen und optischen Industrie mit jener des verarbeitenden Gewerbes im Zeitraum 1977 bis 1987, so zeigt sich eine ziemlich gleichförmige Bewegung. In den Jahren der gesamtwirtschaftlichen Wachstumsschwäche (1981–83) ist die Nachfrage in der Branche allerdings stärker zurückgegangen als im verarbeitenden Gewerbe. Das führte zu einer stärkeren Produktionseinschränkung in der Feinmechanik/Optik (Abb. 2). Berechnet man die durchschnittlichen jährlichen Wachstumsraten (1977–87), so unterscheidet sich die Rate der Feinmechanik/Optik (1,3 %) nur geringfügig von jener im verarbeitenden Gewerbe (1,6 %).[35]

Die Produktion der Branche stieg von 8,9 Mrd. DM (1978) auf 13,8 Mrd. DM (1986) an, also auf den 1,5fachen Wert. Hieraus errechnet sich eine durchschnittliche Veränderungsrate von 5,6 % (nominal) pro Jahr.[36]

Betrachtet man die Entwicklung der Produktion (nominal) in den einzelnen Erzeugnisbereichen der Branche, so sieht man einen recht differenzierten Verlauf (Tab. 46 und Abb. 12). Wertmäßig ist die Produktion am stärksten in der Optik und Labortechnik gewachsen (1978 bis 1986: 13,5 % im Durchschnitt der Jahre). An zweiter Stelle folgt die Feinmechanik (8,4 %). Im Bereich Foto- und Videotechnik kam es zu einem Produktionsrückgang (-2,6 %). Auf dieses Ergebnis haben auch die Produktionsverlagerungen des Erzeugnisbereichs in fernöstliche Schwellenländer, die wegen der dort niedrigeren Löhne vorgenommen wurden, einen Einfluß. Die Rezession in der Gesamtwirtschaft, die gegen Mitte des Jahres 1980 eingesetzt hatte, führte dazu, daß es im Jahr 1981 in einigen Erzeugnisbereichen zu einer Stagnation der Produktion oder sogar zu einem Rückgang kam. Stellt man die Produktionsentwicklung in Indexreihen dar, läßt sich dieser Verlauf deutlich erkennen (Tab. 47).

---

[35] Entwicklung dargestellt nach den Nettoproduktionsindizes des Statistischen Bundesamts.

[36] Es sei darauf hingewiesen, daß im Berichtszeitraum einige Geräte, die ursprünglich als Erzeugnisse der Feinmechanik/Optik galten, statistisch der Elektroindustrie zugeordnet wurden, und zwar im Erzeugnisbereich Optik und Labortechnik (optische Geräte für chemische und physikalische Untersuchungen), in der Meß- und Automatisierungstechnik sowie in der Medizintechnik. (Vgl. Kapitel IV, Abschnitte 2/d, 5/b und 6/d.)

Tabelle 46

Entwicklung der Produktion[a] der feinmechanischen und optischen Industrie nach Erzeugnisbereichen, 1977 bis 1986

in Mill. DM

Erzeugnisbereich	1977[b]	1978	1979	1980	1981	1982	1983	1984	1985	1986	DJV[c] in % 1977-86
Augenoptik	968	982	1 047	1 149	1 167	1 243	1 249	1 372	1 549	1 687	7,0
Optik und Labortechnik	619	691	687	794	799	1 145	1 169	1 283	1 620	1 904	13,5
Foto- und Videotechnik	1 951	2 043	1 978	1 833	1 598	1 335	1 250	1 305	1 537	1 648	-2,6
Feinmechanik	955	1 053	1 156	1 287	1 334	1 357	1 364	1 521	1 823	2 007	8,4
Meß- und Automatisierungstechnik	1 517	1 499	1 545	1 851	1 718	1 612	1 768	1 832	2 039	2 076	4,1
Medizintechnik	1 244	2 648	2 998	3 326	3 540	3 570	3 694	4 043	4 360	4 516	6,9
Feinmechanik/Optik insgesamt	7 254	8 916	9 411	10 240	10 156	10 262	10 494	11 356	12 928	13 838	5,6

a) Betriebe von Unternehmen mit 20 und mehr Beschäftigten, ab 1978 einschließlich Handwerk. (Ohne Reparaturen, Montagen und Lohnveredelungsarbeiten.) - b) Wegen der unterschiedlichen Abgrenzung des Berichtskreises ist das Jahr 1977 nicht mit späteren Jahren vergleichbar. - c) DJV = Durchschnittliche jährliche Veränderungsrate.

Quelle: Verband der deutschen feinmechanischen und optischen Industrie eV: Jahreszahlen (verschiedene Jahrgänge).

Abb. 12
Entwicklung des Produktionswerts der feinmechanischen und optischen Industrie nach Erzeugnisbereichen, 1978 bis 1986

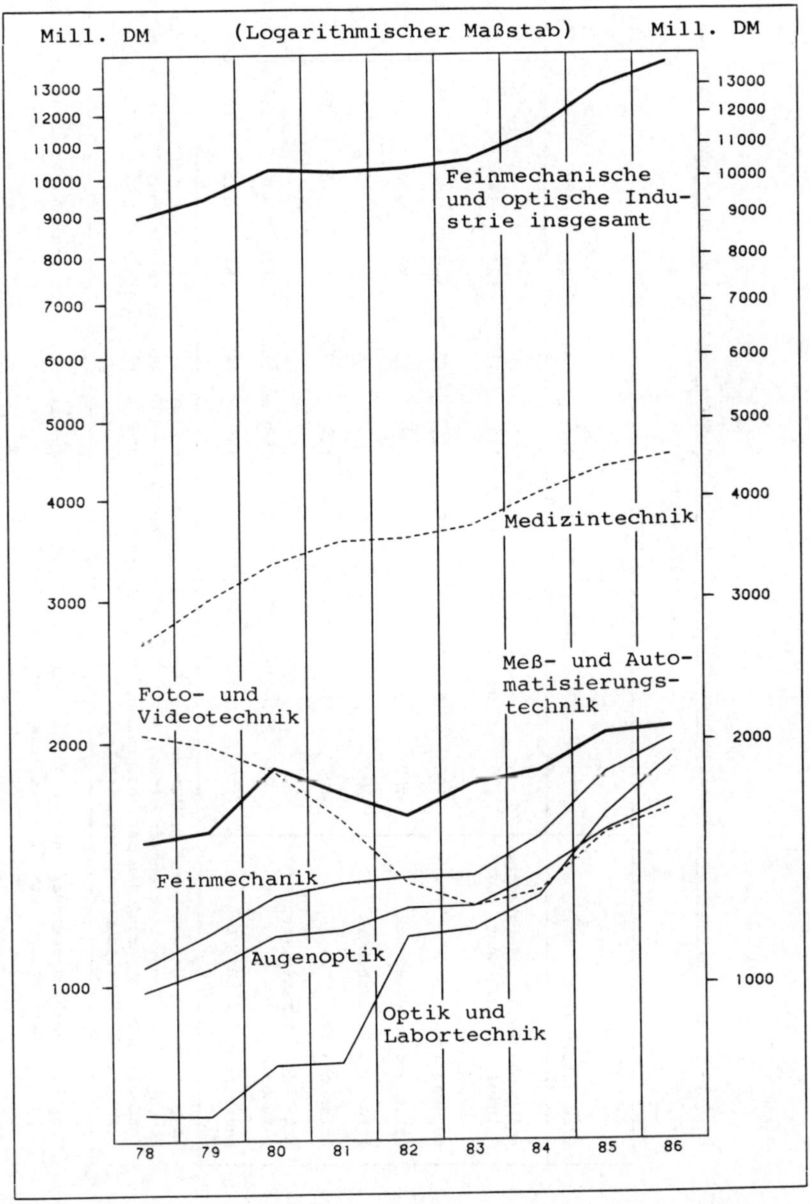

Quelle: Tab. 46.

Tabelle 47

Produktionsveränderung[a] in der feinmechanischen und optischen Industrie nach Erzeugnisbereichen, 1978 bis 1986

nominal (1978 = 100)[b]

Erzeugnisbereich	1978	1979	1980	1981	1982	1983	1984	1985	1986	DJV[c] in % 1978-86
Feinmechanische und optische Industrie insgesamt	100	106	115	114	115	118	127	145	155	5,6
Augenoptik	100	107	117	119	127	127	140	158	172	7,0
Optik und Labortechnik	100	99	115	116	166	169	186	234	276	13,5
Foto- und Videotechnik	100	97	90	78	65	61	64	75	81	-2,6
Feinmechanik	100	110	122	127	129	130	144	173	191	8,4
Meß- und Automatisierungstechnik	100	104	123	115	108	118	122	136	138	4,1
Medizintechnik	100	113	126	134	135	140	153	165	171	6,9

a) Betriebe von Unternehmen mit 20 und mehr Beschäftigten, ab 1978 einschließlich Handwerk. (Ohne Reparaturen, Montagen und Lohnveredelungsarbeiten.) - b) Als Basis wurde 1978 = 100 gewählt, da das Jahr 1977 wegen unterschiedlicher Abgrenzung des Berichtskreises nicht mit späteren Jahren vergleichbar ist. - c) DJV = Durchschnittliche jährliche Veränderungsrate.

Quelle: - Verband der deutschen feinmechanischen und optischen Industrie eV: Jahreszahlen (verschiedene Jahrgänge),
- Berechnungen des Ifo-Instituts (aus Tab. 46).

Tabelle 48

Struktur der Produktion[a] der feinmechanischen und optischen Industrie nach Erzeugnisbereichen, 1977 bis 1986

Wertanteile in %

Erzeugnisbereich	1977[b]	1978	1979	1980	1981	1982	1983	1984	1985	1986
Augenoptik	13,3	11,0	11,1	11,2	11,5	12,1	11,9	12,1	12,0	12,2
Optik und Labortechnik	8,5	7,8	7,3	7,7	7,9	11,2	11,1	11,3	12,5	13,8
Foto- und Videotechnik	26,9	22,9	21,0	17,9	15,7	13,0	11,9	11,5	11,9	11,9
Feinmechanik	13,2	11,8	12,3	12,6	13,1	13,2	13,0	13,4	14,1	14,5
Meß- und Automatisierungstechnik	20,9	16,8	16,4	18,1	16,9	15,7	16,9	16,1	15,8	15,0
Medizintechnik	17,2	29,7	31,9	32,5	34,9	34,8	35,2	35,6	33,7	32,6
Feinmechanik/Optik insgesamt in %	100	100	100	100	100	100	100	100	100	100
in Mrd. DM	7,3	8,9	9,4	10,2	10,2	10,3	10,5	11,4	12,9	13,8

a) Betriebe von Unternehmen mit 20 und mehr Beschäftigten, ab 1978 einschließlich Handwerk. (Ohne Reparaturen, Montagen und Lohnveredelungsarbeiten.) – b) Wegen der unterschiedlichen Abgrenzung des Berichtskreises ist das Jahr 1977 nicht mit späteren Jahren vergleichbar.

Quelle: – Verband der deutschen feinmechanischen und optischen Industrie eV: Jahreszahlen (verschiedene Jahrgänge),
– Berechnungen des Ifo-Instituts (aus Tab. 46).

b) Struktur

Die beschriebene Entwicklung der Produktion in den einzelnen Erzeugnisbereichen der Feinmechanik/Optik führte im Berichtszeitraum zu einer Veränderung der Produktionsstruktur. Anteilsmäßig stark gestiegen ist die Optik und Labortechnik, nämlich von 7,8% (1978) auf 13,8% (1986), während bei der Foto- und Videotechnik, die einen Produktionsrückgang zu verzeichnen hatte, der Anteil von 22,9 auf 11,9% gesunken ist (Tab. 48). In allen anderen Erzeugnisbereichen unterscheidet sich der Strukturanteil des Endjahres (1986) kaum von dem des Anfangsjahres (1978). Größere Unterschiede traten jedoch in den einzelnen Jahren des Untersuchungszeitraums auf (z.B. in der Medizintechnik).

KAPITEL IV

Strukturveränderungen in einzelnen Bereichen der feinmechanischen und optischen Industrie

Nach der Analyse der strukturellen Veränderungen in der gesamten feinmechanischen und optischen Industrie werden im folgenden die Strukturveränderungen in den sechs Erzeugnisbereichen Augenoptik, Optik und Labortechnik, Foto- und Videotechnik, Meß- und Automatisierungstechnik sowie Medizintechnik analysiert.[1]

Die Entwicklung der einzelnen Erzeugnisbereiche wird nach einem einheitlichen Schema abgehandelt: In einem *Überblick* wird definiert, aus welchen Güterklassen und -arten sich der Erzeugnisbereich zusammensetzt. Die Anteile an der gesamten feinmechanischen und optischen Industrie hinsichtlich der Produktion der Exporte und der Importe informieren über die Bedeutung des Erzeugnisbereichs innerhalb der Branche. Sie zeigen in einer Zusammenstellung (Tab. 49), in der die Anteile der Jahre 1978 und 1986 verglichen werden, daß der stark expandierende Erzeugnisbereich Optik und Labortechnik seine Stellung innerhalb der Branche erheblich verbessert hat, während die Foto- und Videotechnik stark an Bedeutung verlor. Bei der Beschreibung der Nachfrage wird auf die wichtigsten Einflußgrößen (z.B. Innovationen der Hersteller, Investitionstätigkeit in einzelnen Wirtschaftsbereichen, Sättigungserscheinungen etc.) eingegangen. Ihnen folgen Ausführungen zum *Außenhandel* und zur *Produktion.*

1. Augenoptik

a) Überblick

Zum Erzeugnisbereich Augenoptik gehören:

– Brillen (Korrektionsbrillen[2], Sonnenbrillen, Arbeitsschutzbrillen, Sportbrillen) und deren Teile (Gläser, Fassungen),

---

[1] Zur Definition der Gütergruppe 37 (ohne Uhren) und ihrer Erzeugnisbereiche (nach der Abgrenzung des Verbands) vergleiche Anhang A.

[2] Korrektionsbrillen werden in der Statistik nur nach Gläsern und Gestellen getrennt erfaßt.

Tabelle 49

Bedeutung der einzelnen Erzeugnisbereiche innerhalb der feinmechanischen und optischen Industrie, 1978 und 1986

Wertanteile bzw. Anteile an der Branche in %

Merkmal / Erzeugnisbereich	Produktion a)		Export b)		Inlandsabsatz c)		Import b)		Inlands-marktversorgung		Beschäftigte	
	1978	1986	1978	1986	1978	1986	1978	1986	1978	1986	1978	1986
Augenoptik	11,0	12,2	9,0	7,9	14,0	24,5	7,1	8,3	10,9	14,3	11,6	14,2
Optik und Labortechnik	7,8	13,8	14,4	18,2	x d)	0,9	11,6	16,0	4,2	10,4	9,9	12,5
Foto- und Videotechnik	22,9	11,9	31,0	22,1	11,3	x d)	47,5	38,4	27,5	17,7	19,8	12,4
Feinmechanik	11,8	14,5	13,1	11,3	10,0	23,8	6,9	7,5	8,6	13,5	12,8	13,7
Meß- und Automatisierungstechnik	16,8	15,0	16,1	14,4	17,9	16,9	10,0	9,6	14,3	12,3	18,1	15,6
Medizintechnik	29,7	32,6	16,4	26,1	48,7	51,6	16,9	20,2	34,5	31,8	27,8	31,6
Feinmechanik/Optik insgesamt in %	100	100	100	100	100	100	100	100	100	100	100	100
in Mrd. DM	8,9	13,8	5,3	10,3	2,3	3,5	3,0	6,1	6,6	9,6		
in 1000											137,6	130,5

a) Betriebe von Unternehmen mit 20 und mehr Beschäftigten einschließlich Handwerk. (Ohne Reparaturen, Montagen und Lohnveredelungsarbeiten.) - b) Ohne Veredelung. - c) Inlandsabsatz aus inländischer Produktion (inklusive Lagerveränderungen). - d) Rechnerisch ergibt sich ein negativer Inlandsabsatz, erklärbar durch die Wiederausfuhr von Importen und dadurch, daß bei den Exporten alle Ausfuhren, also auch jene der hier ins Gewicht fallenden Handelsfirmen jeder Größe und von Industriebetrieben von Unternehmen mit weniger als 20 Beschäftigten erfaßt werden.

Quelle: - Verband der deutschen feinmechanischen und optischen Industrie eV: Jahreszahlen 1978, S. 48, und 1986, S. 14, 48 und 57 ff.,
- Berechnungen des Ifo-Instituts.

– Kontaktlinsen[3] und
– Zubehörteile (Futterale, Vorhänger).

Alle Produkte des Erzeugnisbereichs werden für den privaten Verbrauch hergestellt, mit Ausnahme der Arbeitsschutzbrillen.

Die Augenoptik gehörte im Untersuchungszeitraum zu den überproportional wachsenden Bereichen der feinmechanischen und optischen Industrie. Das Produktionswachstum (nominal) betrug durchschnittlich 7,0 % pro Jahr (Branche insgesamt 5,6 %). Der Produktionsanteil der Augenoptik an der Branche erhöhte sich von 11 % auf gut 12 %. Augenoptische Erzeugnisse hatten 1986 sowohl an den Exporten der Branche als auch an den Importen einen Anteil von rund 8 % (Tab. 47 und 49).

Bei wachsender Produktion konnte auch die Beschäftigung ausgeweitet werden (1986: 18 500). Die Produktion je Beschäftigten hat sich von 1978 bis 1986 auf den 1,5fachen Wert (91 200 DM) erhöht (Tab. 50). Von den Erzeugnissen der Augenoptik entfallen – gemessen am Produktionswert 1986 – fast die Hälfte auf Brillengläser und Kontaktlinsen aus Glas und Kunststoff, ein Viertel auf Brillenfassungen und ein weiteres Viertel auf Fassungsteile, Schutzbrillen und andere verglaste Brillen sowie auf Zubehör.

Die größten Unternehmen im Erzeugnisbereich Augenoptik sind die Optischen Werke G. Rodenstock in München und die Zeiss-Gruppe in Oberkochen mit ihrer Tochtergesellschaft Marwitz & Hauser in Stuttgart.

b) Nachfrage und ihre wichtigsten Einflußgrößen

Bei Erzeugnissen der Augenoptik stieg die Inlandsnachfrage, gemessen an der Inlandsmarktversorgung, im Zeitraum 1978 bis 1986 mit 8,4 % (nominal) im Durchschnitt der Jahre stärker an als der Inlandsabsatz aus inländischer Produktion (6,9 %). Ausländische Erzeugnisse gelangten also in vermehrtem Umfang auf den Binnenmarkt; die Importquote stieg von rund 29 % auf knapp 37 %. Die Inlandsnachfrage war in den Jahren 1982/83 relativ schwach (Tab. 50).

In der Bundesrepublik sind heute über die Hälfte (51 % oder rund 24 Mill. Personen) aller erwachsenen Bürger (über 16 Jahre) Brillenträger. In der Bevölkerung haben – längerfristig gesehen – eine umfassende Aufklärung, gestiegenes Gesundheitsbewußtsein und erweiterte Sehanforderungen eine positivere Einstellung zur Brille und zu Sehtests gebracht. Eine Umfrage[4] ergab, daß rund

[3] Kontaktlinsen werden unter Gläsern erfaßt.

[4] Vgl. R. S. Pinke: Allensbacher Trends, Neuigkeiten am Rande, in: Focus, 5/87, S. 57 f. (Umfrageergebnisse aus dem Jahr 1986).

Tabelle 50

Augenoptik: Entwicklung 1977 bis 1986

Merkmal	Einheit	1977[a]	1978	1979	1980	1981	1982	1983	1984	1985	1986
Produktion[b]	Mill.DM	968	982	1 047	1 149	1 167	1 243	1 249	1 372	1 549	1 687
Export[c]	Mill.DM	475	471	523	532	543	668	709	724	815	816
Inlandsabsatz[d]	Mill.DM	493	511	524	617	624	575	540	648	734	871
Import[c]	Mill.DM	204	211	248	272	280	304	341	414	490	507
Inlandsmarktversorgung	Mill.DM	697	722	772	889	904	879	881	1 062	1 224	1 378
Beschäftigte[e]	1000	16,0	15,9	16,1	16,1	16,0	16,6	16,0	16,7	18,0	18,5
			Kennzahlen								
Produktion je Beschäftigten	1000 DM	60,5	61,8	65,0	71,4	72,9	74,9	78,1	82,2	86,1	91,2
Exportquote[f]	%	49,1	48,0	50,0	46,3	46,5	53,7	56,8	52,8	52,6	48,4
Importquote[g]	%	29,3	29,2	32,1	30,6	31,0	34,6	38,7	39,0	40,0	36,8
Produktion nominal	1978=100	.	100	107	117	119	127	127	140	158	172
Erzeugerpreisindex für den Inlandsabsatz	1980=100	.	95	98	100	102	105	106	108	110	111
Index der Verkaufspreise für Ausfuhrgüter[h]	1980=100	92	94	96	100	105	109	111	115	121	124
			Feinmechanische und optische Industrie[i] = 100								
Produktion je Beschäftigten		.	95	96	96	97	97	92	88	85	86
Exportquote		.	76	78	74	68	69	76	68	62	60
Importquote		.	59	63	59	53	52	59	57	53	52

a) Wegen der unterschiedlichen Abgrenzung des Berichtskreises (Produktion und Beschäftigung 1977 ohne Handwerk) ist das Jahr 1977 nicht mit späteren Jahren vergleichbar. – b) Betriebe von Unternehmen mit 20 und mehr Beschäftigten, ab 1978 einschließlich Handwerk. – c) Ohne Veredelung. – d) Inlandsabsatz aus inländischer Produktion (inklusive Lagerveränderungen). – e) 1977 ohne Handwerk, ab 1978 einschließlich Handwerk. – f) Anteil des Exports an der Produktion. – g) Anteil des Imports an der Inlandsmarktversorgung. – h) Index für optische Erzeugnisse. – i) Feinmechanische und optische Industrie nach Wertangaben des Statistischen Bundesamts = 100.

Quelle: – Verband der deutschen feinmechanischen und optischen Industrie eV: Jahreszahlen (verschiedene Jahrgänge),
– Statistisches Bundesamt: Fachserie 17, Reihen 2 und 8,
– Berechnungen des Ifo-Instituts.

50% der befragten Bürger der Ansicht sind, daß man mit einer Brille genauso gut aussieht wie ohne. Über vier Fünftel der Befragten meinten, daß es für jeden die zu ihm passende Brille gibt. Folglich schreckt auch die Vorstellung nicht mehr so stark, eine Brille zu tragen. Zu diesem langfristigen Meinungsumschwung haben das ausgedehnte Fernsehen, das Autofahren und eine Vielzahl von lese- und schreibintensiven Berufen beigetragen, aber auch das modische Brillenangebot der Hersteller.

Die Zahl der Brillenträger hat im längerfristigen Vergleich wie folgt zugenommen (Anteil der Brillenträger in verschiedenen Altersgruppen, in %):[5]

Altersgruppe	1962	1986
16 bis 20 Jahre	20	24
21 bis 29 Jahre	15	28
30 bis 44 Jahre	27	36
45 bis 59 Jahre	54	62
60 Jahre und mehr	82	85

Die im untersuchten Zeitraum nachgewiesene Erhöhung der Inlandsnachfrage resultiert weniger aus höheren Stückzahlen aufgrund einer zunehmenden Zahl von Brillenträgern, sondern mehr aus dem Wertzuwachs der Erzeugnisse, erzielt durch Qualitätssteigerung, Vielfalt und Eleganz. Als Beispiele seien hier Gleitsichtgläser genannt, die mit ihrem progressiven Stärkeverlauf ein stufenloses Sehen erlauben, neue Verfahren zur Beschichtung und Oberflächenbehandlung (Härtungsschichten für Kunststoffgläser, die ein Verkratzen ausschließen), Spezialgläser für Beschäftigte an Bildschirmarbeitsplätzen oder neue sauerstoffdurchlässige Kontaktlinsen. Die Augenoptik hat neue Werkstoffe für Brillengläser entwickelt. Die Bearbeitungsmaschinen wurden verbessert, Mikroelektronik wird in verstärktem Maß eingesetzt (z.B. bei der Berechnung sogenannter asphärischer Oberflächen, die sich im obenerwähnten Gleitsichtglas seit langer Zeit bewährt haben). Um den modischen Aspekten Rechnung zu tragen, fand ein immer schnellerer Modellwechsel statt.

Zur Steigerung der wertmäßigen Inlandsmarktversorgung trug bei, daß beim Verbrauchertrend, der in früheren Jahren eindeutig auf die Mittelpreislage ausgerichtet war, eine Verschiebung zu Erzeugnissen der höheren Preisklasse stattgefunden hat. Nur in wenigen Teilbereichen vollzog sich die Verschiebung zum Niedrigpreissegment. Ein bremsender Effekt ging vom Kostendämpfungsgesetz im Gesundheitswesen aus, mit der Folge, daß die durchschnittliche Wiederbeschaffungsdauer für Brillen zugenommen hat.

---

[5] Vgl. R.S. Pinke, a.a.O., S. 57.

c) *Außenhandel*

In der Augenoptik sind die *Ausfuhren* im untersuchten Zeitraum 1977 bis 1986 auf den 1,7fachen Wert (nominal) angestiegen (1986: 816 Mill. DM) und damit etwas geringer als im Durchschnitt der Branche (2,1facher Wert). Die Exportquote hatte 1986 mit rund 48% die gleiche Höhe wie 1978, nachdem sie vorübergehend schon bei fast 57% (1983) gelegen hatte. Die Augenoptik ist weitaus weniger exportintensiv als die Branche insgesamt. Die Exportquote der Augenoptik betrug im Untersuchungszeitraum durchschnittlich nur 70% der Quote der Branche (Tab. 50).

Die deutsche Augenoptik hat auf dem Weltmarkt eine sehr starke Stellung. Der Lieferanteil der bundesdeutschen Hersteller an den gehandelten augenoptischen Erzeugnissen betrug 1986 rund 22%. Damit liegt die deutsche Augenoptik mit Abstand an erster Stelle vor Japan (13%) und den USA (8%). Die starke Exportstellung kommt auch in weiteren Kennziffern zur Außenhandelsposition zum Ausdruck (Tab. 45).

Die *Einfuhren* augenoptischer Erzeugnisse sind von 1977 bis 1986 stärker (nominal) als die Exporte, nämlich auf den 2,5fachen Wert (1986: 507 Mill. DM) gestiegen. Diese Entwicklung wird zu einem großen Teil durch die Eigenimporte der deutschen Hersteller geprägt, die im Bereich Augenoptik – darauf wurde schon verwiesen – besonders hoch sind.[6] Zu Produktionsverlagerungen und damit zu Eigenimporten führten zum Teil die hohen Lohnkosten in der Bundesrepublik. Im Hinblick auf das System der Kostenerstattung der gesetzlichen Krankenkasse, wonach in der Vergangenheit bei Kostenerstattungen für Sehhilfen nur eine geringfügige Wertangleichung an die gestiegenen Preise für Brillen vorgenommen wurde, sahen sich die Hersteller gezwungen, ihre Erzeugnisse zu verbilligen (z.B. durch Auslandsproduktion von Brillenfassungen).

Die regionale Struktur der *Ausfuhren* von augenoptischen Erzeugnissen zeigt, daß über die Hälfte der Erzeugnisse (1986) in nur fünf Länder, nämlich Österreich, die USA, die Niederlande, Italien und Frankreich, geliefert wurde (Tab. 51). Die bedeutendsten Abnehmer sind Österreich (22%) und die USA (fast 14%). Ihr Abnahmeanteil erhöhte sich im Untersuchungszeitraum beträchtlich, da in diesen beiden Ländern die lokale Marktorganisation zum Vertrieb deutscher augenoptischer Erzeugnisse hervorragend ausgebaut ist.

Von den *Einfuhren* (1986) kamen fast 60% aus den drei Ländern Österreich, Frankreich und Italien (Tab. 51). Während Österreichs Anteil sich im Zeitablauf erhöhte, vor allem durch Lieferungen von Brillenfassungen, ging der Anteil Frankreichs zurück, denn die früher gelieferten Gleitsichtgläser konnten in zunehmendem Maße von den deutschen Herstellern selbst gefertigt werden. Hingewiesen sei noch auf die steigenden Importe aus Japan (1986: 6,3%) und

---

[6] Vgl. R. Jungnickel und U. Maenner, a.a.O., S. 188 ff.

Tabelle 51

Regionale Struktur des Außenhandels[a)] mit Erzeugnissen der Augenoptik, 1977 bis 1986

Wertanteile in %

Land[b)]	1977	1980	1983	1984	1985	1986
Ausfuhr nach						
Österreich	10,3	13,4	15,3	17,8	21,2	22,0
USA	8,5	6,3	8,5	10,8	12,5	13,9
Niederlande	10,2	11,4	13,0	7,3	6,7	7,2
Italien	5,2	4,7	4,9	5,3	5,4	5,5
Frankreich	6,7	6,6	5,4	5,3	5,3	5,5
Großbritannien	4,2	4,4	4,1	4,7	4,9	4,7
Schweiz	5,2	5,5	4,5	4,5	4,1	4,6
Dänemark	3,1	2,6	2,8	3,1	3,1	3,4
Belgien/Luxemburg	4,4	4,1	3,1	3,3	3,1	3,3
Japan	10,9	9,6	4,3	3,9	3,4	2,8
Spanien	2,2	2,3	1,9	1,8	1,8	2,3
Kanada	3,2	2,3	1,8	1,9	2,4	2,3
Schweden	3,0	2,6	1,9	1,9	2,0	2,2
Übrige Länder[c)]	22,9	24,2	28,5	28,4	24,1	20,3
Insgesamt in %	100	100	100	100	100	100
in Mill. DM	475	534	711	731	828	835
Einfuhr aus						
Österreich	13,9	15,7	15,5	18,8	18,5	20,4
Frankreich	31,7	29,9	22,6	20,1	20,7	19,3
Italien	14,5	12,4	15,2	15,0	17,1	17,5
Japan	1,6	4,3	6,5	6,8	5,2	6,3
USA	3,1	4,0	5,2	4,2	4,3	3,6
Südkorea	1,0	1,4	3,2	3,4	3,8	3,2
Taiwan	3,3	3,6	3,4	4,5	3,7	2,9
Übrige Länder[c)]	30,9	28,7	28,4	27,2	26,7	26,8
Insgesamt in %	100	100	100	100	100	100
in Mill. DM	210	274	347	419	494	512

a) Einschließlich Veredelung. – b) Geordnet nach der Höhe der Ausfuhr bzw. Einfuhr im Jahr 1986. – c) Länder, deren Anteil am Export bzw. Import im Jahr 1986 kleiner als 2 % war.

Quelle: – Verband der deutschen feinmechanischen und optischen Industrie eV: Jahreszahlen (verschiedene Jahrgänge),
– Berechnungen des Ifo-Instituts.

Tabelle 52

Struktur der Produktion[a] von Erzeugnissen der Augenoptik, 1978 bis 1986

Wertanteile in %

Erzeugnisse	Warenklasse bzw. -art	1978	1980	1983	1984	1985	1986
Kontaktlinsen, Brillengläser aus Glas und Kunststoff (einschließlich Sonnenschutzgläsern)	3711 12 - 19	44,6	45,2	46,9	47,2	47,7	47,5
dar.: Kontaktlinsen	3711 12	.	.	6,2	6,3	6,4	6,3
Einstärkengläser	3711 16	.	.	18,4	17,8	16,7	15,8
Mehrstärkengläser	3711 17	.	.	18,3	18,4	17,7	18,6
Brillenfassungen	3711 22 - 29	39,6	36,9	34,2	32,4	28,9	24,4
dav.: Aus Edelmetall	3711 22	18,7	14,5	11,0	8,8	7,5	5,1
Aus sonstigem Metall	3711 24	3,2	5,2	6,7	7,5	6,8	6,0
Aus Kunststoff und anderem Material	3711 26, 29	17,7	17,2	16,5	16,1	14,6	13,3

Fassungsteile	3711 30	1,5	1,8	2,2	3,2	2,9	2,5
Schutzbrillen	3711 63 - 66	6,3	6,1	5,9	5,7	6,3	6,2
dav.: Sonnenbrillen	3711 63, 64	3,5	1,4	2,6	2,5	2,4	2,3
Arbeitsschutzbrillen	3711 65	} 2,8	2,1	2,1	2,4	2,3	2,4
Sonstige Schutzbrillen	3711 66		2,6	1,2	0,8	1,6	1,5
Andere verglaste Brillen	3711 70	3,8	5,8	5,5	6,2	9,2	15,1
Zubehör für die Augenoptik	3711 08	4,2	4,2	5,3	5,3	5,0	4,3
Insgesamt in %		100	100	100	100	100	100
in Mill. DM		982	1 149	1 249	1 372	1 549	1 687
Produktionsanteil an der feinmechanischen und optischen Industrie in %		11,0	11,2	11,9	12,1	12,0	12,2

a) Betriebe von Unternehmen mit 20 und mehr Beschäftigten einschließlich Handwerk.

Quelle: - Verband der deutschen Feinmechanischen und optischen Industrie eV: Jahreszahlen (verschiedene Jahrgänge),
- Berechnungen des Ifo-Instituts.

Südkorea (3,2 %). Der Importdruck ist insbesondere in mittleren und unteren Preislagen sehr hoch.

d) Produktion

In der Augenoptik ist die Produktion (nominal) von 982 Mill. DM (1978) auf 1 687 Mill. DM (1986) angestiegen. Im Zeitablauf (1978–86) hat sich die Produktionsstruktur insofern verändert, als der Anteil von Brillenfassungen wegen der erwähnten Importe aus Österreich und Niedriglohnländern von fast 40 % auf rund 24 % gesunken ist. Der Anteil „anderer verglaster Brillen" hat sich von 4 % auf 15 % erhöht (Tab. 52).

2. Optik und Labortechnik

a) Überblick

Im Erzeugnisbereich Optik und Labortechnik (früher: optische Instrumente) werden sehr verschiedene Gruppen zusammengefaßt:

- Optische Elemente, gefaßt und ungefaßt (Glasteilungen und Faseroptiken),
- Mikroskope und Lupen (hierzu gehören auch Mikroaufnahme- und -projektionsgeräte),
- Ferngläser, Fernrohre und astronomische Geräte (einschließlich Bildwandlern, Nachtsichtgeräten sowie Ziel-, Richt- und Beobachtungsfernrohren),
- optische Meßgeräte (geodätische Instrumente wie Theodolite, Tachymeter und Nivelliere, Meßmikroskope),
- ophthalmologische Geräte, optische Beleuchtungsapparate (dazu zählen Augenuntersuchungs- und -meßgeräte, Brillenbestimmungsgeräte und augenoptische Werkstattgeräte).

Der überwiegende Teil der Produktion entfällt auf Investitionsgüter bzw. Vorprodukte, die in Investitionsgüter eingebaut werden. Nur wenige Produkte des Erzeugnisbereichs, wie Lupen, Handferngläser und teilweise Zielfernrohre sowie einfache Mikroskope (Schülermikroskope) werden für den privaten Verbrauch hergestellt. Einzelne Produktgruppen, wie astronomische Geräte, geodätische Geräte oder ophthalmologische Geräte werden für einen ganz speziellen Abnehmerkreis (Sternwarten, Bauindustrie und Vermessungswesen bzw. Augenärzte und Optiker) erzeugt. Mikroskope, Meßinstrumente und ähnliche Produkte finden dagegen Abnehmer in der gesamten Industrie (bei der Qualitätskontrolle und Werkstoffprüfung) in der Forschung und auch in weiteren Dienstleistungsbereichen (z.B. in Krankenhäusern und im Bildungswesen).

Die Optik und Labortechnik hat im Zeitraum 1978 bis 1986 das Wachstum der feinmechanischen und optischen Industrie am stärksten getragen. Die weit überdurchschnittlichen (nominalen) Zuwachsraten der Produktion von 13,5 % im Durchschnitt der Jahre (Branche insgesamt 5,6 %) ließen den Anteil der Erzeugnisgruppe an der Branche von 7,8 % (1978) auf 13,8 % (1986) wachsen. Erzeugnisse der Optik und Labortechnik hatten an den Exporten der Branche (1986) einen Anteil von rund 18 %. Bei den Importen lag er bei 16 % (Tab. 47 und 49).

Die stark gewachsene Produktion, die sich im Zeitraum 1978–86 fast verdreifacht hat, führte nur zu einer mäßigen Ausweitung der Beschäftigung von insgesamt rund 20 %. Darin sind die großen Rationalisierungsmaßnahmen des Erzeugnisbereichs zu erkennen, die dazu führten, daß die Produktion je Beschäftigten 1986 mit 116 000 DM gut doppelt so hoch war wie 1978 (Tab. 53). Es wurde schon erwähnt, daß innerhalb der einzelnen Erzeugnisgruppen im Untersuchungszeitraum die Optik und Labortechnik eine deutlich überdurchschnittliche Investitionstätigkeit aufgewiesen hat.

Von den Erzeugnissen der Optik und Labortechnik (Produktionswert 1986) entfallen rund die Hälfte auf optische Meßgeräte und ein Sechstel auf Mikroskope und Lupen. Der Rest teilt sich auf mehrere Produktgruppen auf.

Zu den großen Unternehmen der Erzeugnisgruppe gehören die Zeiss-Gruppe in Oberkochen und die Ernst Leitz Wetzlar GmbH in Wetzlar.

b) Nachfrage und ihre wichtigsten Einflußgrößen

Die Inlandsnachfrage nach Erzeugnissen der Optik und Labortechnik, gemessen an der Inlandsmarktversorgung, ist im untersuchten Zeitraum stärker angestiegen als die Produktion. Mit jährlichen durchschnittlichen Zuwachsraten (nominal) von 17,6 % (1978–86) erhöhte sie sich auf rund 1 Mrd. DM (Tab. 53).

In fast allen Jahren des Berichtszeitraums ergab sich ein rechnerisch negativer Inlandsabsatz (Produktion minus Export). Dies hat seinen Grund darin, daß die Produktions- und Außenhandelsstatistik in ihrer Abgrenzung nicht übereinstimmen. Im Rahmen der Produktionsstatistik werden elektronische Geräte mit optischer Vorrichtung in der Elektroindustrie erfaßt, im Außenhandel werden sie jedoch den optischen Instrumenten zugeschlagen. Außerdem erfaßt die Produktionsstatistik den Bereich der Rüstungsgüter nicht. Schließlich ist darauf hinzuweisen, daß in den Exporten zum Teil beträchtliche Reexporte (Wiederausfuhr von Importen) enthalten sind.

Die zunehmende Bedeutung der Optik und Labortechnik, die unter den Hochtechnologien einen vorderen Platz einnimmt, beruht nicht zuletzt auf zahlreichen Innovationen, die auf der Wechselwirkung zwischen Optik und Elektronik, aus der die sogenannte Optronik hervorging, basieren. Beispiele für

Tabelle 53

Optik und Labortechnik: Entwicklung 1977 bis 1986

Merkmal	Einheit	1977[a)]	1978	1979	1980	1981	1982	1983	1984	1985	1986
Produktion[b)]	Mill.DM	619	691	687	794	799	1 145	1 169	1 283	1 620	1 904
Export[c)]	Mill.DM	682	760	807	890	1 025	1 183	1 257	1 465	1 892	1 873
Inlandsabsatz[d)]	Mill.DM	-63	-69	-120	-96	-226	-38	-88	-182	-272	31
Import[c)]	Mill.DM	304	345	403	523	571	595	670	831	909	976
Inlandsmarktversorgung	Mill.DM	241	276	283	427	345	557	582	649	637	1 007
Beschäftigte[e)]	1000	13,0	13,6	13,9	14,9	15,3	14,9	14,3	14,3	15,4	16,4
						K e n n z a h l e n					
Produktion je Beschäftigten	1000 DM	47,6	50,8	49,4	53,3	52,2	76,8	81,7	89,7	105,2	116,1
Exportquote[f)]	%	110,2	110,0	117,5	112,1	128,3	103,3	107,5	114,2	116,8	98,4
Importquote[g)]	%	126,1	125,0	142,4	122,5	165,5	106,8	115,1	128,0	142,7	96,9
Produktion nominal	1978=100	.	100	99	115	116	166	169	106	234	276

Erzeugerpreisindex für den Inlandsabsatz	1980=100	.	.	.	100	105	110	113	116	120	127
Index der Verkaufspreise für Ausfuhrgüter	1980=100	92	94	96	100	105	109	111	115	121	124
			Feinmechanische und optische Industrie[h)] = 100								
Produktion je Beschäftigten		.	78	73	72	69	99	97	96	104	109
Exportquote		.	175	184	180	186	133	143	148	138	122
Importquote		.	254	277	237	282	159	175	187	188	137

a) Wegen der unterschiedlichen Abgrenzung des Berichtskreises (Produktion und Beschäftigung 1977 ohne Handwerk) ist das Jahr 1977 nicht mit späteren Jahren vergleichbar. – b) Betriebe von Unternehmen mit 20 und mehr Beschäftigten, ab 1978 einschließlich Handwerk. – c) Ohne Veredelung. – d) Inlandsabsatz aus inländischer Produktion (inklusive Lagerveränderungen). Der rechnerisch negative Inlandsabsatz ist erklärbar durch die Wiederausfuhr von Importen und dadurch, daß bei den Exporten alle Ausfuhren, also auch jene der hier ins Gewicht fallenden Handelsfirmen jeder Größe und von Industriebetrieben von Unternehmen mit weniger als 20 Beschäftigten erfaßt werden. – e) 1977 ohne Handwerk, ab 1978 einschließlich Handwerk. – f) Anteil des Exports an der Produktion. Die Exportquoten über 100 % errechnen sich durch die überhöhte Ausweisung der Exporte (vgl. Fußnote d)). – g) Anteil des Imports an der Inlandsmarktversorgung. Die Importquoten über 100 % errechnen sich, da die überhöhte Ausweisung der Exporte zu einem rechnerisch negativen Inlandsabsatz geführt haben (vgl. Fußnote d)). – h) Feinmechanische und optische Industrie nach Wertangaben des Statistischen Bundesamts = 100.

Quelle: – Verband der deutschen feinmechanischen und optischen Industrie eV: Jahreszahlen (verschiedene Jahrgänge),
– Statistisches Bundesamt: Fachserie 17, Reihen 2 und 8,
– Berechnungen des Ifo-Instituts.

erfolgreiche Innovationen sind die optisch-elektronische Prozeßkontrolle und die Sensortechnik, Geräte zur Mikroanalytik bis hin zu Mehrkoordinatenmeßgeräten, leistungsstarken Großteleskopen und den bahnbrechenden Entwicklungen in der quantitativen Mikroskopie.

Der Optik und Labortechnik sind spektakuläre Durchbrüche auch auf dem Gebiet der Lasertechnik gelungen. Das Einsatzgebiet von Hochleistungslasern erstreckt sich von der Forschung und Medizin (z.B. bei der Behandlung von Augenkrankheiten) über die Materialbe- und -verarbeitung bis zur fälschungssicheren Beschriftung von Scheckkarten (mit Hilfe der Holografie).[7]

Stark zugenommen hat vor allem die Nachfrage nach Erzeugnissen aus dem Bereich der industriellen Meßtechnik. Demgegenüber war beispielsweise der Nachfrageanstieg bei Mikroskopen, wo eine gewisse Marktsättigung eingetreten ist, nur mäßig.

c) *Außenhandel*

In der Optik und Labortechnik sind die *Ausfuhren* (1977–86) nominal auf den 2,7fachen Wert (1986: 1,9 Mrd. DM) gestiegen (Tab. 53). Der Zuwachs lag über dem des Branchendurchschnitts (Anstieg auf den 2,1fachen Wert). Es wurde schon erwähnt, daß die Ausfuhren der Optik und Labortechnik höher sind als die Produktion. Gründe hierfür sind unter anderem die unterschiedliche Abgrenzung der Produktion und des Außenhandels sowie Reexporte. Die Exportquoten liegen deshalb rechnerisch in fast allen Jahren des Untersuchungszeitraums über 100% und sind nicht interpretierbar. Nach Schätzungen des Verbands[8] dürfte die Exportquote des Erzeugnisbereichs in den letzten Jahren bei ungefähr 90% gelegen haben.

Auf dem Weltmarkt hat die deutsche Optik und Labortechnik eine starke Stellung, die nur von Japan übertroffen wird. 1986 betrug der deutsche Lieferanteil optischer und labortechnischer Erzeugnisse am Weltexport in dieser Gruppe 19%. Japan erreichte 34%, die USA 15%. Die starke Stellung auf dem Weltmarkt kommt auch in weiteren Kennziffern zur Außenhandelsposition zum Ausdruck (Tab. 45).

Bei Erzeugnissen der Optik und Labortechnik sind die *Einfuhren* (1977–86) nominal auf den 3,2fachen Wert (1986 rund 1 Mrd. DM) angestiegen (Tab 53).

---

[7] Zu den hier beschriebenen Neuentwicklungen, die das Marktwachstum bestimmten, vergleiche:
- Verband der deutschen feinmechanischen und optischen Industrie eV: Deutsche Feinmechanik und Optik, Qualität und Präzision, Köln, o.J., S. 10,
- G. Materne: Die strahlende Zukunft der Laser-Technik, in: Frankfurter Allgemeine Zeitung, 23. Juni 1987.

[8] Vgl. Verband der deutschen feinmechanischen und optischen Industrie eV: Deutsche Feinmechanik und Optik, Qualität und Präzision, Köln, o.J., S. 10.

Tabelle 54

Regionale Struktur des Außenhandels[a)] mit Erzeugnissen der Optik und Labortechnik[b)], 1977 bis 1986

Wertanteile in %

Land[c)]	1977	1980	1983	1984	1985	1986
Ausfuhr nach						
USA	14,2	15,2	17,8	18,9	19,2	18,1
Frankreich	13,9	22,7	19,2	17,1	15,7	14,9
Schweiz	5,3	4,9	4,6	5,5	5,1	8,2
Niederlande	6,8	5,4	9,7	8,3	7,8	7,6
Italien	6,4	6,6	5,4	5,9	5,9	7,4
Großbritannien	3,4	5,3	6,5	8,6	7,6	6,4
Japan	1,9	2,3	2,2	2,9	3,3	3,6
Österreich	3,7	3,6	2,6	2,6	3,4	3,5
Belgien/Luxemburg	4,4	3,0	2,2	2,4	2,3	3,1
China	.	2,3	2,5	2,4	3,0	2,5
Sowjetunion	3,6	2,7	3,0	2,7	2,7	2,4
Spanien	1,7	1,3	2,1	1,4	1,7	2,1
Schweden	2,1	1,9	1,9	1,7	2,0	2,0
Übrige Länder[d)]	31,6	22,8	20,3	19,6	20,3	18,2
Insgesamt in %	100	100	100	100	100	100
in Mill. DM	682	898	1282	1500	1916	1903
Einfuhr aus						
Japan	15,5	12,9	16,8	18,5	21,9	26,0
USA	27,7	33,2	28,0	30,8	26,6	23,6
Schweiz	11,7	12,4	12,0	12,2	13,6	15,7
Frankreich	20,6	19,1	15,8	15,9	14,1	10,9
Großbritannien	5,6	6,8	5,4	5,1	6,2	5,8
Niederlande	5,1	2,4	7,0	3,8	3,9	4,9
Italien	1,3	1,1	1,5	1,7	1,8	2,0
Übrige Länder[d)]	12,5	12,1	13,5	12,0	11,9	11,1
Insgesamt in %	100	100	100	100	100	100
in Mill. DM	320	537	690	854	945	1011

a) Einschließlich Veredelung. – b) Bis zum Jahresbericht 1983 lautete der Name dieser Fachgruppe: "Optische Instrumente" (nur Änderungen der Bezeichnung). c) Geordnet nach der Höhe der Ausfuhr bzw. Einfuhr im Jahre 1986. – d) Länder deren Anteil am Export bzw. Import im Jahr 1986 kleiner als 2 % war.

Quelle: – Verband der deutschen feinmechanischen und optischen Industrie eV: Jahreszahlen (verschiedene Jahrgänge),
– Berechnungen des Ifo-Instituts.

Tabelle 55

Struktur der Produktion[a] von Erzeugnissen der Optik und Labortechnik[b], 1978 bis 1986

Wertanteile in %

Erzeugnisse	Warenklasse bzw. -art	1978	1980	1983	1984	1985	1986
Optische Elemente, gefaßt und ungefaßt[c]	3712	7,9	11,6	11,5	10,6	10,2	9,7
dav.: Ungefaßte optische Elemente	3712 10	.	.	6,2	5,5	5,6	5,4
Gefaßte optische Elemente	3712 50	.	.	5,3	5,1	4,6	4,3
Mikroskope und Lupen	3713	32,7	26,6	18,7	19,0	17,8	16,1
dar.: Mikroskope	3713 12, 13	25,4	21,6	12,5	12,2	11,2	10,6
Ferngläser, Fernrohre und astronomische Geräte	3715	16,8	17,8	11,5	10,9	10,2	11,6
dar.: Handferngläser, astronomische Geräte	3715 11 - 50	7,9	6,6	3,6	3,5	3,2	2,9
Optische Meßgeräte	3717	27,5	32,0	45,0	43,0	45,4	48,2
dar.: Optische Feinmeß- und Feinprüfgeräte	3717 40	7,8	11,6	12,1	10,7	11,1	14,0

Optische Instrumente für chemische und physikalische Untersuchungen	3717 50	9,2	10,2	8,4	7,9	7,2	6,2
Zubehör, Einzel- und Ersatzteile für optische Meßinstrumente	3717 08	5,7	4,3	5,0	4,5	7,3	7,0
Andere optische Erzeugnisse	3719	15,1	12,0	13,3	16,5	16,4	14,4
dar.: Ophthalmologische Untersuchungs- und Meßgeräte, Geräte für Brillenbestimmung	3719 10	8,0	8,6	7,2	7,8	7,4	6,2
Insgesamt in %		100	100	100	100	100	100
in Mill. DM		691	794	1 169	1 283	1 620	1 904
Produktionsanteil an der feinmechanischen und optischen Industrie in %		7,8	7,7	11,1	11,3	12,5	13,8

a) Betriebe von Unternehmen mit 20 und mehr Beschäftigten einschließlich Handwerk. – b) Vom Verband wurden in diese Fachgruppe mehrere Erzeugnisse aufgenommen, die im systematischen Güterverzeichnis für Produktionsstatistiken (herausgegeben vom Statistischen Bundesamt) einer anderen Gütergruppe zugeordnet werden. Daher kommt es zwischen der amtlichen Statistik und der Verbandsstatistik zu Abweichungen. – c) Ohne Brillengläser, Kontaktlinsen und gefaßte optische Elemente für Foto-, Kino- und Projektionsgeräte. –

Quelle: – Verband der deutschen feinmechanischen und optischen Industrie eV: Jahreszahlen (verschiedene Jahrgänge),
– Berechnungen des Ifo-Instituts.

Sie nahmen damit stärker zu als die Ausfuhren. Auch hier wird die Entwicklung zu einem Teil durch die Eigenimporte der deutschen Hersteller geprägt. Die Importquoten liegen in fast allen Jahren über 100% und sind nicht interpretierbar.

Die regionale Struktur des Außenhandels mit Erzeugnissen der Optik und Labortechnik zeigt, daß 1986 zwei Länder ein Drittel der *Ausfuhren* abnahmen (Tab. 54), nämlich die USA (18,1%) und Frankreich (14,9%). Es folgen als wichtige Abnehmer die Schweiz (8,2%), die Niederlande (7,6%), Italien (7,4%) und Großbritannien (6,4%). Die Abnahmeanteile haben sich im Zeitablauf nicht sehr stark verändert.

Von den *Einfuhren* kam die Hälfte aus Japan (26,0%) und den USA (23,6%). Weitere bedeutende Lieferanten sind die Schweiz (15,7%) und Frankreich (10,9%). Japan konnte seinen Lieferanteil von 1980 (12,9%) bis 1986 (26,0%) drastisch ausweiten (Tab. 54). Die japanische Konkurrenz ist besonders stark bei optischen Instrumenten in der mittleren und unteren Preisklasse. Auch die Schweiz hat als Lieferant an Bedeutung gewonnen, während Frankreichs Anteil sich halbierte (von rund 21 auf 11%).

d) Produktion

Die Produktion der Optik und Labortechnik ist (nominal von 0,7 Mrd. DM auf 1,9 Mrd. DM (1978–86) angewachsen. Auf die jährlichen hohen Zuwachsraten, die höchsten in der Feinmechanik/Optik, wurde schon verwiesen. Im Zeitablauf hat sich die Produktionsstruktur deutlich verändert. Gewonnen haben optische Meßgeräte, deren Anteil von rund 18% auf 48% gestiegen ist.[9] Anteilsmäßig verloren haben Mikroskope und Lupen (von 33% auf 16%), da – wie erwähnt – hier eine gewisse Marktsättigung erreicht ist und die ausländische Konkurrenz stark ist (Tab. 55).

3. Foto- und Videotechnik

a) Überblick

Etwa die Hälfte der Produkte dieses Erzeugnisbereichs (früher: Photo/Kino/Projektion) wird für den privaten Verbrauch produziert. Diese Produkte lassen sich in drei Gruppen zusammenfassen:

---

[9] Der Anteilsrückgang bei der Güterklasse 3717 50 (von 9,2 auf 6,2%) erklärt sich damit, daß seit 1982 Refrakto-, Polari-, Foto- und Spektrometer mit elektronischen Bauelementen, die lediglich unterstützende Funktionen haben, in der Elektroindustrie erfaßt werden.

- Aufnahmegeräte, wie Fotoapparate und Filmkameras,
- Wiedergabegeräte, wie Diaprojektoren und Filmprojektoren, Vergrößerungsgeräte für Negativfilme,
- Zubehör für die Aufnahme und Wiedergabe (hierzu gehören Objektive, Stative, Heimlaborgeräte).

Zu den Investitionsgütern des Erzeugnisbereichs gehören:

- Kopiergeräte und Mikrofilmgeräte, die im gesamten Verwaltungsbereich Verwendung finden,
- Geräte für die Filmverarbeitung und sonstige Laborgeräte,
- Projektoren für Kinos,
- Aufnahmegeräte für Fotografen, Film und Fernsehen (Die Geräte sind nur in einigen Teilen von den für den privaten Verbrauch hergestellten Produkten trennbar.),
- Audiovisionsgeräte für den Ausbildungs- und Werbungssektor (Auch diese Geräte sind zum Teil in den für den privaten Verbrauch hergestellten Produkten enthalten.).

Die Produktion (nominal) von Erzeugnissen der Foto- und Videotechnik ist im untersuchten Zeitraum geschrumpft (durchschnittlich -2,6 % pro Jahr). Der Anteil des Erzeugnisbereichs an der Branche ging deshalb von fast 23 auf 12 % zurück. Am Export der Branche hatte der Erzeugnisbereich 1986 einen Anteil von 22 %, bei importierten Fertigprodukten der Branche lag der Anteil der Foto- und Videotechnik bei 38 % (Tab. 47 und 49).

Die schrumpfende Produktion führte zu einem kontinuierlichen Rückgang der Zahl der Beschäftigten (Tab. 56) von 27 200 (1978) auf 16 200 (1986). Von den Erzeugnissen der Foto- und Labortechnik entfallen, gemessen am Produktionswert des Jahres 1986, je zwei Fünftel auf Fotogeräte (einschließlich Fotokopiergeräte) und auf Geräte für foto- und kinematografische Laboratorien. Der Rest sind Projektions- und Kinogeräte.

Zu den großen Unternehmen der Erzeugnisgruppe zählen die Kodak AG in Stuttgart, die Leica GmbH in Solms und die Rollei-Fototechnic GmbH in Braunschweig.

b) Nachfrage und ihre wichtigsten Einflußgrößen

Die Inlandsnachfrage nach Erzeugnissen der Foto- und Videotechnik, gemessen an der Inlandsmarktversorgung, ist in den Jahren 1978 bis 1982 (nominal) drastisch zurückgegangen (von 1,8 auf 1,3 Mrd. DM). Erst ab 1983 kam es wieder zu einer Marktausweitung (Tab. 56). In den meisten Jahren des Berichts-

Tabelle 56

Foto- und Videotechnik: Entwicklung 1977 bis 1986

Merkmal	Einheit	1977[a)]	1978	1979	1980	1981	1982	1983	1984	1985	1986
Produktion[b)]	Mill.DM	1 951	2 043	1 978	1 833	1 598	1 335	1 250	1 305	1 537	1 648
Export[c)]	Mill.DM	1 570	1 630	1 699	1 851	1 992	1 900	1 795	1 999	2 245	2 278
Inlandsabsatz[d)]	Mill.DM	381	413	279	-18	-394	-565	-545	-694	-708	-630
Import[c)]	Mill.DM	1 134	1 411	1 566	1 788	2 043	1 823	1 993	2 121	2 346	2 337
Inlandsmarktversorgung	Mill.DM	1 515	1 824	1 845	1 770	1 649	1 258	1 448	1 427	1 638	1 707
Beschäftigte[e)]	1000	28,1	27,2	26,9	26,6	25,0	21,4	18,4	16,1	16,0	16,2
						Kennzahlen					
Produktion je Beschäftigten	1000 DM	69,4	75,1	73,5	68,9	63,9	62,4	67,9	81,1	96,1	101,7
Exportquote[f)]	%	80,5	79,8	85,9	101,0	124,7	142,3	143,6	153,2	146,1	138,2
Importquote[g)]	%	74,9	77,4	84,9	101,0	123,9	144,9	137,6	148,6	143,2	136,9
Produktion nominal	1978=100	.	100	97	90	78	65	61	64	75	81

Erzeugerpreisindex für den Inlandsabsatz	1980=100	.	99	99	100	102	104	105	105	106	107
Index der Verkaufspreise für Ausfuhrgüter	1980=100	97	96	97	100	102	103	102	105	109	110
			Feinmechanische und optische Industrie[h)] = 100								
Produktion je Beschäftigten		.	116	109	93	85	81	80	87	95	96
Exportquote		.	127	135	162	181	183	191	198	173	172
Importquote		.	157	165	195	211	216	209	218	189	194

a) Wegen der unterschiedlichen Abgrenzung des Berichtskreises (Produktion und Beschäftigung 1977 ohne Handwerk) ist das Jahr 1977 nicht mit späteren Jahren vergleichbar. – b) Betriebe von Unternehmen mit 20 und mehr Beschäftigten, ab 1978 einschließlich Handwerk. – c) Ohne Veredelung. – d) Inlandsabsatz aus inländischer Produktion (inklusive Lagerveränderungen). Der rechnerisch negative Inlandsabsatz ist erklärbar durch die Wiederausfuhr von Importen und dadurch, daß bei den Exporten alle Ausfuhren, also auch jene der hier ins Gewicht fallenden Handelsfirmen jeder Größe und von Industriebetrieben von Unternehmen mit weniger als 20 Beschäftigten erfaßt werden. – e) 1977 ohne Handwerk, ab 1978 einschließlich Handwerk. – f) Anteil des Exports an der Produktion. Die Exportquoten über 100 % errechnen sich durch die überhöhte Ausweisung der Exporte (vgl. Fußnote d)). – g) Anteil des Imports an der Inlandsmarktversorgung. Die Importquoten über 100 % errechnen sich, da die überhöhte Ausweisung der Exporte zu einem rechnerisch negativen Inlandsabsatz geführt haben (vgl. Fußnote d)) – h) Feinmechanische und optische Industrie nach Wertangaben des Statistischen Bundesamts = 100.

Quelle: – Verband der deutschen feinmechanischen und optischen Industrie eV: Jahreszahlen (verschiedene Jahrgänge),
– Statistisches Bundesamt: Fachserie 17, Reihen 2 und 8,
– Berechnungen des Ifo-Instituts.

zeitraums ergab sich rechnerisch ein negativer Inlandsabsatz aus inländischer Produktion. Die Gründe sind teilweise die gleichen wie im Erzeugnisbereich Optik und Labortechnik, nämlich die beträchtlichen Reexporte (Wiederausfuhren von Importen), die sowohl die Produzenten als auch Handelshäuser vorgenommen haben.

Die deutschen Hersteller von Foto- und Videotechnik mußten mit dem Siegeszug japanischer Produkte auf dem Weltmarkt starke Einbußen bei Image und Produktionsvolumen hinnehmen. Diese Entwicklung, die schon Anfang der sechziger Jahre begonnen hatte, setzte sich in den ersten Jahren des Untersuchungszeitraums fort. Weitere Kamerahersteller in der Bundesrepublik haben ihre Produktion eingeschränkt oder ganz aufgegeben. Der deutsche Markt für Amateur-Fotoapparate (für Filme mit einer Breite bis zu 35 mm) ist heute zum allergrößten Teil in ausländischer Hand. Die deutschen Hersteller haben große Anstrengungen unternommen und verlagerten ihren Produktionsschwerpunkt auf den anspruchsvollen Fachmarkt, wo die deutsche Technik nach wie vor unerreicht ist. Heute finden hochentwickelte Spezialkameras und -objektive ihren Einsatz in der Luft- und Weltraumfotografie, in der Verkehrs- und Bankenüberwachung, in der Medizin und Wissenschaft sowie in der Studio- und Pressefotografie. Beachtliche Fortschritte haben sich auch auf dem Fotolaborsektor und in der Mikrofilmtechnik gezeigt.[10]

Diese Entwicklung hat mit dazu beigetragen, daß sich die inländische Nachfrage ab 1983 wieder erhöhte. Der Markt für Fotokopiergeräte konnte im untersuchten Zeitraum deutlich ausgeweitet werden.

c) Außenhandel

Die *Ausfuhren* von Erzeugnissen der Foto- und Labortechnik (Tab. 56) sind von 1977 bis 1986 auf den 1,5fachen Wert (nominal) angestiegen (1986: 2,3 Mrd. DM). Damit lag der Zuwachs unter dem Branchendurchschnitt (Anstieg auf den 2,1fachen Wert). Es wurde schon darauf hingewiesen, daß die Ausfuhren der Foto- und Videotechnik höher sind als die Produktion, vor allem bedingt durch Reexporte. Die Exportquoten liegen deshalb in fast allen Jahren des Berichtszeitraums über 100 % und erlauben keine Deutung der Entwicklung.

Betrachtet man die Weltmarktstellung der Produzenten von Foto- und Videotechnik, so sieht man die überaus starke Position der japanischen Hersteller, deren Lieferanteil 1986 in dieser Erzeugnisgruppe 51 % des Weltmarkts betrug (Tab. 45). Der deutsche Anteil liegt bei nur 10 %, der US-amerikanische bei 9 %.

---

[10] Zu den hier dargestellten Veränderungen vergleiche auch: Verband der deutschen feinmechanischen und optischen Industrie eV: Deutsche Feinmechanik und Optik, Qualität und Präzision, Köln, o.J., S. 12.

Tabelle 57

Regionale Struktur des Außenhandels[a)] mit Erzeugnissen der Foto- und Videotechnik,[b)]
1977 bis 1986

Wertanteile in %

Land[c)]	1977	1980	1983	1984	1985	1986
Ausfuhr nach						
Frankreich	17,6	15,7	15,4	13,8	14,3	15,4
USA	6,8	9,1	12,9	14,2	14,7	13,8
Großbritannien	7,9	10,4	12,3	13,9	14,1	13,4
Niederlande	11,8	9,9	9,5	10,3	9,6	11,0
Italien	7,4	9,1	8,4	8,3	7,3	7,5
Schweden	5,1	4,3	4,2	3,6	4,2	3,9
Schweiz	4,4	4,5	3,9	3,8	3,7	3,8
Belgien/Luxemburg	4,8	4,5	3,8	4,0	3,5	3,7
Dänemark	2,7	2,3	2,4	2,6	2,6	3,3
Japan	1,8	2,5	3,0	3,3	3,0	2,8
Österreich	3,8	3,0	2,6	2,3	2,3	2,5
Spanien	2,3	1,9	1,7	1,5	1,7	2,3
Übrige Länder[d)]	23,6	22,8	19,9	18,4	19,0	16,6
Insgesamt in %	100	100	100	100	100	100
in Mill. DM	1570	1956	1833	2061	2448	2449
Einfuhr aus						
Japan	40,1	45,5	49,5	50,5	55,8	57,3
USA	15,7	10,4	19,7	18,9	18,8	13,5
Großbritannien	7,7	10,5	7,3	5,6	4,2	6,4
Niederlande	13,1	10,8	7,6	9,8	5,2	6,2
Frankreich	3,1	3,4	2,0	2,0	2,9	2,4
Schweiz	1,9	2,0	1,8	1,8	1,9	2,2
Übrige Länder[d)]	18,4	17,4	12,1	11,4	11,2	12,0
Insgesamt in %	100	100	100	100	100	100
in Mill. DM	1245	1829	2030	2200	2460	2391

a) Einschließlich Veredelung. - b) Bis zum Jahresbericht 1983 lautete der Name dieser Fachgruppe: "Photo/Kino/Projektion" (nur Änderungen der Bezeichnung). c) Geordnet nach der Höhe der Ausfuhr bzw. Einfuhr im Jahre 1986. - d) Länder deren Anteil am Export bzw. Import im Jahr 1986 kleiner als 2 % war.

Quelle: - Verband der deutschen feinmechanischen und optischen Industrie eV: Jahreszahlen (verschiedene Jahrgänge),
- Berechnungen des Ifo-Instituts.

Tabelle 58

Struktur der Produktion[a)] von Erzeugnissen der Foto- und Videotechnik, 1978 bis 1986

Wertanteile in %

Erzeugnisse	Warenklasse bzw. -art	1978	1980	1983	1984	1985	1986
Fotogeräte	3721	75,2	71,3	35,9	36,0	37,7	41,3
dar.: Mikrofilmaufnahme-, -lese-, -rückvergrößerungs- und -entwicklungsgeräte	3721 31	2,7	3,3	6,0	6,5	7,7	6,6
Fotokameras	3721 51, 55	11,0	10,8	8,9	6,1	5,2	5,3
Fotokopiergeräte	3721 71 - 77	37,3	28,7	19,7	22,4	24,1	28,6
Projektions- und Kinogeräte	3725	24,8	28,7	19,0	18,5	17,6	15,4
dar.: Stehbildwerfer	3725 12, 13	7,5	9,0	13,1	12,3	11,8	10,5
Kinoaufnahmegeräte[b)]	3725 31, 35	4,9	4,3	2,7	3,1	3,1	2,8
Geräte für Foto- und kinematographische Laboratorien, Zubehör, Einzel- und Ersatzteile für Foto-, Projektions- und Kinogeräte	3729	x[d)]	x[d)]	45,1	45,5	44,7	43,3

dar.: Fotolaborgeräte c)	3729 10, 60	6,7	7,6	7,7	6,0	5,8	9,0
Geräte für kinematographische Laboratorien	3729 20	.	.	5,3	5,9	5,3	4,5
Objektive für Foto-, Projektions- und Kinogeräte (auch für Fernsehkameras), fotographische Verschlüsse und Blenden	3729 51, 70	9,1	11,3	14,9	15,3	14,0	11,9
Sonstige Zubehör-, Einzel- u. Ersatzteile für Fotogeräte	3729 80	6,1	7,0	6,7	7,4	8,0	7,5
Sonstige Zubehör-, Einzel- und Ersatzteile für Projektions- und Kinogeräte	3729 90	3,1	3,6	6,2	6,6	6,8	6,0
Insgesamt in %		100	100	100	100	100	100
in Mill. DM		2043	1833	1250	1305	1537	1648
Produktionsanteil an der feinmechanischen und optischen Industrie in %		22,9	17,9	11,9	11,5	11,9	11,9

a) Betriebe von Unternehmen mit 20 und mehr Beschäftigten einschließlich Handwerk. - b) Ab 1982 einschließlich Stehbildbetrachter (3725 15). - c) Einschließlich Blitzgeräte (ohne Elektronenblitzgeräte). - d) In den Jahren 1978 und 1980 noch nicht gesondert ausgewiesen, sondern in der Nr. 3721 (Fotogeräte) und 3725 (Projektions- und Kinogeräte) enthalten.

Quelle: - Verband der deutschen feinmechanischen und optischen Industrie eV: Jahreszahlen (verschiedene Jahrgänge),
- Berechnungen des Ifo-Instituts.

Die *Einfuhren* von Erzeugnissen der Foto- und Labortechnik (Tab. 56) sind von 1977 bis 1986 auf den doppelten Wert (nominal) angestiegen (1986: 2,3 Mrd. DM). Der Anteil der Eigenimporte der deutschen Hersteller ist besonders in diesem Bereich – darauf wurde schon verwiesen – sehr hoch. Er resultiert aus Produktionsverlagerungen in sogenannte Niedriglohnländer. Die Importquoten, die wie in der Optik und Labortechnik in fast allen Jahren bei über 100 % liegen, sind nicht zu interpretieren.

Die Struktur der *Ausfuhren* nach Abnehmerländern zeigt, daß vier Länder (1986) über die Hälfte der Exporte abnahmen. Es sind Frankreich (15,4 %) die USA (13,8 %), Großbritannien (13,4 %) und die Niederlande (11,0 %). Die USA und Großbritannien haben im Zeitverlauf als Abnehmer an Bedeutung gewonnen (Tab. 57).

Bei den *Einfuhren* dominiert mit Abstand Japan als Lieferant. 1986 kamen 57 % aller Einfuhren aus Japan, das seinen Lieferanteil seit 1977 (40 %) kontinuierlich steigern konnte (Tab. 57). Darin kommt die starke Weltmarktstellung der japanischen Foto- und Videoindustrie, die sich insbesondere auf den Kamerabereich erstreckt, zum Ausdruck. Der zweitwichtigste Lieferant sind die USA (rund 14 % Lieferanteil).

Unter den importierten Erzeugnissen waren 1986 am bedeutendsten: Fotokopiergeräte (1,2 Mrd. DM), Foto-Amateurkameras (3,1 Mill. Stück zu rund 400 Mill. DM) sowie Laborausrüstung (rund 160 Mill. DM). Rund 97 % der im Inland verkauften Kameras waren Importerzeugnisse. Darunter fanden sich – allerdings noch in recht geringem Umfang – Billigerzeugnisse aus Hongkong.

d) Produktion

In der Foto- und Videotechnik ist die Produktion (nominal) von 2,0 Mrd. DM (1978) in nur fünf Jahren auf 1,3 Mrd. DM (1983) zurückgegangen. Der Grund hierfür war zum Teil der konjunkturelle Einbruch in der Nachfrage, vor allem aber das Vordringen der Auslandskonkurrenz, in deren Folge weitere deutsche Hersteller die Kameraproduktion in der Bundesrepublik aufgegeben haben. Dies zeigt sich deutlich in der Veränderung der Produktionsstruktur (Tab. 58): Der Anteil der Fotokameras ist von 11 % auf rund 5 % zurückgegangen (1978–86). Bei Fotokopiergeräten ist die Produktion anteilsmäßig von 1978 (37 %) bis 1983 (20 %) erheblich zurückgegangen, da – bei steigender Nachfrage – ein wachsender Teil der Geräte importiert wurde. Ab 1984 ist die Produktion von Fotokopiergeräten jedoch wieder kräftig angestiegen (1986: rund 29 %). Der Grund hierfür ist, daß japanische Hersteller Produktionsstätten in der Bundesrepublik aufgebaut haben.

4. Feinmechanik

a) Überblick

Zum Erzeugnisbereich Feinmechanik (früher: feinmechanische Geräte) gehören:

- Geräte für Navigation, Hydrologie, Meteorologie (z.B. Kompasse, Kompaßprüfstände, andere Navigationsgeräte, Strömungsmesser, Meteorografen, Hygrometer),
- Zeichenmaschinen, -tische, Zeichen- und mathematische Instrumente (wie Reißzeuge, Rechenstäbe, Präzisionsmaßstäbe, Zeichen- und Kartenmeßgeräte, Pantografen, Kurvenzeichner, Planimeter, Integrimeter),
- Präzisionswaagen, geophysikalische Geräte, mechanische Geräte zum Messen von geometrischen Größen (dazu gehören Analysenwaagen, Seismografen, Torsiografen, Vibrografen, Tastschwingungsschreiber, Präzisionslehren, Mikrometer),
- Lehrmittel und Laborgeräte (physikalische, chemische und technologische Modelle, Laborzentrifugen, Brutschränke, Labor-Vakuumpumpen) sowie
- Atemschutz- und Atmungsgeräte (wie Gasmasken, Staubschutzmasken, CO-Filtergeräte, Tauchgeräte, Höhenatmungsgeräte, Sauerstoffversorgungsanlagen).

Die hergestellten Produkte im Erzeugnisbereich Feinmechanik sind – von Ausnahmen abgesehen – Investitionsgüter. Zu den wichtigsten Abnehmern gehören der Schiffbau und der Luftfahrzeugbau (Navigationsgeräte, Höhenatmungsgeräte), Wetterdienste (meteorologische Geräte), Konstruktions- und Entwurfsabteilungen (Zeichen- und mathematische Instrumente), Labore (Feinwaagen, Zentrifugen), die öffentliche Hand (Laborgeräte, Lehrmittel) sowie der Bergbau und die chemische Industrie (Atemschutzgeräte).

Die Produktion der Feinmechanik hat im Zeitraum 1978 bis 1986 mit durchschnittlich 8,4 % pro Jahr (nominal) stärker zugenommen als die der Branche insgesamt (5,6 %). Der Produktionsanteil der Feinmechanik an der Branche hat sich deshalb von 11,8 % (1978) auf 14,5 % (1986) erhöht. Der Anteil der Erzeugnisgruppe an den Exporten der Branche lag 1986 bei 11,3 %, beim Import machte er 7,5 % aus (Tab. 47 und 49).

Trotz der stark gestiegenen Produktion mußte die Beschäftigung nicht ausgeweitet werden, da umfangreiche Rationalisierungsinvestitionen vorgenommen wurden. Rund 18 000 Personen waren sowohl 1978 als auch 1986 – bei Schwankungen im Zeitablauf – in der Feinmechanik beschäftigt (Tab. 59). Die Produktion je Beschäftigten erhöhte sich gegenüber 1978 auf fast den doppelten Wert (1986: 112 100 DM). Vom Produktionswert des Jahres 1986 entfal-

Tabelle 59

Feinmechanik: Entwicklung 1977 bis 1986

Merkmal	Einheit	1977[a]	1978	1979	1980	1981	1982	1983	1984	1985	1986
Produktion[b]	Mill.DM	955	1 053	1 156	1 287	1 334	1 357	1 364	1 521	1 823	2 007
Export[c]	Mill.DM	668	688	693	798	995	1 076	1 078	1 122	1 108	1 159
Inlandsabsatz[d]	Mill.DM	287	365	463	489	339	281	286	399	715	848
Import[c]	Mill.DM	179	206	236	281	290	288	305	330	366	455
Inlandsmarktversorgung	Mill.DM	466	571	699	770	629	569	591	729	1 081	1 303
Beschäftigte[e]	1000	15,4	17,6	17,9	17,8	18,1	17,5	15,3	15,9	17,1	17,9
			Kennzahlen								
Produktion je Beschäftigten	1000 DM	62,0	59,8	64,6	72,3	73,7	77,5	89,2	95,7	106,6	112,1
Exportquote[f]	%	69,9	65,3	59,9	62,0	74,6	79,3	79,0	73,8	60,8	57,7
Importquote[g]	%	38,4	36,1	33,8	36,5	46,1	50,6	51,6	45,3	33,9	34,9
Produktion nominal	1978=100	.	100	110	122	127	129	130	144	173	191
Erzeugerpreisindex für den Inlandsabsatz	1980=100	.	92	95	100	105	109	112	115	119	122
Index der Verkaufspreise für Ausfuhrgüter	1980=100	86	91	94	100	106	112	115	119	123	127
			Feinmechanische und optische Industrie[h] = 100								
Produktion je Beschäftigten		.	92	96	98	98	100	105	103	105	106
Exportquote		.	104	94	100	108	102	105	96	72	72
Importquote		.	73	66	71	78	75	78	66	45	49

a) Wegen der unterschiedlichen Abgrenzung des Berichtskreises (Produktion und Beschäftigung 1977 ohne Handwerk) ist das Jahr 1977 nicht mit späteren Jahren vergleichbar. – b) Betriebe von Unternehmen mit 20 und mehr Beschäftigten, ab 1978 einschließlich Handwerk. – c) Ohne Veredelung. – d) Inlandsabsatz aus inländischer Produktion (inklusive Lagerveränderungen). – e) 1977 ohne Handwerk, ab 1978 einschließlich Handwerk. – f) Anteil des Exports an der Produktion. – g) Anteil des Imports an der In- landsmarktversorgung. – h) Feinmechanische und optische Industrie nach Wertangaben des Statistischen Bundesamts = 100.

Quelle: – Verband der deutschen feinmechanischen und optischen Industrie eV: Jahreszahlen (verschiedene Jahrgänge),
– Statistisches Bundesamt: Fachserie 17, Reihen 2 und 8,
– Berechnungen des Ifo-Instituts.

len die größten Anteile auf Präzisionswaagen und geophysikalische Geräte (30 %), andere feinmechanische Geräte (28 %) sowie Lehrmittel und Laborgeräte (25 %).

Zu den bedeutendsten Unternehmen in der Feinmechanik gehören die Leybold-Heraeus GmbH in Köln (Schwerpunkt Vakuumtechnik, Lehrmittel und Laborgeräte), die Drägerwerk AG in Lübeck (Schwerpunkt Atemschutz- und Atmungsgeräte) sowie die Sartorius GmbH in Göttingen (Schwerpunkt Präzisionswaagen).

b) Nachfrage und ihre wichtigsten Einflußgrößen

Gemessen an der Inlandsmarktversorgung ist die Inlandsnachfrage nach Erzeugnissen der Feinmechanik im Zeitraum 1978 bis 1986 mit rund 11 % (nominal) im Durchschnitt der Jahre ebenso stark angestiegen wie der Inlandsabsatz aus inländischer Produktion. Die Inlandsnachfrage wurde also 1986 in relativ gleichem Umfang wie 1978 durch importierte Produkte gedeckt. Die Importquote lag 1986 bei rund 35 %, nachdem sie 1983 ein Ausmaß von fast 52 % erreicht hatte. In den Jahren 1981 und 1982 ist bei der Inlandsnachfrage – konjunkturell bedingt – ein Rückgang eingetreten (Tab. 59).

Die aufgezeigte Entwicklung der inländischen Nachfrage wurde durch eine Reihe von Faktoren beeinflußt, die auch die Auslandsnachfrage begünstigt haben:

Das wachsende Sicherheitsbewußtsein der Bevölkerung am Arbeitsplatz und Sicherheitsvorschriften führten zu einer steigenden Nachfrage nach Atemschutzgeräten, die bei der Brandbekämpfung, beim Transport gefährlicher Güter, in Laboratorien, Kraftwerken und Industrieanlagen verwendet werden.[11]

In der Zeichen- und Konstruktionstechnik hat die enge Verknüpfung mit der Datenverarbeitung neue Wege eröffnet. Zu nennen sind hier die Digital-Zeichenmaschine oder CAD-Systeme (computer aided design), welche die übrigen Zeicheninstrumente in zunehmendem Maß verdrängt haben.

Da das Ausrüstungsgeschäft mit Kompaß- und Schiffsteueranlagen wegen der schwierigen Situation im Schiffbau zurückgegangen ist, haben sich einige Unternehmen auf Spezialausrüstungen zur Erforschung des Meeres und der Arktis konzentriert.

Lehrmittel und Laborgeräte verzeichneten bei steigenden Schüler- und Studentenzahlen einen starken Nachfrageanstieg, der allerdings durch die Sparmaßnahmen von Bund und Ländern gebremst wurde.

---

[11] In der Bundesrepublik wird beispielsweise in weit über 50 000 Betrieben mit Gefahrstoffen hantiert. Diese Stoffe – rund 1 400 an der Zahl – sind in der seit 1986 gültigen Gefahrstoffverordnung aufgelistet. Die Betriebe sind verpflichtet, durch geeignete Maßnahmen die Gesundheit ihrer Mitarbeiter zu erhalten.

c) Außenhandel

Der Erzeugnisbereich Feinmechanik konnte im untersuchten Zeitraum 1977 bis 1986 seine *Ausfuhren* (nominal) auf den 1,7fachen Wert steigern (1986: 1,2 Mrd. DM). Diese Steigerung lag unter dem Durchschnitt der Branche (2,1facher Wert). Die Exportquote lag zuletzt (1986) bei rund 58%. Seit 1984 liegt sie unter dem Durchschnitt der gesamten Branche (Tab. 59).

Deutsche feinmechanische Erzeugnisse[12] haben auf dem Weltmarkt eine gute Stellung. 1986 betrug der deutsche Lieferanteil am Weltexport feinmechanischer Erzeugnisse 20% (Tab. 45). Nur die USA (23%) hatten einen höheren Anteil (Japan: 9%).

Die *Einfuhren* feinmechanischer Erzeugnisse sind (nominal) stärker als die Ausfuhren angewachsen, nämlich auf den 2,5fachen Wert (1986: 0,5 Mrd. DM). Die Importquote ist in den letzten Jahren allerdings gesunken und war 1985 und 1986 nur noch halb so hoch wie in der Branche insgesamt. Der verhältnismäßig starke Anstieg der Importe deutet darauf hin, daß Eigenimporte der deutschen Hersteller in den Einfuhren enthalten sind.

Die *Ausfuhren* sind regional überwiegend auf Westeuropa ausgerichtet, wobei kein Land als Abnehmer dominiert (1986). Nur die USA haben als wichtigster Abnehmer einen Abnahmeanteil von über 10% (Tab. 60). Die Abnahmeanteile zeigen im Untersuchungszeitraum eine bemerkenswerte Konstanz.

Von den *Einfuhren* kamen 1986 über drei Fünftel aus nur vier Ländern, aus den USA (29,3%), der Schweiz (13,6%), Japan (9,9%) und Großbritannien (9,5%). Weitere wichtige Lieferanten sind auch noch andere westeuropäische Länder (Tab. 60). Auffallend ist der stark gestiegene Lieferanteil (1977–86) der USA (von 22,0 auf 29,3%) und vor allem jener Japans, der sich – allerdings bei geringer Ausgangsgröße – fast verdoppelt hat (von 5,4 auf 9,9%). Demgegenüber ist vor allem der Anteil Frankreichs gesunken (von 18,7 auf 8,6%). Die japanischen Hersteller haben insbesondere dort eine starke Marktstellung, wo Geräte (z.B. Zeicheninstrumente) mit Elektronik verknüpft sind.

d) Produktion

Im Erzeugnisbereich Feinmechanik hat sich die Produktion von 1978 bis 1986 (nominal) fast verdoppelt (1986: 2 Mrd. DM). Im Zeitablauf hat sich die Produktionsstruktur wie folgt verändert: Die Anteile von Atemschutzgeräten

---

[12] Die SYPRO-Gliederung unterscheidet nicht nach „Feinmechanik" und „Meß- und Automatisierungstechnik", so daß die Aussagen zur Stellung auf dem Weltmarkt für beide Bereiche gelten.

Tabelle 60

Regionale Struktur des Außenhandels[a)] mit Erzeugnissen der Feinmechanik[b)], 1977 bis 1986

Wertanteile in %

Land[c)]	1977	1980	1983	1984	1985	1986
Ausfuhr nach						
USA	8,1	10,1	9,8	12,2	10,6	10,5
Frankreich	9,2	11,5	11,1	9,1	8,4	9,7
Niederlande	8,3	8,2	8,2	9,1	8,5	7,8
Schweiz	4,0	5,3	5,5	6,6	6,2	7,3
Großbritannien	4,2	5,0	6,6	6,6	6,0	6,2
Italien	3,4	4,6	4,0	3,9	4,9	5,0
Österreich	4,4	4,5	4,4	4,7	4,4	4,9
Belgien/Luxemburg	3,8	4,6	3,1	3,1	3,3	3,2
Schweden	2,9	3,2	2,4	2,7	2,7	2,7
Spanien	2,0	2,0	2,4	1,7	1,7	2,3
Dänemark	3,0	2,1	1,9	1,8	2,0	2,3
Iran	2,0	.	2,0	2,0	4,1	2,1
Übrige Länder[d)]	44,7	38,9	38,6	36,5	37,2	36,0
Insgesamt in %	100	100	100	100	100	100
in Mill. DM	668	805	1092	1132	1118	1170
Einfuhr aus						
USA	22,0	24,5	24,3	23,1	26,9	29,3
Schweiz	13,8	13,9	15,7	16,0	12,6	13,6
Japan	5,4	5,8	6,0	6,2	8,6	9,9
Großbritannien	9,0	9,3	10,2	12,3	12,5	9,5
Frankreich	18,7	16,0	15,1	11,2	9,3	8,6
Italien	8,2	9,1	8,9	7,8	8,7	7,0
Schweden	4,0	3,7	3,3	4,4	5,0	5,6
Niederlande	4,1	4,0	4,3	5,5	4,0	3,9
Österreich	1,9	.	1,8	2,0	2,5	2,3
Übrige Länder[d)]	12,9	13,7	10,4	11,5	9,9	10,3
Insgesamt in %	100	100	100	100	100	100
in Mill. DM	199	295	326	348	390	479

a) Einschließlich Veredelung. - b) Bis zum Jahresbericht 1983 lautete der Name dieser Fachgruppe: "Feinmechanische Geräte" (nur Änderungen der Bezeichnung). c) Geordnet nach der Höhe der Ausfuhr bzw. Einfuhr im Jahre 1986. - d) Länder deren Anteil am Export bzw. Import im Jahr 1986 kleiner als 2 % war.

Quelle: - Verband der deutschen feinmechanischen und optischen Industrie eV: Jahreszahlen (verschiedene Jahrgänge),
- Berechnungen des Ifo-Instituts.

Tabelle 61

Struktur der Produktion[a)] von Erzeugnissen der Feinmechanik, 1978 bis 1986

Wertanteile in %

Erzeugnisse	Warenklasse bzw. -art	1978	1980	1983	1984	1985	1986
Geräte für Navigation, Hydrologie, Meteorologie	3751	12,5	10,9	12,6	11,4	9,5	9,4
dar.: Kompasse und Kreiselgeräte	3751 10	3,7	2,7	3,0	2,8	2,1	2,2
Meteorologische Geräte	3751 91 - 95	4,9	4,8	5,6	5,0	4,4	4,1
Zeichenmaschinen, Zeichentische, Zeichen- und mathematische Instrumente	3752	10,7	9,5	7,8	7,6	7,1	6,6
dar.: Zeichenmaschinen	3752 325, 329	2,9	2,7	2,2	2,4	2,1	2,0
Zeichentische	3752 35	2,0	1,8	1,6	1,7	1,7	1,6
Präzisionswaagen, geophysikalische Geräte, mechanische Geräte zum Messen von geometrischen Größen	3753	32,9	34,8	31,1	30,9	29,7	30,9
dar.: Präzisionswaagen	3753 11, 15	7,8	8,6	7,8	9,4	8,7	9,6
Lehrdorne, -ringe, Endmaße	3753 81			8,0	7,6	7,2	7,1
Pneumatische Geräte sowie mechanische Geräte und Instrumente	3753 83, 89	22,3	23,8	12,9	12,1	11,9	12,5

Lehrmittel und Laborgeräte	3755	21,0	18,0	22,3	22,7	23,0	25,0
dar.: Physikalische, chemische und technologische Lehrmittel und Modelle sowie sonstige Lehrmittel	3755 11, 19	8,4	7,5	6,2	5,1	4,6	5,3
Zentrifugen für Laboratorien	3755 30	3,1	2,7	3,5	3,4	3,9	4,2
Sonstige Geräte für Laboratorien	3755 80	7,7	5,7	7,7	8,9	9,0	10,1
Andere Feinmechanische Geräte	3759	22,9	26,8	26,2	27,4	30,7	28,1
dar.: Umgebungsluftabhängige Atemschutzgeräte und Zubehör	3759 43	6,0	7,1	11,2	10,3	12,9	11,1
Andere Atmungsgeräte	3759 49	4,1	6,1	5,3	6,8	7,2	6,2
Zubehör, Einzel- und Ersatzteile für andere feinmechanische Geräte	3759 09	6,9	7,4	5,5	6,0	6,5	6,7
Insgesamt in %		100	100	100	100	100	100
in Mill. DM		1053	1287	1364	1521	1823	2007
Produktionsanteil an der feinmechanischen und optischen Industrie in %		11,8	12,6	13,0	13,4	14,1	14,5

a) Betriebe von Unternehmen mit 20 und mehr Beschäftigten einschließlich Handwerk.

Quelle: - Verband der deutschen feinmechanischen und optischen Industrie eV: Jahreszahlen (verschiedene Jahrgänge),
- Berechnungen des Ifo-Instituts.

sowie von Lehrmitteln und Laborgeräten sind gestiegen, jene von Zeichenmaschinen, -tischen und -instrumenten sind gesunken (Tab. 61).

5. Meß- und Automatisierungstechnik

a) Überblick

Der Erzeugnisbereich Meß- und Automatisierungstechnik (früher: Meß- und Regeltechnik) läßt sich grob in vier Gruppen einteilen:

- Betriebsmeßgeräte für Druck und Temperatur (Manometer, Vakuummeter; Metallthermometer, Druck-Thermometer),
- Betriebsmeßgeräte für Drehzahlen (Tachometer, Taxameter, Kilometerzähler, Fahrtenschreiber, Drehzahlmesser),
- Durchflußmeßgeräte (Schwebekörperdurchflußmesser, Gaszähler, Wasserzähler, sonstige Flüssigkeitszähler) sowie
- Regler und Regelanlagen.

Die von der Meß- und Automatisierungstechnik hergestellten Erzeugnisse sind ausschließlich Investitionsgüter und Vorprodukte. Der weitaus wichtigste Abnehmer ist die chemische Industrie, auf die etwa zwei Drittel der Nachfrage entfallen. Im verarbeitenden Gewerbe sind weitere Hauptabnehmer der Maschinen- und Anlagenbau (Drehzahlmesser und Regelgeräte), der Fahrzeugbau (Tachometer, Drehzahlmesser und Sensoren), die Mineralölverarbeitung, die Pharmazie und die Ernährungsindustrie (Prozeßleittechnik). In anderen Bereichen sind wichtige Abnehmer die Energieversorgung, die öffentliche Gas- und Wasserversorgung und der Umweltschutz.

Der Produktionsanteil der Erzeugnisgruppe verringerte sich von 16,8 % (1978) auf 15,0% (1986) wegen des leicht unterdurchschnittlichen Wachstums von 4,1 % (nominal) pro Jahr im Vergleich zum Branchendurchschnitt (5,6 %). Der Exportanteil betrug 14,4 % (1986). An den Importen feinmechanischer und optischer Erzeugnisse waren Produkte der Meß- und Automatisierungstechnik mit 9,6 % beteiligt. Nach einem starken Abbau der Zahl der Beschäftigten im Zeitraum 1978–84 (von 25 000 auf 20 000) stagnierte die Beschäftigung auf einem Niveau von 20 000 (Tab. 62).

In der Meß- und Automatisierungstechnik sind Betriebsmeßgeräte, die – gemessen am Produktionswert 1986 – anteilsmäßig rund zwei Fünftel der Erzeugnisgruppe ausmachen, der bedeutendste Bereich. Mit einem Anteil von einem Sechstel folgen Zähler.

Zu den großen Unternehmen im Erzeugnisbereich Meß- und Automatisierungstechnik gehören die Bopp & Reuther GmbH in Mannheim und die Eckardt AG in Stuttgart.

Tabelle 62

Meß- und Automatisierungstechnik: Entwicklung 1977 bis 1986

Merkmal	Einheit	1977[a]	1978	1979	1980	1981	1982	1983	1984	1985	1986
Produktion[b]	Mill.DM	1 517	1 499	1 545	1 851	1 718	1 612	1 768	1 832	2 039	2 076
Export[c]	Mill.DM	828	846	955	1 074	1 067	1 130	1 110	1 254	1 402	1 476
Inlandsabsatz[d]	Mill.DM	689	653	590	777	651	482	658	578	637	600
Import[c]	Mill.DM	273	296	355	450	478	490	488	504	575	586
Inlandsmarktversorgung	Mill.DM	962	949	945	1 227	1 129	972	1 146	1 082	1 212	1 186
Beschäftigte[e]	1000	25,9	25,0	24,2	26,5	24,8	21,1	20,9	19,9	19,5	20,3
			Kennzahlen								
Produktion je Beschäftigten	1000 DM	58,6	60,0	63,8	69,8	69,3	76,4	84,6	92,1	104,6	102,3
Exportquote[f]	%	54,6	56,4	61,8	58,0	62,1	70,1	62,8	68,4	68,8	71,1
Importquote[g]	%	28,4	31,2	37,6	36,7	42,3	50,4	42,6	46,6	47,4	49,4
Produktion nominal	1978=100	.	100	104	123	115	108	118	122	136	138
			Feinmechanische und optische Industrie[h] = 100								
Produktion je Beschäftigten		.	92	94	94	92	99	100	99	103	96
Exportquote		.	90	97	93	90	90	84	89	81	88
Importquote		.	63	73	71	72	75	65	68	63	70

a) Wegen der unterschiedlichen Abgrenzung des Berichtskreises (Produktion und Beschäftigung 1977 ohne Handwerk) ist das Jahr 1977 nicht mit späteren Jahren vergleichbar. - b) Betriebe von Unternehmen mit 20 und mehr Beschäftigten, ab 1978 einschließlich Handwerk. - c) Ohne Veredelung. - d) Inlandsabsatz aus inländischer Produktion (inklusive Lagerveränderungen). - e) 1977 ohne Handwerk, ab 1978 einschließlich Handwerk. - f) Anteil des Exports an der Produktion. - g) Anteil des Imports an der In- landsmarktversorgung. - h) Feinmechanische und optische Industrie nach Wertangaben des Statistischen Bundesamts = 100.

Quelle: - Verband der deutschen feinmechanischen und optischen Industrie eV: Jahreszahlen (verschiedene Jahrgänge),
- Statistisches Bundesamt: Fachserie 17, Reihen 2 und 8,
- Berechnungen des Ifo-Instituts.

b) Nachfrage und ihre wichtigsten Einflußgrößen

Im Zeitraum 1978 bis 1986 ist die Inlandsnachfrage, gemessen an der Inlandsmarktversorgung, mit rund 3% (nominal) im Durchschnitt der Jahre gestiegen (1986: 1,2 Mrd. DM), der Inlandsabsatz aus inländischer Produktion ist jedoch – bei Schwankungen im Zeitablauf – gesunken (1986: 0,6 Mrd. DM). Die Inlandsnachfrage wurde also in zunehmendem Maß durch importierte Erzeugnisse gedeckt (Tab. 62). Die Importquote erhöhte sich von 31% (1978) auf fast 50% (1986). Wegen des konjunkturellen Einbruchs zu Beginn der achtziger Jahre, als die Investitionstätigkeit in fast allen Abnehmerbereichen, insbesondere aber beim Hauptabnehmer, der Chemie, zurückgegangen war, kam es zu Nachfragerückgängen. Ab 1983 belebte sich die Nachfrage wieder.

Unter ihrem qualitativen Aspekt nimmt die Meß- und Automatisierungstechnik eine bemerkenswerte Schlüsselposition ein. Geräte der Meß- und Automatisierungstechnik finden sich in fast allen Gebieten: In der Industrie bei der Automatisierung von Prozeßabläufen, in der Versorgung mit Energie, Wasser und Gas oder im Umweltschutz.

In der Industrie zwangen steigende Produktionskosten und wachsende Anforderungen an die Umweltneutralität von Produktion und Produkten zu verstärkter Automatisierung mit genauen und sicheren Systemen. Die industrielle Qualitätskontrolle, z.B. durch CNC-Mehrkoordinaten-Meßroboter (computerized numerical control), hat zunehmend Bedeutung erlangt.

Der Erzeugnisbereich Meß- und Automatisierungstechnik hat zahlreiche Neuentwicklungen auf den Markt gebracht, beispielsweise bei Analysegeräten und Prozeßleitsystemen, bei Meßgeräten, -umformern und -systemen[13] sowie der Sensorik. Besondere Fertigungsverfahren wurden eingeführt, wie das Elektronen- und Laserstrahl-Schweißen oder das Ultraschall- und Mikrofügeverfahren.

Zur Erhaltung der Wettbewerbsfähigkeit haben viele Unternehmen (z.B. in der chemischen Industrie) ihre bereits vorhandenen Anlagen mit Erzeugnissen der Meß- und Automatisierungstechnik verbessert und so mit verhältnismäßig geringem Aufwand eine erhöhte Produktion, bessere Produktqualität, eine flexible Umstellbarkeit des Prozeßablaufs und meist eine Erhöhung der Sicherheit und Lebensdauer der Anlagen erreicht.

Der Einsatz der Elektronik bei Meßgeräten hat dazu geführt, daß mit der Zeit einzelne Geräte, die ursprünglich als Erzeugnisse der Feinmechanik/Optik galten, statistisch der Elektroindustrie zugeordnet wurden. Eine Untersuchung der

---

[13] Als Beispiel für integrierte Meßsysteme sei die Volumenmessung mit Druck- oder Temperaturkompensation oder auch die indirekte Ermittlung der Masse durch die Messung von Dichte, Volumen und Temperatur genannt. (Vgl. An der Schwelle zur intelligenten Armatur, in: cav High-Tech, Oktober 1987, S. 11 ff.)

Meßgeräteindustrie in der Bundesrepublik Deutschland[14] kam zu dem Ergebnis, daß im Zeitraum von 1980 bis 1986 der Anteil der feinmechanischen und optischen Meßgeräte abgenommen und jener der elektrischen sich erhöht hat. Darin kommt die abnehmende Bedeutung feinmechanischer und optischer Meßgeräte zum Ausdruck, die sich in der veränderten Nachfrage, aber auch in der teilweise veränderten statistischen Zuordnung niederschlägt. Nach den wichtigsten Meßgerätearten ergab sich für die Jahre 1980 und 1986 folgende Produktionsstruktur (Anteile in %):

Meßgeräteart	1980	1986
– Feinmechanische Meßgeräte	19,9	15,9
– Optische Meßgeräte	3,4	4,9
– Feinmechanische und optische Meßgeräte	23,3	20,8
– Elektrische Meßgeräte	33,1	44,8

Elektrische Meßgeräte[15] hatten von 1978 bis 1986 einen durchschnittlichen Zuwachs von 10% (nominal) pro Jahr, jene im Bereich Feinmechanik/Optik (hier: Meß- und Automatisierungstechnik) einen Zuwachs von 4,1 % (Tab. 46).

c) Außenhandel

Die *Ausfuhren* der Meß- und Automatisierungstechnik sind im Berichtszeitraum (1977–86) auf den 1,8fachen Wert (nominal) gewachsen (1986: 1,5 Mrd. DM) und damit etwas geringer als der Durchschnitt der Branche (2,1facher Wert). Die Exportquote erhöhte sich – bei Schwankungen im Zeitablauf – von 56% auf 71%. Der Erzeugnisbereich ist etwas weniger exportintensiv als die Branche im Durchschnitt (Tab. 62). Allerdings ist zu berücksichtigen, daß gerade in der Meß- und Automatisierungstechnik die Exporte tatsächlich weit höher veranschlagt werden müssen als hier ausgewiesen, da viele Produkte als Komponenten in andere, für den Export bestimmte Er-

[14] Deutsches Institut für Wirtschaftsforschung (DIW): Die volkswirtschaftliche Bedeutung des physikalisch-technischen Meßwesens (Metrologie) in einem modernen Industriestaat. Berlin, Juni 1986. Als Kurzfassung wiedergegeben unter dem Titel: Meßgeräte in der Bundesrepublik Deutschland, in: DIW-Wochenbericht, 46/87, 12. Nov. 1987, S. 634 ff.

[15] Hier definiert als Güterklassen 3672, 3673, 3675 und 3677, zur Elektroindustrie gehörend.

zeugnisse (z.B. Fahrzeuge oder Maschinen) eingehen und so als sogenannte „indirekte Exporte“ ins Ausland geliefert werden.

Die Stellung der Erzeugnisse der Meß- und Automatisierungstechnik auf dem Weltmarkt kann im einzelnen nicht beschrieben werden. Die Statistik in der SYPRO-Systematik faßt Feinmechanik sowie Meß- und Automatisierungstechnik zusammen. Zum Ergebnis, im Abschnitt „Feinmechanik“ beschrieben (20% deutscher Lieferanteil am Weltexport) haben beide Erzeugnisbereiche beigetragen (Tab. 45).

Bei Erzeugnissen der Meß- und Automatisierungstechnik sind die *Einfuhren* (1977–86) auf gut den doppelten Wert (1986: 0,6 Mrd. DM) gestiegen und damit (nominal) etwas stärker als die Ausfuhren. Die Importquote, die 1978 noch bei 31 % lag, belief sich 1986 auf rund 50 %.

Die *Ausfuhren* gelangten zum überwiegenden Teil in westeuropäische Länder (Frankreich 13,1 %, Niederlande 9,0 %, Großbritannien 8,1 %). Unter den überseeischen Abnehmern haben nur die USA (12,9 %) eine Bedeutung (Tab. 63). Bemerkenswert ist, daß fast ein Viertel der Exporte auf Länder entfiel, deren Abnahmeanteil jeweils kleiner als 2 % war. Der Abnahmeanteil der USA hat sich im Zeitablauf fast verdoppelt. Ansonsten ist die Strukturverschiebung gering.

Der größte Teil der *Einfuhren,* nämlich 70 % (1986), wurde aus nur fünf westeuropäischen Ländern bezogen (Großbritannien, Schweiz, Frankreich, Niederlande, Italien). Auch bei den Einfuhren gab es nur wenige Veränderungen bei der Struktur (sinkender Lieferanteil der USA) im Zeitablauf (Tab. 63).

Auffallend ist, daß Japan weder als Kunde noch als Lieferant von Erzeugnissen der Meß- und Automatisierungstechnik in Erscheinung tritt (in der Abgrenzung eines Abnehmer- bzw. Lieferanteils von mehr als 2 %). Der Grund hierfür ist, daß Erzeugnisse der Meß- und Automatisierungstechnik sehr beratungsintensiv sind, daß also eigene Produktions- oder Vertriebsstätten vor Ort nötig wären.

d) Produktion

In der Meß- und Automatisierungstechnik ist die Produktion von 1,5 Mrd. DM (1978) auf 2,1 Mrd. DM (1986) gestiegen. Dies entspricht einem jährlichen Zuwachs von 4,1 % (nominal) im Durchschnitt der Jahre. Das Ergebnis wäre höher, wenn sich in einigen Bereichen die statistische Zuordnung nicht zugunsten der Elektroindustrie geändert hätte. Die Produktionsstruktur weist im Zeitablauf (1978–86) eine große Konstanz auf (Tab. 64).

Tabelle 63

Regionale Struktur des Außenhandels[a] mit Erzeugnissen der Meß- und Automatisierungstechnik[b], 1977 bis 1986

Wertanteile in %

Land[c]	1977	1980	1983	1984	1985	1986
Ausfuhr nach						
Frankreich	14,9	15,5	15,0	14,2	13,3	13,1
USA	6,4	6,0	6,9	10,0	11,1	12,9
Niederlande	10,2	8,8	9,6	9,6	9,6	9,0
Großbritannien	5,2	9,1	8,6	8,0	8,0	8,1
Italien	6,7	8,5	6,4	6,2	6,4	6,9
Österreich	5,9	5,9	5,4	5,6	5,6	5,9
Schweden	7,7	7,9	7,8	6,8	5,9	5,4
Schweiz	5,6	6,2	4,6	5,2	5,2	5,3
Belgien/Luxemburg	6,0	5,3	4,5	4,5	4,4	4,7
Spanien	1,9	1,6	1,8	2,2	2,6	2,6
Dänemark	2,7	2,4	2,5	2,6	2,7	2,6
Übrige Länder[d]	26,8	22,8	26,9	25,1	25,2	23,5
Insgesamt in %	100	100	100	100	100	100
in Mill. DM	828	1083	1118	1261	1413	1486
Einfuhr aus						
Großbritannien	15,7	17,4	18,9	18,8	19,4	19,2
Schweiz	14,0	14,9	15,3	15,4	13,9	16,5
Frankreich	13,4	17,2	17,3	15,1	15,6	12,8
Niederlande	13,8	11,7	9,7	10,1	10,5	11,7
Italien	11,1	11,0	11,0	10,8	9,9	9,5
USA	11,8	9,2	10,7	10,5	10,2	7,7
Österreich	4,9	3,6	4,4	5,6	5,6	6,3
Dänemark	4,4	4,2	3,4	3,2	3,0	3,0
Belgien/Luxemburg	1,7	1,1	1,4	1,7	1,7	2,1
Übrige Länder[d]	9,2	9,7	7,9	8,8	10,2	11,2
Insgesamt in %	100	100	100	100	100	100
in Mill. DM	292	462	504	520	594	604

a) Einschließlich Veredelung. - b) Bis zum Jahresbericht 1983 lautete der Name dieser Fachgruppe: "Meß- und Regeltechnik" (nur Änderungen der Bezeichnung). c) Geordnet nach der Höhe der Ausfuhr bzw. Einfuhr im Jahre 1986. - d) Länder deren Anteil am Export bzw. Import im Jahr 1986 kleiner als 2 % war.

Quelle: - Verband der deutschen feinmechanischen und optischen Industrie eV: Jahreszahlen (verschiedene Jahrgänge),
- Berechnungen des Ifo-Instituts.

Tabelle 64

Struktur der Produktion[a)] von Erzeugnissen der Meß- und Automatisierungstechnik, 1978 bis 1986

Wertanteile in %

Erzeugnisse	Warenklasse bzw. -art	1978	1980	1983	1984	1985	1986
Betriebsmeßgeräte	3754 21 - 67	60,0	63,3	66,3	64,6	61,9	61,2
dar.: Geschwindigkeits- und Drehzahlmesser, Taxameter, Touren-, Produktions- und andere Zähler	3754 21, 25	22,7	24,7	23,7	20,3	18,8	18,6
Temperaturmeßumformer	3754 31	6,7 (zus. mit 3754 34)	6,7 (zus. mit 3754 34)	3,4	3,7	3,7	3,7
Thermometer mit und ohne Schalteinrichtung	3754 34			4,1	4,2	4,0	4,1
Druck- und Differenzdruckmeßgeräte	3754 51	17,3 (zus. mit 3754 55)	16,5 (zus. mit 3754 55)	16,1	17,3	16,7	16,5
Druck- und Differenzdruckmeßumformer	3754 55			2,8	3,2	3,8	4,4
Schwebekörperdurchflußmeßgeräte	3754 64	3,5	3,5	3,1	3,2	3,5	3,3
Sonstige Betriebsmeßgeräte	3754 67	2,8	5,0	10,4	9,3	8,4	7,9

Zähler	3754 71 - 79	16,6	16,8	16,4	17,1	16,7	16,8
dav.: Gaszähler	3754 71	6,7	8,6	3,6	3,9	3,5	5,2
Hauswasserzähler	3754 72	4,4	3,0	5,2	5,9	5,2	4,2
Großwasserzähler	3754 75	2,2	1,9	2,7	2,4	2,9	2,4
Sonstige Flüssigkeitszähler	3754 79	3,3	3,3	4,9	4,9	5,1	5,0
Regler und Regelanlagen	3754 90	13,3	9,2	7,7	8,1	8,7	8,9
Zubehör, Einzel- und Ersatzteile	3754 07, 08	10,1	10,7	9,6	10,2	12,7	13,1
dav.: Für Gas- und Flüssigkeitszähler	3754 07	10,1	10,7	4,0	4,2	5,3	6,2
Für Betriebsmeß- und Regelgeräte	3754 08			5,6	6,0	7,4	6,9
Insgesamt in %		100	100	100	100	100	100
in Mill. DM		1499	1851	1768	1832	2039	2076
Produktionsanteil an der feinmechanischen und optischen Industrie in %		16,8	18,1	16,9	16,1	15,8	15,0

a) Betriebe von Unternehmen mit 20 und mehr Beschäftigten einschließlich Handwerk.

Quelle: - Verband der deutschen feinmechanischen und optischen Industrie eV: Jahreszahlen (verschiedene Jahrgänge),
- Berechnungen des Ifo-Instituts.

6. Medizintechnik

a) Überblick

Der Erzeugnisbereich Medizintechnik (früher: Medizinmechanik) umfaßt folgende Produkte:

- Medizinische Untersuchungsgeräte (Endoskope, Blutdruckmesser, Geräte für antropometrische Untersuchungen),
- ärztliche, zahnärztliche und tierärztliche Instrumente (Spritzen, Blutübertragungsbestecke, Kanülen, Wundnadeln, chirurgische Instrumente, Bohrinstrumente),
- Behandlungsgeräte (Inhalationsapparate, Narkosegeräte, Operationstische, Behandlungsstühle, Sterilisiergeräte),
- orthopädische Erzeugnisse (Gummistrümpfe, Bandagen, Stützapparate, Glieder-, Zahn- und sonstige Prothesen).

Medizintechnische Geräte und Einrichtungen werden ausschließlich für das Gesundheitswesen hergestellt. Der größere Teil der Erzeugnisse besteht aus Ausrüstungsgütern für Arztpraxen und Krankenhäuser.

Die Medizintechnik gehörte im betrachteten Zeitraum (1978–86) zu den überproportional wachsenden Bereichen der Feinmechanik/Optik. Der Anstieg der Produktion (nominal) betrug durchschnittlich 6,9 % pro Jahr (Branche insgesamt 5,6 %). Der Produktionsanteil der Medizintechnik, des größten Erzeugnisbereichs der feinmechanischen und optischen Industrie, erhöhte sich von knapp 30 % auf fast 33 %. An den Exporten der Branche haben medizintechnische Erzeugnisse einen Anteil von 26 %, bei den Importen liegt der Anteil bei rund 20 % (Tab. 47 und 49).

Bei überdurchschnittlichem Anstieg der Produktion wurde die Beschäftigung nur unwesentlich ausgeweitet, nämlich um rund 3 000 Personen (1986: 41 200 Beschäftigte). Durch erhebliche Rationalisierungsanstrengungen des Erzeugnisbereichs, dessen Produktionstechnik in vielen Fällen noch durch handwerkliche Arbeitsweise geprägt ist, verzeichnete die Produktion je Beschäftigten jedoch einen Anstieg auf den 1,6fachen Wert (109 600 DM) im Zeitraum 1978 bis 1986 (Tab. 65).

Von den Erzeugnissen der Medizintechnik entfallen – gemessen am Produktionswert von 1986 – fast zwei Fünftel auf medizinische Untersuchungsgeräte und Instrumente, etwa ein Fünftel auf „andere medizinische Geräte“, wie Krankenfahrstühle oder Behandlungsstühle, und weitere zwei Fünftel auf Erzeugnisse der Orthopädiemechanik.

Zu den größeren Unternehmen des Bereichs zählen die Aesculap Werke AG in Tuttlingen und die Stierlen-Marquet AG in Rastatt.

Medizintechnik: Entwicklung 1977 bis 1986

Merkmal	Einheit	1977[a)]	1978	1979	1980	1981	1982	1983	1984	1985	1986
Produktion[b)]	Mill.DM	1 244	2 648	2 998	3 326	3 540	3 570	3 694	4 043	4 360	4 516
Export[c)]	Mill.DM	770	864	938	987	1 208	1 367	1 491	1 735	2 481	2 680
Inlandsabsatz[d)]	Mill.DM	474	1 784	2 060	2 339	2 332	2 203	2 203	2 308	1 879	1 836
Import[c)]	Mill.DM	433	504	578	686	779	826	891	1 049	1 206	1 230
Inlandsmarktversorgung	Mill.DM	907	2 288	2 638	3 025	3 111	3 029	3 094	3 357	3 085	3 066
Beschäftigte[e)]	1000	16,9	38,3	39,6	41,5	41,6	41,4	39,5	39,6	40,6	41,2
			Kennzahlen								
Produktion je Beschäftigten	1000 DM	73,6	69,1	75,7	80,1	85,1	86,2	93,5	102,1	107,4	109,6
Exportquote[f)]	%	61,9	32,6	31,3	29,7	34,1	38,3	40,4	42,9	56,9	59,3
Importquote[g)]	%	47,7	22,0	21,9	22,7	25,0	27,3	28,8	31,2	39,1	40,1
Produktion nominal	1978=100	.	100	113	126	134	135	140	153	165	171
Erzeugerpreisindex für den Inlandsabsatz	1980=100	.	.	.	100	105	110	114	116	119	122
Index der Verkaufspreise für Ausfuhrgüter	1980=100	87	90	95	100	104	110	115	119	123	128
			Feinmechanische und optische Industrie[h)] = 100								
Produktion je Beschäftigten		.	106	112	108	113	111	110	109	106	103
Exportquote		.	52	49	48	50	49	54	56	67	74
Importquote		.	45	43	44	43	41	44	46	52	57

a) Wegen der unterschiedlichen Abgrenzung des Berichtskreises (Produktion und Beschäftigung 1977 ohne Handwerk) ist das Jahr 1977 nicht mit späteren Jahren vergleichbar. – b) Betriebe von Unternehmen mit 20 und mehr Beschäftigten, ab 1978 einschließlich Handwerk. – c) Ohne Veredelung. – d) Inlandsabsatz aus inländischer Produktion (inklusive Lagerveränderungen). – e) 1977 ohne Handwerk, ab 1978 einschließlich Handwerk. – f) Anteil des Exports an der Produktion. – g) Anteil des Imports an der Inlandsmarktversorgung. – h) Feinmechanische und optische Industrie nach Wertangaben des Statistischen Bundesamts = 100.

Quelle: – Verband der deutschen feinmechanischen und optischen Industrie eV: Jahreszahlen (verschiedene Jahrgänge),
– Statistisches Bundesamt: Fachserie 17, Reihen 2 und 8,
– Berechnungen des Ifo-Instituts.

b) Nachfrage und ihre wichtigsten Einflußgrößen

Bei den Erzeugnissen der Medizintechnik stieg die Inlandsnachfrage, gemessen an der Inlandsmarktversorgung, im Zeitraum 1978 bis 1986 mit 3,7 % (nominal) im Durchschnitt der Jahre wesentlich stärker als der Inlandsabsatz aus inländischer Produktion, der kaum einen Zuwachs verzeichnete (0,3 % pro Jahr). Den ausländischen Herstellern gelang es also in verstärktem Umfang, ihre Erzeugnisse auf dem Markt der Bundesrepublik abzusetzen.

Im Untersuchungszeitraum sind die Ausgaben im Gesundheitswesen überaus stark gestiegen. Die Krankenkassenbeiträge mußten mehrfach angehoben werden. Die Kostenexplosion im Gesundheitswesen wird als typisches Phänomen für eine Wohlstandsgesellschaft angesehen. Medizinischer Fortschritt, Ausbau der Leistungen sowie Vermehrung des Personals und der Einrichtungen wurden von der veränderten Einstellung der nach dem Zweiten Weltkrieg aufgewachsenen Wohlstandsmenschen angefacht, für die die Gesundheit in einem bisher nicht erreichten Maß zum Kriterium von Lebensqualität wurde.[16]

Die veränderte Einstellung der Gesellschaft zur Gesundheit hat dazu geführt, daß die Angebotskapazitäten sehr stark ausgeweitet wurden. So stieg die Zahl der berufstätigen Ärzte im untersuchten Zeitraum von 1977 (32 000) bis 1985 (38 000) wie schon seit Mitte der sechziger Jahre deutlich an. Die Zahl der berufstätigen Zahnärzte erhöhte sich (von 8 300 auf 11 800).[17] Die Zahl der im Gesundheitswesen tätigen Personen ist insgesamt noch stärker gewachsen als die Zahl der Ärzte. Mit der Zahl der die Gesundheitsleistungen erbringenden Personen ging eine Zunahme der Sachkapitalausstattung einher. Der durchschnittliche Wert der Praxiseinrichtung stieg beispielsweise zwischen 1975 und 1983 bei Ärzten von 46 500 DM auf 52 200 DM, bei Zahnärzten von 68 900 DM auf 78 500 DM. Auch im Bereich der materiellen Infrastruktur der Krankenhäuser war eine wesentliche Zunahme zu verzeichnen.[18]

Der Erzeugnisbereich Medizintechnik hat von der oben geschilderten Entwicklung profitiert. Das Kostendämpfungsgesetz im Gesundheitswesen hatte allerdings einen negativen Einfluß auf die Nachfrageentwicklung.

Zum medizinischen Fortschritt und damit zum Nachfragewachstum hat die Medizintechnik selbst durch eine Reihe innovativer Leistungen beigetragen. Als Beispiele[19] seien hier Geräte zur Erkennung, Messung und Überwachung von

---

[16] Vgl. Die „Technische Revolution" in der Medizin gibt es nicht zum Nulltarif, in: Handelsblatt, 1. April 1986.

[17] Statistisches Bundesamt: Statistisches Jahrbuch für die Bundesrepublik Deutschland (verschiedene Jahrgänge).

[18] Vgl. W. Wittig und M. Partsch: Verliert das „Unternehmen" Arztpraxis an Attraktivität? Kostenstrukturerhebung 1983: Überhöhte Kapazitäten erhöhen den Kostendruck, in: Die Ortskrankenkasse 8/1986, S. 223.

[19] Zu den hier beschriebenen Innovationen vgl. Verband der deutschen feinmechani-

Narkosegas in der Anästhesie genannt, der Einsatz der Lasertechnik in der Ophthalmologie, Therapiekammern in der hyperbaren Medizin oder die myoelektronische Steuerung von künstlichen Gliedern, die in der Orthopädietechnik verwendet wird. Es wurde schon erwähnt, daß einem Unternehmen der Medizintechnik im Jahr 1986 der Innovationspreis der deutschen Wirtschaft für eine bemerkenswerte Entwicklung, die mitwachsende Prothese, verliehen wurde.

In diesem Zusammenhang ist darauf hinzuweisen, daß elektromedizinische Geräte und Einrichtungen[20], wie beispielsweise Röntgengeräte, Geräte zur Elektrodiagnose oder -chirurgie (einschließlich Laserchirurgiegeräte) in weit stärkerem Maße von der Nachfragesteigerung im Gesundheitswesen profitiert haben als die medizintechnischen Geräte aus dem Bereich der Feinmechanik/Optik. Im Zeitraum 1978 bis 1986 verzeichneten elektromedizinische Geräte und Einrichtungen (hier gemessen an den nominalen Produktionswerten) einen durchschnittlichen Zuwachs von 12% pro Jahr (von 1,7 auf 4,2 Mrd. DM), jene aus der Medizintechnik der Feinmechanik/Optik jedoch nur einen Anstieg von rund 7% pro Jahr (von 2,6 auf 4,5 Mrd. DM). Mitbedingt ist dies allerdings auch durch die schon angesprochene Veränderung in der statistischen Zuordnung von Erzeugnissen.

c) Außenhandel

Die *Ausfuhren* der Medizintechnik sind im Berichtszeitraum 1977–86 auf den 3,5fachen Wert (nominal) gestiegen (1986: 2,7 Mrd. DM) und damit wesentlich stärker als im Durchschnitt der Branche (2,1facher Wert). Die Exportquote hat sich von rund 33% (1978) auf fast 60% (1986) erhöht. Im Jahr 1985 konnten die Hersteller von medizintechnischen Erzeugnissen einen Exportboom verzeichnen, als der Wert der Ausfuhr um 43% gegenüber dem Vorjahr angestiegen war. Wachstumsträger im Export waren in jenem Jahr Geräte für Ozon-, Sauerstoff- und Aerosoltherapie, die insbesondere in die USA geliefert wurden.

Geräte und Einrichtungen der deutschen Medizintechnik haben auf dem Weltmarkt eine gute Position. Der Lieferanteil der bundesdeutschen Hersteller lag 1986 mit 16% an zweiter Stelle nach den USA (31%). Es wurde schon erwähnt, daß innerhalb der feinmechanischen und optischen Industrie die Konkurrenz der Niedriglohnländer besonders im Bereich der Medizintechnik

---

schen und optischen Industrie eV: Deutsche Feinmechanik und Optik, Qualität und Präzision, Köln, o.J., S. 18 f.

[20] Als elektromedizinische Geräte und Einrichtungen bezeichnet man solche, bei denen der Strom heilt oder diagnostiziert (Güterklasse 3681, zur Elektroindustrie gehörend).

Tabelle 66

Regionale Struktur des Außenhandels[a)] mit Erzeugnissen der Medizintechnik[b)], 1977 bis 1986

Wertanteile in %

Land[c)]	1977	1980	1983	1984	1985	1986
Ausfuhr nach						
USA	14,7	14,2	15,2	18,5	26,5	28,4
Frankreich	7,0	8,0	7,5	7,6	6,6	7,1
Italien	4,6	7,8	6,3	6,8	6,7	6,0
Japan	3,0	3,8	3,2	4,0	4,2	5,6
Österreich	5,6	6,3	6,2	5,9	5,0	5,0
Schweiz	4,9	6,2	5,6	5,9	4,8	4,6
Niederlande	6,9	7,1	5,8	5,6	4,7	4,4
Spanien	3,8	2,7	2,6	2,3	3,3	3,1
Großbritannien	2,2	2,6	3,2	3,6	3,2	2,9
Belgien/Luxemburg	4,7	4,4	3,0	2,9	2,5	2,8
Schweden	3,4	3,7	3,3	3,2	2,7	2,5
Übrige Länder[d)]	39,2	33,2	38,1	33,7	29,8	27,6
Insgesamt in %	100	100	100	100	100	100
in Mill. DM	770	997	1512	1756	2506	2708
Einfuhr aus						
USA	19,6	21,3	23,4	25,3	25,7	21,4
Schweiz	14,7	18,4	17,1	17,0	16,4	17,2
Japan	9,4	8,9	8,8	9,6	9,7	10,2
Frankreich	7,2	7,2	7,3	6,6	6,9	9,0
Italien	7,3	6,4	6,0	5,7	5,7	6,2
Großbritannien	6,3	5,6	4,9	5,2	5,8	6,1
Niederlande	8,4	6,0	5,5	5,1	4,7	4,9
Schweden	6,8	5,9	5,9	4,5	4,2	4,8
Irland	3,2	3,5	4,6	5,2	5,1	3,9
Dänemark	3,1	2,9	3,6	3,4	3,0	3,1
Malaysia	0,9	0,9	1,8	2,6	3,2	3,0
Belgien/Luxemburg	5,4	4,6	2,4	2,2	2,1	2,5
Österreich	2,2	3,0	2,5	2,0	1,9	2,1
Übrige Länder[d)]	5,5	5,4	6,2	5,6	5,6	5,6
Insgesamt in %	100	100	100	100	100	100
in Mill. DM	445	701	920	1079	1254	1268

a) Einschließlich Veredelung. - b) Bis zum Jahresbericht 1983 lautete der Name dieser Fachgruppe: "Medizinmechanik" (nur Änderungen der Bezeichnung). c) Geordnet nach der Höhe der Ausfuhr bzw. Einfuhr im Jahre 1986. - d) Länder deren Anteil am Export bzw. Import im Jahr 1986 kleiner als 2 % war.

Quelle: - Verband der deutschen feinmechanischen und optischen Industrie eV: Jahreszahlen(verschiedene Jahrgänge),
- Berechnungen des Ifo-Instituts.

stark ist (Tab. 45) und daß im Zeitablauf (1978–86) die Schwellenländer ihren Anteil am Weltexport mit medizintechnischen Geräten erhöhen konnten.

Die *Einfuhren* medizintechnischer Erzeugnisse sind von 1977 bis 1986 (nominal) schwächer als die Ausfuhren, nämlich auf den 1,8fachen Wert (1986: 1,2 Mrd. DM) angestiegen. Die Importquote hat sich von 22 % (1978) auf 40 % (1986) erhöht. Der Erzeugnisbereich Medizintechnik ist weniger außenhandelsintensiv als die Branche im Durchschnitt. Dies gilt für die Ausfuhr und die Einfuhr. Im Untersuchungszeitraum lag die durchschnittliche Exportquote bei nur 55 % und die Importquote bei nur 46 % der Quote der Branche.

Die regionale Struktur des Außenhandels mit medizintechnischen Erzeugnissen zeigt die Dominanz der USA als Abnehmer und als Lieferland. Von den *Ausfuhren* gingen 1986 rund 28 % in die USA (Tab. 66). Mit Abstand folgen westeuropäische Länder (Frankreich, Italien und Österreich) sowie Japan, die Abnahmeanteile von 5 bis 7 % hatten. Da medizintechnische Erzeugnisse weltweit benötigt werden, gingen rund drei Zehntel der Ausfuhren in eine Vielzahl von Ländern, deren einzelner Abnahmeanteil jedoch unter 2 % lag.

Von den *Einfuhren* kam 1986 gut ein Fünftel aus den USA (Tab. 66). Weitere wichtige Lieferanten sind die Schweiz (17,2 %), Japan (10,2 %) und Frankreich (9,0 %). Bemerkenswert ist, daß das asiatische Schwellenland Malaysia seinen Lieferanteil im untersuchten Zeitraum verdreifachen konnte (1986: 3 %).

d) Produktion

Die Produktion von medizintechnischen Erzeugnissen ist im Zeitraum 1978 bis 1986 (nominal) kontinuierlich gestiegen, nämlich von 2,6 auf 4,5 Mrd. DM. Dies entspricht einem durchschnittlichen Zuwachs von 6,9 % pro Jahr. Dieses Ergebnis wäre höher, hätte sich nicht in einigen Bereichen die statistische Zuordnung zugunsten der Elektroindustrie geändert. Die Produktionsstruktur hat sich im Zeitablauf insofern verändert, als der Anteil von medizinischen Untersuchungsgeräten (von 6,7 auf 9,6 %), der Anteil von ärztlichen, zahnärztlichen und tierärztlichen Instrumenten (von 22,2 auf 28,3 %) und der Anteil anderer medizinischer Geräte (von 16,3 auf 20,4 %) zugenommen hat (Tab. 67). Erzeugnisse der Orthopädiemechanik (darunter insbesondere Zahnprothesen) haben sich anteilsmäßig von 54,8 auf 41,7 % verringert. Hier zeigen sich die Wirkungen des mehrfach erwähnten Kostendämpfungsgesetzes im Gesundheitswesen, das Einschränkungen bei Heil- und Hilfsmitteln sowie beim Zahnersatz brachte.

Tabelle 67

Struktur der Produktion[a] von Erzeugnissen der Medizintechnik, 1978 bis 1986

Wertanteile in %

Erzeugnisse	Warenklasse bzw. -art	1978	1980	1983	1984	1985	1986
Medizinische Untersuchungsgeräte	3761	6,7	5,4	7,0	7,3	8,5	9,6
dar.: Körperhöhlenbetrachtungsgeräte	3719 20	2,9	2,9	4,1	4,2	4,9	5,2
Ärztliche, zahnärztliche und tierärztliche Instrumente	3763	22,2	22,3	25,3	27,4	27,5	28,3
dar.: Bluttransfusions- und Infusionsgeräte	3763 15	0,6	3,6	5,8	7,8	7,8	8,1
Sonstige ärztliche und tierärztliche Instrumente	3763 40	8,9	7,4	7,8	7,9	7,6	8,0
Sonstige zahnärztliche Instrumente	3763 80	5,1	4,5	4,2	4,1	4,7	4,5
Andere medizinische Geräte einschl. Krankenfahrstühle	3765	16,3	16,0	20,1	19,6	20,3	20,4
dar.: Geräte zur Inhalation, Aerosol- und Sauerstofftherapie	3765 10	3,3	3,6	4,4	5,8	6,8	6,6
Spezialtische, -bänke und -stühle	3765 41	3,9	2,3	2,1	1,9	2,2	2,2

Sonstige medizinisch-chirurgische Möbel	3765 49	2,7	3,5	2,9	2,8	3,0	2,6
Erzeugnisse der Orthopädiemechanik	3767	54,8	56,3	47,6	45,7	43,7	41,7
dar.: Medizinische Kompressionsstrümpfe	3767 11	2,0	2,0	2,1	2,1	2,0	2,1
Orthopädische Paßteile für künstliche Glieder	3767 51	2,4	2,4	1,7	1,9	1,8	1,8
Künstliche Glieder endgeformt	3767 55			0,8	0,9	1,1	1,1
Zahnprothesen	3767 71	45,0	47,1	33,5	31,0	28,2	25,8
Teile für Zahn- und Kieferprothetik	3767 75			3,5	3,5	4,1	3,3
Implantate	3767 81	1,6	1,7	1,6	1,7	1,9	2,4
Sonstige orthopädiemechanische Erzeugnisse	3767 85			1,0	1,2	1,0	1,4
Insgesamt in %		100	100	100	100	100	100
in Mill. DM		2648	3326	3694	4043	4360	4516
Produktionsanteil an der feinmechanischen und optischen Industrie in %		29,7	32,5	35,2	35,6	33,7	32,6

a) Betriebe von Unternehmen mit 20 und mehr Beschäftigten einschließlich Handwerk.

Quelle: - Verband der deutschen feinmechanischen und optischen Industrie eV: Jahreszahlen (verschiedene Jahrgänge),
- Berechnungen des Ifo-Instituts.

KAPITEL V

Entwicklungstendenzen in der feinmechanischen und optischen Industrie

1. Entwicklungstendenzen in der Branche insgesamt

Die Prognoseergebnisse für die feinmechanische und optische Industrie basieren einerseits auf einem sogenannten Top-down-Ansatz, bei dem die Branchenentwicklung von gesamtwirtschaftlichen Leitdaten abgeleitet wurde. Andererseits wurde – zur Kontrolle – die voraussichtliche Entwicklung der einzelnen Erzeugnisgruppen geschätzt und die Schätzergebnisse zusammengefaßt (sogenannter Bottom-up-Ansatz).

Wie dargestellt, entfallen der größte Teil der Erzeugnisse in der Augenoptik und ein Teil der Erzeugnisse im Bereich Foto- und Videotechnik auf den privaten Verbrauch. Die Ausgaben für Meß- und Automatisierungstechnik, Medizintechnik sowie für den größten Teil der optischen und feinmechanischen Produkte sind in den Anlageinvestitionen enthalten. Deshalb wurde für den Top-down-Ansatz zunächst die Entwicklung der Inlandsmarktversorgung aus den Leitvariablen für die Bundesrepublik (Ausrüstungsinvestitionen, privater Verbrauch) bestimmt. Hieraus wurde der Import unter Berücksichtigung globaler Einflüsse auf die Importquote abgeleitet. Die Ausfuhren der Branche wurden aus dem gesamtwirtschaftlichen Export, einem Zeittrend und anderen Einflußgrößen (z.B. gegenwärtige Außenhandelsposition) abgeleitet.

Nach den Projektionen des Ifo-Instituts wird angenommen, daß die gesamtwirtschaftlichen Ausrüstungsinvestitionen bis zum Jahr 1995 im Durchschnitt pro Jahr um 3 bis 4 % (real) wachsen werden. Beim privaten Verbrauch wird für die Jahre bis 1995 mit einer jährlichen Zunahme von durchschnittlich gut 2 % (real) gerechnet.

Ausgehend von dem geschätzten Wachstum der beiden Einflußgrößen – Ausrüstungsinvestitionen und privater Verbrauch – und unter tendenzieller Berücksichtigung der möglichen Auswirkungen der nicht quantifizierbaren Bestimmungsgründe (technische Entwicklungen, in Teilbereichen zunehmende Marktsättigung etc.) kann für die *Inlandsnachfrage* nach feinmechanischen und optischen Erzeugnissen – gemessen an der Inlandsmarktversorgung – bis zum Jahr 1995 im Durchschnitt ein jährliches Wachstum von rund 4 % (real) erwartet werden.

Bei der Schätzung der *Einfuhren* von feinmechanischen und optischen Erzeugnissen bis Mitte der neunziger Jahre wurde unterstellt, daß ihr Anteil an der Inlandsmarktversorgung in den kommenden Jahren weiter zunehmen wird. Dabei dürften Impulse von der sich verstärkenden internationalen Arbeitsteilung ausgehen. Bis Mitte der neunziger Jahre ist mit einem Ansteigen der Importe um durchschnittlich etwa 7 % (real) pro Jahr zu rechnen.

Die Schätzung der *Ausfuhren* ergibt, daß die Exporte bis zum Jahr 1995 im gleichen Ausmaß wie die Inlandsnachfrage, nämlich mit etwa 4 % (real) pro Jahr wachsen werden. Ausschlaggebend hierfür ist die starke Außenhandelsposition der deutschen feinmechanischen und optischen Industrie (Ausnahme: Foto- und Videotechnik) auf dem Weltmarkt. Wie ausgeführt, lag die Branche in der Vergangenheit hinsichtlich der Lieferanteile am Weltmarkt an zweiter (nach Japan) oder dritter Stelle (nach Japan und den USA). Gemessen am Lieferanteil ist die Weltmarktposition in der Vergangenheit schwächer geworden, doch unterstreichen andere Kennziffern zur Außenhandelsposition die bedeutende Stellung auf dem Weltmarkt. Von seiten der Niedriglohnländer gehen gewisse Gefahren aus, denn die Konkurrenz aus diesen Ländern wird sich weiterhin etwas verstärken.

Da die Bundesrepublik ein wichtiges Importland für feinmechanische und optische Erzeugnisse ist und die Hauptlieferanten mit den Hauptabnehmern ziemlich identisch sind, ist die Gefahr, daß die Ausfuhr deutscher feinmechanischer und optischer Erzeugnisse durch protektionistische Maßnahmen behindert wird, als relativ gering einzuschätzen.

Eine gewisse Gefährdung der deutschen feinmechanischen und optischen Industrie geht von der hohen Innovationskraft der wichtigsten Konkurrenten aus. Zwar ist die Feinmechanik/Optik innerhalb der heimischen Industrie nach der Elektrotechnik die forschungsintensivste Branche, doch zeigt sich, daß die Hauptkonkurrenten auf dem Weltmarkt, die USA und Japan, in der Zahl der Auslandspatentanmeldungen die Bundesrepublik übertreffen. Es ist deshalb nicht auszuschließen, daß der Anteil am Weltexport der Bundesrepublik leicht zurückgehen wird, wenngleich keine gravierenden Verschiebungen im Trend der Entwicklung des Weltexports mit feinmechanischen und optischen Erzeugnissen zu sehen sind.

Die regionale Struktur der Ausfuhren dürfte weitgehend konstant bleiben. Leicht zunehmen dürfte der Anteil der Schwellen- und Entwicklungsländer, die einen großen Bedarf an Erzeugnissen der Feinmechanik und Optik haben (z.B. im Gesundheits- und Unterrichtswesen oder für im Aufbau befindliche Industrien), deren Kaufkraft aber vielfach noch gering ist.

Aus den dargestellten Schätzergebnissen für die Inlandsmarktversorgung, die Exporte und die Importe errechnet sich für die *Produktion* von feinmechanischen und optischen Erzeugnissen bis Mitte der neunziger Jahre ein Wachstum in der Größenordnung von durchschnittlich 2 bis 3 % (real) pro Jahr (Abb. 13).

Abb. 13
Feinmechanische und optische Industrie: Entwicklung und Prognose der Produktion, 1977 bis 1995

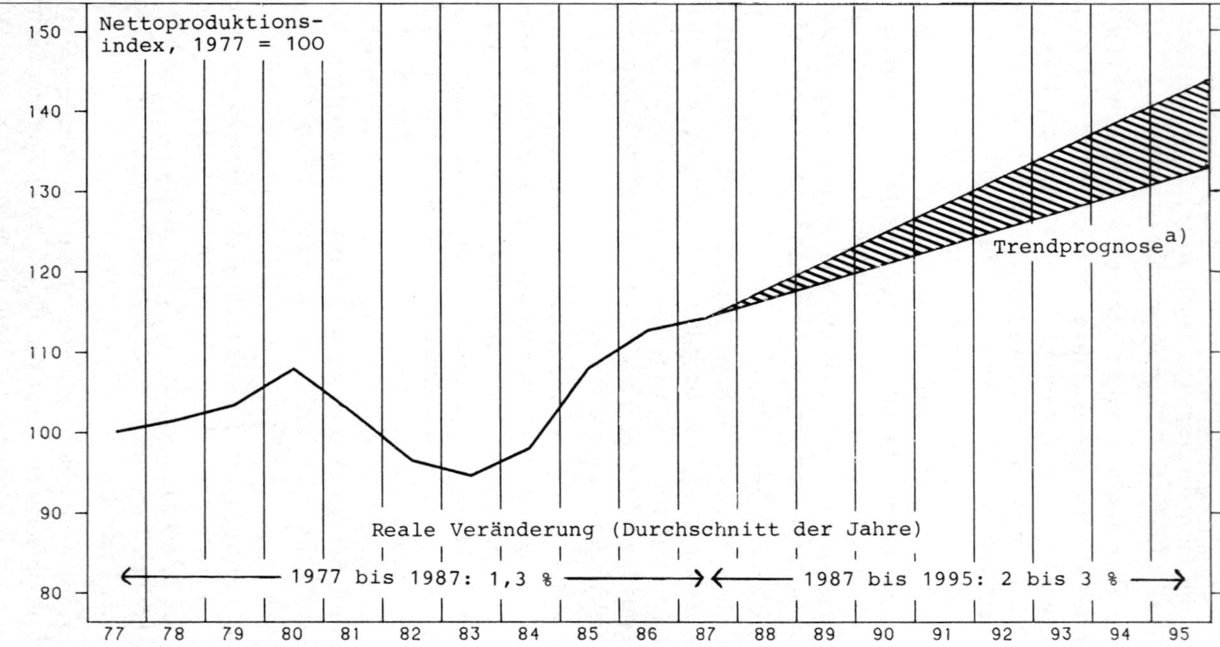

a) Der Korridor stellt nur den zukünftigen Trendverlauf dar; die tatsächlichen Werte können aufgrund von Konjunkturschwankungen darunter oder darüber liegen.

Quelle: - Statistisches Bundesamt: Fachserie 4, Reihe 2.1 (und Zusatzinformationen),
- Berechnungen und Schätzungen des Ifo-Instituts.

Die Produktion der feinmechanischen und optischen Industrie würde damit etwas schneller wachsen als die des gesamten verarbeitenden Gewerbes.

2. Entwicklungstendenzen in den einzelnen Erzeugnisbereichen

Bei der Abschätzung der künftigen Nachfrage im Bereich *Augenoptik* kann davon ausgegangen werden, daß auch in Zukunft steigende Gesundheitsvorsorge, eine zunehmend positivere Einstellung der Bevölkerung zur Brille und zu Sehtests sowie die erweiterten Sehanforderungen (beim Fernsehen, im Straßenverkehr, in lese- und schreibintensiven Berufen) zu einer weiteren Zunahme des Anteils der Brillenträger an der Gesamtbevölkerung führen werden.

Eine Zunahme der Brillenträger ergibt sich auch aus der Altersstruktur der Bevölkerung. Der Anteil der älteren Personen und damit der Anteil der Brillenträger an der Gesamtbevölkerung nimmt zu. Zu beachten ist jedoch, daß ältere Personen weniger als jüngere den modischen Trends folgen. Dadurch verlängert sich bei älteren Personen die Wiederbeschaffungsdauer für eine Brille.

Weitere Wachstumschancen sind im Bereich der Schutzbrillen, insbesondere bei Arbeitsschutzbrillen, zu sehen. Beispielhaft sei hier erwähnt, daß heute mehr als eine Million Beschäftigte in der Bundesrepublik – zumindest teilweise – schon an einem Arbeitsplatz mit Bildschirm tätig sind. Die Datentechnik erschließt laufend weitere Bereiche und fast täglich richten Betriebe neue oder zusätzliche Terminals ein. Durch die Arbeit an einem Datensichtgerät werden die Augen besonders beansprucht, denn das Auge muß sich an wechselnde Sehobjekte in unterschiedlichem Abstand und an unterschiedliche Lichtverhältnisse (Manuskript, Bildschirm) gewöhnen.

Die mengenmäßige Nachfrage wird auch durch neue Produkte, wie die erst in jüngster Zeit entwickelten, sich selbst verfärbenden Kunststoffgläser (sogenannte phototrope Gläser), aber auch durch weiterhin raschen Modellwechsel angeregt.

Ein negativer Einfluß auf den künftigen Absatz könnte allerdings ab 1989 von der Strukturreform im Gesundheitswesen ausgehen. Der derzeitige Gesetzentwurf sieht vor, daß auf dem Gebiet der Sehhilfen die Kassenleistungen insgesamt auf die Hälfte gesenkt werden sollen.[1]

Auf den Auslandsmärkten werden die deutschen Hersteller augenoptischer Erzeugnisse, die in technischer Hinsicht im internationalen Vergleich eine Spitzenposition einnehmen, ihre starke Stellung weiter ausbauen können.

Wägt man die positiven und negativen Nachfrageeinflüsse gegeneinander ab, so kommt man zu dem Ergebnis, daß in der Augenoptik das reale Wachstum

---

[1] Vgl. Feinmechanik und Optik: Für 1988 weiterer Rückgang erwartet, in: Handelsblatt, 10. März 1988.

der Produktion bis Mitte der neunziger Jahre – wie schon im Untersuchungszeitraum – etwas über dem Durchschnitt der Feinmechanik/Optik liegen wird.

Für den Erzeugnisbereich *Optik und Labortechnik* kann man davon ausgehen, daß durch die konsequente Nutzung der Wechselwirkungen von Optik und Elektronik der Markt weiterhin mit zahlreichen Neuerungen bereichert wird. Die Durchbrüche, die in der Vergangenheit auf dem Gebiet der Lasertechnik erzielt wurden, stellen einen Schlüssel für zukünftige Erfindungen bzw. Produktverbesserungen dar. Der Laser wird in den wichtigsten Industriezweigen (z.B. Maschinenbau, Elektroindustrie, Kommunikations- und Informationstechnik) in zunehmendem Umfang eingesetzt werden, vor allem aber auch in der Medizin (z.B. für die Behandlung von Gallensteinen oder von Magen- und Darmgeschwüren).[2]

Die Optronik wird weiterhin in den vielfältigsten Anwendungsgebieten zu einer Leistungssteigerung der Geräte und in der industriellen Materialbearbeitung zu schnelleren und präziseren Verfahren führen.

Für die Herstellung von Erzeugnissen der Optik und Labortechnik wird die Industrie zu einem immer wichtigeren Absatzmarkt werden. Wurden beispielsweise Mikroskope bisher überwiegend in der Forschung und in der Medizin eingesetzt, so finden sie heute in zunehmendem Maß – auch bedingt durch neue technische Verfahren, die die Anwendungsmöglichkeiten erweitern – in der industriellen Fertigung Verwendung (Werkstoffprüfung oder mikroskopische Sichtprüfung zur Qualitätskontrolle).[3]

Die deutschen Hersteller haben auf den Auslandsmärkten weltweit eine führende Position. Absatzschwerpunkt wird deshalb weiterhin der Export (derzeitige Exportquote nach Schätzungen des Verbands: 90%) mit Ausrichtung auf die großen Industrienationen bleiben.

Die künftige Entwicklung des Erzeugnisbereichs ist überwiegend abhängig von der Investitionstätigkeit der Privatwirtschaft (verarbeitendes Gewerbe, Bauindustrie) und der öffentlichen Hand (z.B. in der Forschung und Lehre, im Gesundheitswesen[4], aber auch in der Raumfahrt). Es kann erwartet werden, daß die Optik und Labortechnik, die in der Vergangenheit (1978–86) die höchsten Zuwachsraten der Produktion unter allen Erzeugnisbereichen der Feinmechanik/Optik verzeichnen konnte, auch in Zukunft ein deutlich über dem Durchschnitt der Branche liegendes reales Produktionswachstum erzielen wird.

---

[2] Zur Entwicklung der Optoelektronik und der Lasertechnologie vgl. Optoelektronik, Strahlender Optimismus, in: Wirtschaftswoche, Nr. 26, 19. Juni 1987, S. 78 ff.

[3] Vgl. Dem Unsichtbaren auf der Spur, in: Die Welt, 9. Jan. 1988.

[4] Zur Entwicklung des Gesundheitswesens vergleiche die Ausführungen zur Medizintechnik in diesem Abschnitt.

Im Erzeugnisbereich *Foto- und Videotechnik* geht bei Fotokameras für den Amateurbereich der Trend zur kleinen vollautomatischen Sucherkamera, die ein geringes Gewicht hat und leicht zu bedienen ist. Diese Kameras werden fast ausschließlich in Japan hergestellt. Die Marktsättigung bei Kameras für den Amateurbereich ist schon sehr weit vorangeschritten: Pro Haushalt finden sich heute zwei Kameras. Angeregt wird die Nachfrage – auch beim Zubehör – vermutlich noch vom weiterhin florierenden Tourismus, vor allem aber dadurch, daß mit der vollautomatischen Sucherkamera alle Bilder eine einwandfreie Qualität haben, weswegen die Lust am Fotografieren zunehmen wird.

Die wenigen deutschen Kamerahersteller haben ihre Produktion auf den anspruchsvollen – allerdings kleinen – Fachmarkt ausgerichtet (z.B. Verkehrs- und Bankenüberwachung, Studio- und Pressefotografie), wo insbesondere im Export große Chancen gesehen werden.

Weiter steigende Zahlen von belichteten Aufnahmen (1986: fast 3 Mrd.) werden auch in Zukunft dem Fotolaborsektor eine Nachfragesteigerung bringen. Trotz einer gewissen Marktsättigung wird auch die Nachfrage nach Fotokopiergeräten weiterhin zunehmen, insbesondere im Bereich der Kleinkopierer, die heute schon in privaten Haushalten verwendet werden.

Die Inlandsnachfrage nach Erzeugnissen der Foto- und Videotechnik dürfte weiterhin in zunehmendem Ausmaß durch Importe gedeckt werden. Die fernöstlichen Anbieter, vor allem die japanischen, werden versuchen, ihre starke Stellung auf dem deutschen Markt weiter auszubauen. In der Produktion dürfte sich deshalb für den Zeitraum bis Mitte der neunziger Jahre ein leichter Rückgang (real) ergeben.

Im Bereich *Feinmechanik* unterliegt das vielfältige Fertigungsprogramm, das beispielsweise Instrumente und Geräte für die Navigation, Geophysik, Meteorologie, Hydrologie, Ozeanografie, das Rettungswesen, den Atemschutz, die Zeichen- und Konstruktionstechnik sowie Lehrmittel für den naturwissenschaftlichen Unterricht umfaßt, recht unterschiedlichen Nachfrageeinflüssen.

Man kann davon ausgehen, daß in fast allen Bereichen die Nachfrage in den kommenden Jahren deutlich steigen wird. So werden beispielsweise die Industriefirmen durch erhöhte Anforderungen an Neuerungen von seiten der Abnehmer und durch die sich bei vielen Erzeugnissen verkürzende Dauer des Produktzyklus zu verstärkten Konstruktions- und Entwicklungsaufgaben gezwungen sein. Die Anstrengungen in der Erforschung des Erdinnern, der Erdoberfläche oder der Atmosphäre werden den Absatz feinmechanischer Geräte (z.B. Seismografen oder meteorologische Meßgeräte) fördern. Neue Dimensionen dürften sich durch die Mikromechanik, die der Mikroelektronik an Perfektion ebenbürtig ist, eröffnen.

Setzt man voraus, daß sich im Außenhandel keine großen Verschiebungen ergeben – beim Export garantiert die große Zahl von Abnehmerländern mit verhältnismäßig geringen Abnahmeanteilen eine gewisse Kontinuität der Expansion –, so dürfte das reale Wachstum der Produktion bis Mitte der neunziger Jahre etwas über dem Durchschnitt der Branche liegen.

Die Nachfrage nach Erzeugnissen der *Meß- und Automatisierungstechnik* wird auch in Zukunft durch das Bemühen stimuliert, Energie und Rohstoffe zu sparen, die Qualität der Produkte zu verbessern und in verstärktem Maße die Umwelt zu entlasten. Im industriellen Fertigungsprozeß werden sich für die Menschen weiterhin die ermüdenden Routinearbeiten verringern. Moderne Meß- und Automatisierungssysteme bieten hierzu eine große Zahl von Verarbeitungs-, Darstellungs- und Protokollierungsmöglichkeiten. Marktsättigung und weltweiter Konkurrenzdruck zwingen die Unternehmen weiterhin, die Qualität ihrer Produkte zu verbessern. Die Abnehmer verlangen außerdem verstärkt Produktvarianten, die in geringen Stückzahlen zu fertigen sind. Diese Forderungen können nur durch eine verstärkte Automatisierung der Fertigung und eine zunehmende Qualitätssicherung erfüllt werden.

Geräten der Meß- und Automatisierungstechnik werden gute Wachstumschancen eingeräumt, vor allem in den expandierenden Bereichen Umwelt- und Sicherheitstechnik sowie in Prozeßleitsystemen.[5] Stark zunehmen dürfte der Einsatz von Sensoren (Meßgrößenaufnehmer) durch eine Ausweitung der Anwendungsmöglichkeiten, vor allem im Straßenfahrzeugbau und im Bereich elektrischer Haushaltsgeräte.[6]

Die Auslandsnachfrage dürfte in den kommenden Jahren ebenfalls steigen, wenngleich längst nicht in allen Abnehmerländern wirtschafts- und gesellschaftspolitischen Zielen, wie dem Umweltschutz oder der Energieeinsparung, gleiche Bedeutung beigemessen wird wie in der Bundesrepublik. Über die Exporttätigkeit zahlreicher Zweige der Investitionsgüterindustrie wird die Meß- und Automatisierungstechnik, deren Erzeugnisse vielfach in den Investitionsgütern eingebaut sind, weiterhin auch indirekt ihre Produkte im Ausland absetzen.

Unter den dargestellten Annahmen über die Entwicklung der Inlands- und Auslandsnachfrage kann man davon ausgehen, daß das reale Wachstum der Produktion bis Mitte der neunziger Jahre etwa dem der Feinmechanik/Optik insgesamt entsprechen dürfte.

Auf die Nachfrage nach Erzeugnissen der *Medizintechnik* wirkt sich positiv aus, daß die Ausgaben im Gesundheitswesen weiterhin ansteigen werden. Eine Schätzung[7] kommt zu dem Ergebnis, daß sich die sogenannten Leistungsausga-

---

[5] Vgl. Industriekreditbank AG, Deutsche Industriebank: Wachstumschancen und Wettbewerbsvorteile für Hersteller und Anwender von Meß- und Automatisierungstechnik, Düsseldorf, Okt. 1986.

[6] Sensoren und Haushaltsgeräte, in: Sensor Magazin 4/87, S. 18 f.

[7] Sachverständigenrat für die Konzertierte Aktion im Gesundheitswesen: Jahresgutachten 1987, Medizinische und ökonomische Orientierung, Baden-Baden 1987, S. 62 ff.

ben, die 1984 rund 104 Mrd. DM betragen hatten, im Jahr 2000 auf 121 Mrd. DM belaufen werden. Das entspricht einer Steigerung von insgesamt 17%. Dabei wird die Steigerung im stationären Bereich auf 31%, bei der Behandlung durch Ärzte auf 16% und bei der Behandlung durch Zahnärzte sowie beim Zahnersatz auf 21% geschätzt.

Die Steigerung der Leistungsausgaben wird eine Zunahme der Sachkapitalausstattung in Krankenhäusern und Arztpraxen mit sich bringen. Allerdings ist zu berücksichtigen, daß die erwähnte Schätzung von der Ausgabenentwicklung während der Jahre von 1970 bis 1984 ausgeht. Die derzeit diskutierte Strukturreform im Gesundheitswesen soll – so die Meinung der Befürworter – eine drastische Reduzierung des Ausgabenanstiegs bringen. Die Reform sieht beispielsweise Einsparungen bei der gesetzlichen Krankenversicherung vor, bei Krankenhausbehandlung (Bettenabbau, kürzere Verweildauer), Heil- und Hilfsmitteln sowie Brillen, Kontaktlinsen und Hörgeräten.

Unterstellt man, daß die Medizintechnik durch innovative Leistungen ihren Vorsprung trotz zunehmender Konkurrenz auf vielen Gebieten weiter ausbauen kann und daß sich im Außenhandel keine starken Verschiebungen ergeben, so kann man bis Mitte der neunziger Jahre mit einem realen Wachstum der Produktion rechnen, das beim Durchschnitt der feinmechanischen und optischen Industrie liegen wird.

Anhang

Anhang A

Definition der feinmechanischen und optischen Industrie und der einzelnen Erzeugnisbereiche sowie Bemerkungen zur Abgrenzung des statistischen Materials

Definition der feinmechanischen und optischen Industrie und der einzelnen Erzeugnisbereiche

Gütergruppe 37 (ohne Güterklasse 3771 Uhren)[1]

GP-Nr.	Güterklassen bzw. -arten
	1. Augenoptik
3711 12-19	Kontaktlinsen, Brillengläser aus Glas und Kunststoff (einschl. Sonnenschutzgläsern)
3711 22-29	Brillenfassungen
3711 30	Fassungsteile
3711 63-66	Schutzbrillen
3711 70	Andere verglaste Brillen
3711 08	Zubehör für die Augenoptik
	2. Optik und Labortechnik
3712	Optische Elemente, gefaßt und ungefaßt
3713	Mikroskope und Lupen
3715	Ferngläser, Fernrohre und astonomische Geräte
3717	Optische Meßgeräte
3719	Andere optische Erzeugnisse
	3. Foto- und Videotechnik
3721	Fotogeräte
3725	Projektions- und Kinogeräte
3729	Geräte für Foto- und kinematographische Laboratorien, Zubehör, Einzel- und Ersatzteile für Foto-, Projektions- und Kinogeräte

1) Bis einschließlich 1981 galt das Warenverzeichnis der Industriestatistik (WI). Damals wurden die Gütergruppen als Warengruppen bezeichnet (weiter unterteilt in Warenklassen und -arten).

GP-Nr.	Güterklassen bzw. -arten
	4. Feinmechanik
3751	Geräte für Navigation, Hydrologie, Meteorologie
3752	Zeichenmaschinen, Zeichentische, Zeichen- und mathematische Instrumente
3753	Präzisionswaagen, geophysikalische Geräte, mechanische Geräte zum Messen von geometrischen Größen
3755	Lehrmittel für Laborgeräte
3759	Andere feinmechanische Geräte
	5. Meß- und Automatisierungstechnik
3754 21-67	Betriebsmeßgeräte
3754 71-79	Zähler
3754 90	Regler und Regelanlagen
3754 07, 08	Zubehör, Einzel- und Ersatzteile
	6. Medizintechnik
3761	Medizinische Untersuchungsgeräte
3763	Ärztliche, zahnärztliche und tierärztliche Instrumente
3765	Andere medizinische Geräte einschließlich Krankenfahrstühle
3767	Erzeugnisse der Orthopädiemechanik

Die Benennung der sechs Erzeugnisbereiche wurde vom Verband vorgenommen. Sie war – bei gleicher Bereichsabgrenzung – bis einschließlich 1983 geringfügig unterschiedlich, wie nachfolgende Gegenüberstellung zeigt:

Benennung ab 1984	Benennung bis einschl. 1983
– Augenoptik	– Augenoptik
– Optik und Labortechnik	– Optische Instrumente
– Foto- und Videotechnik	– Photo/Kino/Projektion
– Feinmechanik	– Feinmechanische Geräte
– Meß- und Automatisierungstechnik	– Meß- und Regeltechnik
– Medizintechnik	– Medizinmechanik

In der Abgrenzung nach der Systematik des produzierenden Gewerbes (SYPRO) teilt sich die feinmechanische und optische Industrie ein:

SYPRO-Nr.	Bezeichnung
37	Feinmechanik, Optik, Herstellung von Uhren
3711	Optik (ohne Augenoptik, Foto- und Kinotechnik)
3715	Augenoptik
3721	Herstellung von Foto-, Projektions- und Kinogeräten
3751	Feinmechanik (ohne Herstellung von medizin- und orthopädiemechanischen Erzeugnissen)
3760	Herstellung von medizin- und orthopädiemechanischen Erzeugnissen
(3771)	(Herstellung von Uhren)

Einige Statistiken des Statistischen Bundesamts sind in dieser Abgrenzung aufgebaut (z.B. die Kostenstrukturstatistik, vgl. Tab. 31). Die SYPRO-Systematik unterscheidet sich vom Güterverzeichnis für Produktionsstatistiken (GP) darin, daß sie – ohne die hier nicht berücksichtigten Uhren – die Branche nur in fünf Erzeugnisbereiche einteilt. (Der Bereich Feinmechanik enthält hier auch die Meß- und Automatisierungstechnik.) Wird im Text auf einen Erzeugnisbereich nach der SYPRO-Systematik eingegangen, wird auch die Bezeichnung nach der SYPRO gewählt.

Bemerkungen zur Abgrenzung des statistischen Materials

Es sei darauf hingewiesen, daß die Verwendung mehrerer statistischer Quellen mit unterschiedlichen Abgrenzungsprinzipien in bezug auf die Abgrenzung der einzelnen Aggregate zum Teil erhebliche Probleme aufwirft.[1] Die Datenbasis für die gesamte Branche Feinmechanik und Optik bildet vor allem die amtliche Statistik (Statistisches Bundesamt). Bei der Beschreibung der Entwicklung der einzelnen Erzeugnisbereiche wurde überwiegend auf die Verbandsstatistik und die dort zugrundegelegte Abgrenzung der Bereiche zurückgegriffen. Es ist jeweils vermerkt, welche Quelle verwendet wurde.

[1] So sind beispielsweise die Produktionswerte in der Verbandsstatistik wegen des Einbezugs von „Reparaturen und Montagen" höher als in der amtlichen Statistik (Produktion 1986 nach Angaben des Verbands: 14,4 Mrd. DM; nach Angaben des Statistischen Bundesamtes: 13,8 Mrd. DM. Im Außenhandel sind bei Export und Import die Verbandswerte niedriger (Export bzw. Import 1986 nach Angaben des Verbands: 10,6 bzw. 6,3 Mrd. DM; nach Angaben des Statistischen Bundesamtes: 11,1 bzw. 6,5 Mrd. DM).

Die Abgrenzung der Produktions- und Außenhandelsstatistik des Statistischen Bundesamtes stimmen weitgehend überein. Abweichungen ergeben sich in den folgenden Bereichen:

- Für Rüstungszwecke hergestellte Erzeugnisse werden nicht in der Produktionsstatistik, wohl aber in der Außenhandelsstatistik erfaßt.
- Die Abgrenzung einzelner Gütergruppen in der Produktionsstatistik entspricht nicht der Abgrenzung in der Außenhandelsstatistik. Einzelne Erzeugnisse, die in der Außenhandelsstatistik vollständig erfaßt werden, sind in der Produktionsstatistik der Industriegruppe nur zum Teil enthalten.
- Der indirekte Export, der für einzelne Sektoren, wie die Meß- und Automatisierungstechnik, von relativ großer Bedeutung ist, kann nicht als Ausfuhr erfaßt werden.

Erhebliche Abgrenzungsunterschiede ergeben sich bei der Einbeziehung internationaler Statistiken – in diesem Falle der Außenhandelsstatistik der OECD und der Internationalen Patentklassifikation. Wegen der starken Disaggregationsunterschiede zwischen der deutschen und der internationalen Außenhandelsstatistik blieb hier nur eine schwerpunktmäßige Zuordnung der einzelnen Gruppen der Standard International Trade Classification (SITC) zu den betrachteten Erzeugnisbereichen in der Abgrenzung der Systematik für das produzierende Gewerbe (SYPRO) als Ausweg. Das gleiche gilt für die internationale Patentklassifikation (INPADOC). Bei den Tabellen im Anhang B findet sich eine Zuordnung der Daten aus der INPADOC auf die Erzeugnisbereiche der Feinmechanik/Optik (in der Abgrenzung des Verbands), bei den Abbildungen im Anhang C eine Zuordnung der SITC-Positionen zu den SYPRO-Nummern.

Anhang B

Patentstatistiken (Tabellen B1 und B6)
und
Auszug aus der Internationalen Patentklassifikation

Tabelle B1

Zum Patent angemeldete Erfindungen in der Augenoptik nach Ursprungsländern, 1980 bis 1986

Erfindungen mit Patentanmeldung im Ausland in %

Ursprungsländer	1980	1981	1982	1983	1984	1985	1986	1980-86
EG(12)	54,4	46,7	44,3	40,5	46,1	40,5	62,3	46,5
dar.: BR Deutschland	19,3	19,3	20,0	19,0	22,4	17,6	24,6	20,0
Frankreich	17,5	14,8	7,0	11,1	11,2	8,8	13,1	11,8
Großbritannien	8,8	3,7	7,0	5,6	3,5	7,4	9,8	6,1
USA	24,6	28,1	28,7	32,5	25,2	36,0	24,6	28,9
Japan	14,9	17,8	17,4	14,3	16,8	13,2	6,6	15,1
Schweiz	2,6	3,0	2,6	4,0	2,1	2,9	1,6	2,8
Übrige Welt	3,5	4,4	7,0	8,7	9,8	7,4	4,9	6,7
Welt insgesamt in %	100	100	100	100	100	100	100	100
Anzahl	114	135	115	126	143	136	61	830

Quelle: - International Patent Documentation, Wien (INPADOC, Stand 15. Jan. 1988),
- Berechnungen des Ifo-Instituts.

Tabelle B2

Zum Patent angemeldete Erfindungen in der Optik und Labortechnik nach Ursprungsländern, 1980 bis 1986

Erfindungen mit Patentanmeldung im Ausland in %

Ursprungsländer	1980	1981	1982	1983	1984	1985	1986	1980–86
EG(12)	29,5	30,8	32,3	30,6	33,2	36,6	38,5	32,6
dar.: BR Deutschland	14,1	11,2	14,1	13,8	13,0	16,4	16,2	13,9
Frankreich	5,9	7,7	6,9	7,2	5,7	6,6	7,6	6,7
Großbritannien	5,4	7,3	7,9	6,3	10,0	8,6	10,4	7,8
USA	24,9	22,7	25,9	25,0	21,8	26,2	27,5	24,5
Japan	36,3	39,2	35,6	38,3	38,0	28,9	26,9	35,6
Schweiz	2,7	1,6	1,4	1,7	1,0	1,5	1,6	1,6
Übrige Welt	6,6	5,7	4,8	4,4	6,0	6,8	5,5	5,7
Welt insgesamt in %	100	100	100	100	100	100	100	100
Anzahl	1276	1417	1372	1531	1564	1405	568	9133

Quelle: - International Patent Documentation, Wien (INPADOC, Stand 15. Jan. 1988),
- Berechnungen des Ifo-Instituts.

Tabelle B3

Zum Patent angemeldete Erfindungen in der Foto- und Videotechnik nach Ursprungsländern, 1980 bis 1986

Erfindungen mit Patentanmeldung im Ausland in %

Ursprungsländer	1980	1981	1982	1983	1984	1985	1986	1980-86
EG(12)	23,9	21,9	21,2	15,8	19,0	20,9	23,5	20,6
dar.: BR Deutschland	15,5	13,1	10,9	8,4	10,7	10,7	11,2	11,6
Frankreich	2,5	2,1	2,1	1,3	1,3	2,1	1,3	1,9
Großbritannien	3,4	3,8	5,7	3,2	3,1	3,5	4,8	3,9
USA	25,0	21,9	24,3	23,4	20,4	25,6	23,9	23,4
Japan	45,9	51,8	49,6	56,0	56,0	49,3	49,3	51,3
Schweiz	1,8	1,1	1,8	1,8	1,4	1,0	0,9	1,5
Übrige Welt	3,4	3,3	3,1	3,0	3,2	3,2	2,4	3,2
Welt insgesamt in %	100	100	100	100	100	100	100	100
Anzahl	2688	2755	2543	2555	2488	2113	946	16088

Quelle: - International Patent Documentation, Wien (INPADOC, Stand 15. Jan. 1988),
- Berechnungen des Ifo-Instituts.

Tabelle B4

Zum Patent angemeldete Erfindungen in der Feinmechanik nach Ursprungsländern, 1980 bis 1986

Erfindungen mit Patentanmeldung im Ausland in %

Ursprungsländer	1980	1981	1982	1983	1984	1985	1986	1980-86
EG(12)	37,1	36,9	36,6	35,9	34,9	39,5	48,5	37,4
dar.: BR Deutschland	17,7	18,9	19,3	18,2	18,6	19,8	22,9	19,0
Frankreich	6,0	5,6	5,3	5,9	5,7	6,2	10,1	6,0
Großbritannien	8,3	7,6	7,3	6,8	6,4	7,9	11,5	7,6
USA	25,5	25,2	27,3	26,9	24,3	25,3	24,4	25,7
Japan	22,3	25,9	24,3	26,0	26,7	21,7	16,2	24,1
Schweiz	4,0	3,1	3,1	2,8	2,7	2,7	4,2	3,1
Übrige Welt	11,1	8,9	8,7	8,4	11,4	10,8	6,7	9,7
Welt insgesamt in %	100	100	100	100	100	100	100	100
Anzahl	2063	2251	2219	2176	2112	1836	716	13373

Quelle: - International Patent Documentation, Wien (INPADOC, Stand 15. Jan. 1988),
- Berechnungen des Ifo-Instituts.

Tabelle B5

Zum Patent angemeldete Erfindungen in der Meß- und Automatisierungstechnik nach Ursprungsländern, 1980 bis 1986

Erfindungen mit Patentanmeldung im Ausland in %

Ursprungsländer	1980	1981	1982	1983	1984	1985	1986	1980-86
EG(12)	36,7	36,7	34,2	33,7	35,1	36,6	38,6	35,7
dar.: BR Deutschland	18,9	18,5	17,0	16,4	17,1	17,0	18,8	17,6
Frankreich	6,6	6,6	6,2	5,7	6,7	7,4	7,9	6,6
Großbritannien	7,0	7,0	6,6	7,7	7,3	7,4	7,2	7,2
USA	28,2	28,5	30,5	30,2	29,9	29,8	32,0	29,7
Japan	22,4	23,2	24,0	24,7	23,4	21,1	19,4	22,9
Schweiz	3,1	2,3	2,3	2,1	1,9	2,5	2,0	2,3
Übrige Welt	9,6	9,3	9,0	9,3	9,7	10,0	8,0	9,4
Welt insgesamt in %	100	100	100	100	100	100	100	100
Anzahl	4960	5281	5176	5423	5383	4860	2181	33264

Quelle: - International Patent Documentation, Wien (INPADOC, Stand 15. Jan. 1988),
- Berechnungen des Ifo-Instituts.

Tabelle B6

Zum Patent angemeldete Erfindungen in der Medizintechnik nach Ursprungsländern, 1980 bis 1986

Erfindungen mit Patentanmeldung im Ausland in %

Ursprungsländer	1980	1981	1982	1983	1984	1985	1986	1980-86
EG(12)	33,3	33,9	33,9	33,6	34,7	36,5	36,0	34,4
dar.: BR Deutschland	17,2	16,6	17,1	16,2	16,1	17,1	16,4	16,7
Frankreich	5,9	5,6	5,7	5,8	6,0	7,7	8,5	6,3
Großbritannien	6,3	6,3	6,8	6,5	6,8	6,7	5,1	6,4
USA	37,9	37,3	37,2	37,6	34,5	35,1	35,3	36,5
Japan	14,8	15,1	14,0	14,4	16,6	14,6	14,4	14,9
Schweiz	3,8	3,1	3,7	3,2	2,9	2,6	3,7	3,2
Übrige Welt	10,2	10,6	11,2	11,2	11,3	11,2	10,6	11,0
Welt insgesamt in %	100	100	100	100	100	100	100	100
Anzahl	2168	2432	2494	2647	2689	2586	1206	16222

Quelle: - International Patent Documentation, Wien (INPADOC, Stand 15. Jan. 1988),
- Berechnungen des Ifo-Instituts.

Zuordnung der Erzeugnisbereiche (Abgrenzung und Benennung siehe Anhang A) zu den IPC-Symbolen aus der Internationalen Patentklassifikation (Tab. 27 und Tab. B1 bis B6)

Erzeugnisbereich	IPC-Symbole
Feinmechanik und Optik	alle Symbole der einzelnen Bereiche
Augenoptik	G 02 C
Optik und Labortechnik	G 02 B
Foto- und Videotechnik	G 03
Feinmechanik	G 01 B, G 01 C, G 01 D, G 01 F, G 01 G
Meß- und Automatisierungstechnik	G 01 H, G 01 J, G 01 K, G 01 L, G 01 M, G 01 N, G 01 P, G 05
Medizintechnik	A 61 B, A 61 C, A 61 F, A 61 G, A 61 H, A 61 M

Zur Benennung der IPC-Symbole siehe Auszug aus der Internationalen Patentklassifikation (in diesem Anhang B).

Es sei darauf verwiesen, daß bei den hier ausgewählten Sachgebieten nicht nur Unternehmen der Feinmechanik/Optik tätig sind, sondern auch in großem Umfang Firmen aus der Elektroindustrie, insbesondere im Bereich der Meß- und Automatisierungstechnik.

Internationale Patentklassifikation

Vierte Ausgabe 1984
Gültig ab 1. 1. 1985

In die deutsche Sprache übertragen vom Deutschen Patentamt unter Beteiligung des Eidgenössischen Amtes für Geistiges Eigentum und des Österreichischen Patentamtes

Band 1, Sektion A

Täglicher Lebensbedarf

Band 7, Sektion G

Physik

Carl Heymanns Verlag KG · München · Köln · Berlin · Bonn

SEKTION G – PHYSIK

INHALT DER SEKTION (ohne Verweise und Anmerkungen)

Untersektion: INSTRUMENTE

Anhang C

Graphische Darstellung der Exportkennziffern für die feinmechanische und optische Industrie (Abbildungen C1 bis C6)

Abb. C1
Kennziffern für die Exportentwicklung im Bereich Feinmechanik/Optik/Uhren

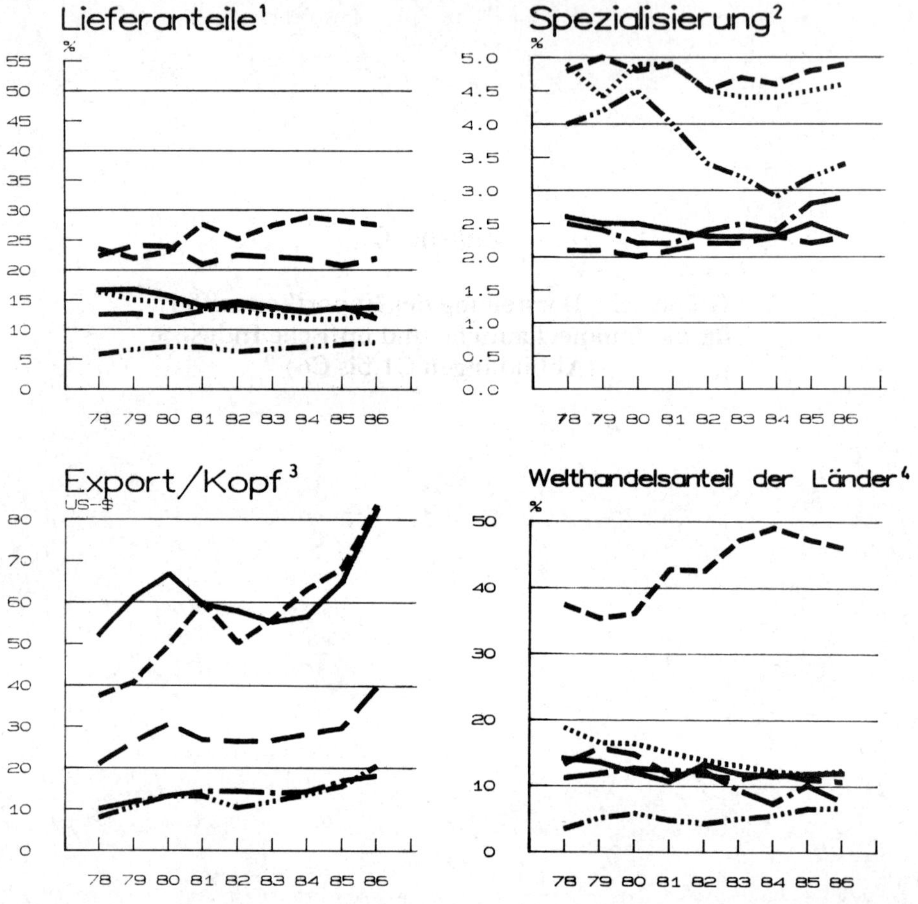

BR Deutschland
EG (8)
EFTA
USA
Japan
Asiatische Schwellenländer

1) Anteil am Weltexport im entsprechenden Bereich

2) Anteil der Exporte im entsprechenden Bereich am Industriegüterexport

3) Pro Kopf der Bevölkerung.

4) Anteil einzelner Positivsalden in Produktgruppen an den gesamten Positivsalden des entsprechenden Bereichs (Negativsalden bleiben unberücksichtigt)

Abb. C2

Kennziffern für die Exportentwicklung im Bereich Optik (ohne Augenoptik)

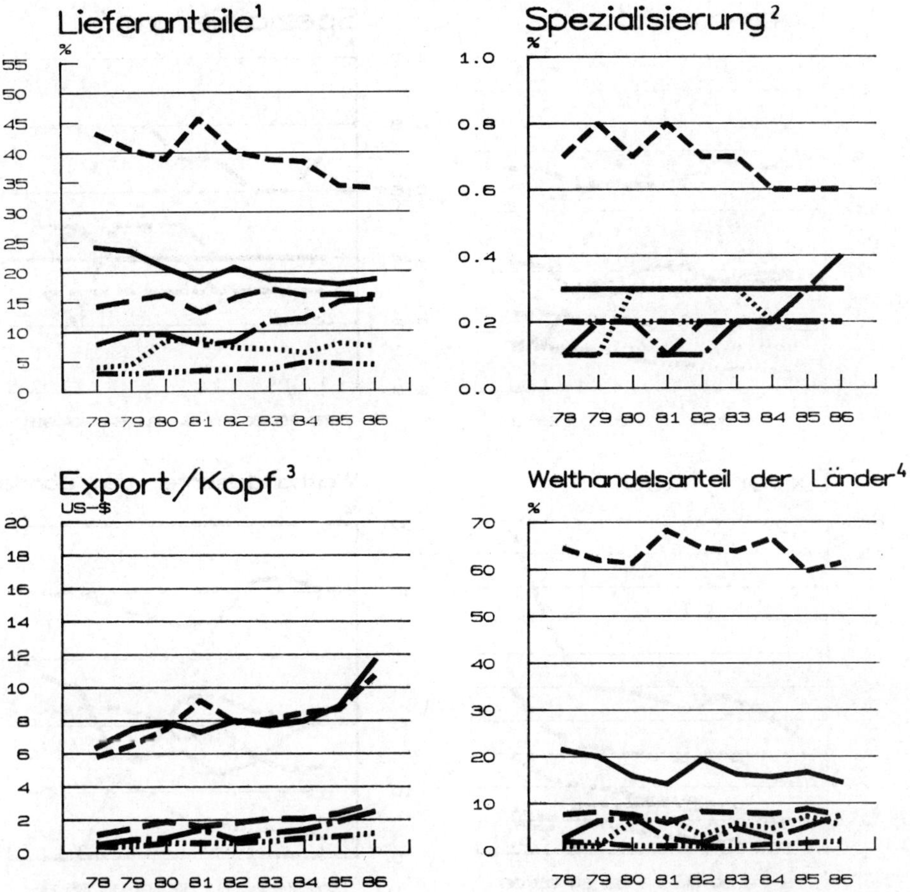

BR Deutschland
EG (8)
EFTA
USA
Japan
Asiatische Schwellenländer

1) Anteil am Weltexport im entsprechenden Bereich

2) Anteil der Exporte im entsprechenden Bereich am Industriegüterexport

3) Pro Kopf der Bevölkerung.

4) Anteil einzelner Positivsalden in Produktgruppen an den gesamten Positivsalden des entsprechenden Bereichs (Negativsalden bleiben unberücksichtigt)

Abb. C3

Kennziffern für die Exportentwicklung im Bereich Augenoptik

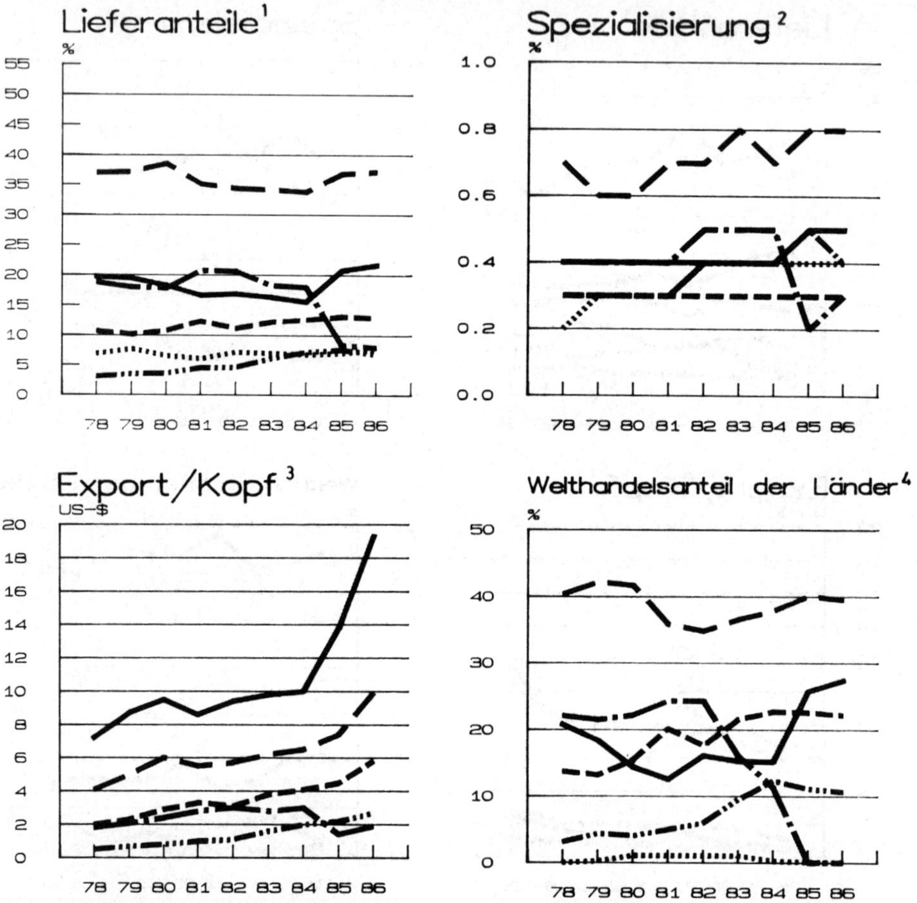

BR Deutschland
EG (8)
EFTA
USA
Japan
Asiatische Schwellenländer

1) Anteil am Weltexport im entsprechenden Bereich

2) Anteil der Exporte im entsprechenden Bereich am Industriegüterexport

3) Pro Kopf der Bevölkerung.

4) Anteil einzelner Positivsalden in Produktgruppen an den gesamten Positivsalden des entsprechenden Bereichs (Negativsalden bleiben unberücksichtigt)

Abb. C4

Kennziffern für die Exportentwicklung im Bereich Foto-, Projektions- und Kinogeräte

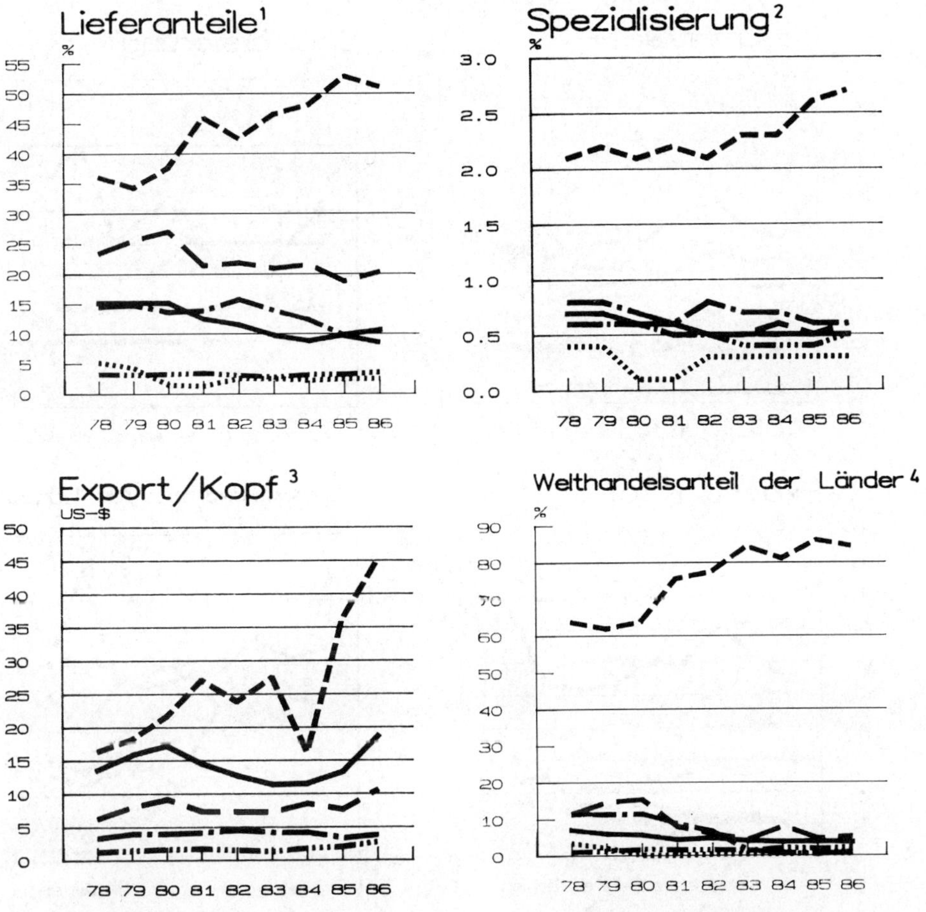

BR Deutschland
EG (8)
EFTA
USA
Japan
Asiatische Schwellenländer

1) Anteil am Weltexport im entsprechenden Bereich

2) Anteil der Exporte im entsprechenden Bereich am Industriegüterexport

3) Pro Kopf der Bevölkerung.

4) Anteil einzelner Positivsalden in Produktgruppen an den gesamten Positivsalden des entsprechenden Bereichs (Negativsalden bleiben unberücksichtigt)

IFO-INSTITUT für Wirtschaftsforschung München 157/88 ifo

Abb. C5

Kennziffern für die Exportentwicklung im Bereich Feinmechanik (ohne Medizin- und Orthopädiemechanik)

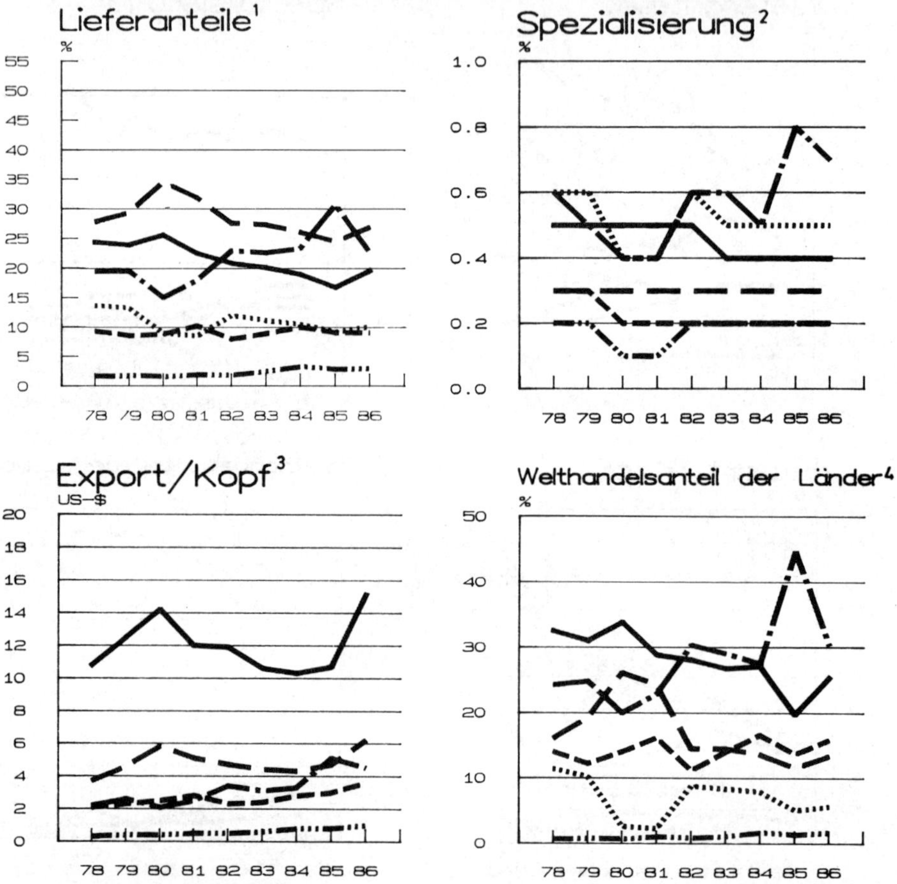

BR Deutschland
EG (8)
EFTA
USA
Japan
Asiatische Schwellenländer

1) Anteil am Weltexport im entsprechenden Bereich

2) Anteil der Exporte im entsprechenden Bereich am Industriegüterexport

3) Pro Kopf der Bevölkerung.

4) Anteil einzelner Positivsalden in Produktgruppen an den gesamten Positivsalden des entsprechenden Bereichs (Negativsalden bleiben unberücksichtigt)

Abb. C6

Kennziffern für die Exportentwicklung im Bereich Medizin- und Orthopädiemechanik

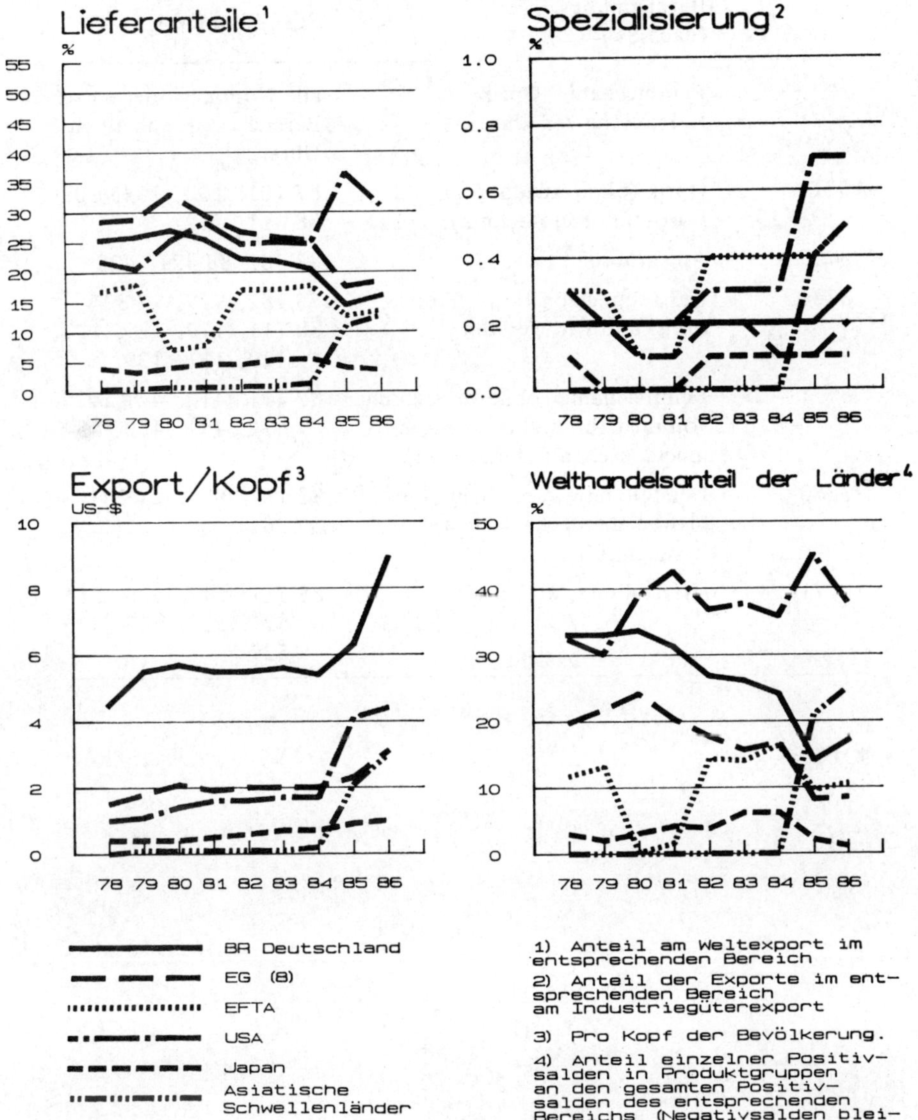

1) Anteil am Weltexport im entsprechenden Bereich

2) Anteil der Exporte im entsprechenden Bereich am Industriegüterexport

3) Pro Kopf der Bevölkerung.

4) Anteil einzelner Positivsalden in Produktgruppen an den gesamten Positivsalden des entsprechenden Bereichs (Negativsalden bleiben unberücksichtigt)

IFO-INSTITUT für Wirtschaftsforschung München

159/88

Zuordnung der SITC-Nummern (Standard International Trade Classification, Revision II) zu den SYPRO-Nummern (Systematik des produzierenden Gewerbes) für die Berechnung der Kennziffern für die Außenhandelsposition (Tab. 45 sowie Abb. C1 bis C6 im Anhang C):

SYPRO-Nr.	Bezeichnung (nach SYPRO)	SITC-Nummern
37	Feinmechanik, Optik, Herstellung von Uhren	alle Nummern der einzelnen Bereiche (einschließlich Uhren)
3711	Optik (ohne Augenoptik, Foto- und Kinotechnik)	87 101, 102, 104, 109 88 411, 412
3715	Augenoptik	87 202, 88 421, 422
3721	Herstellung von Foto-, Projektions- und Kinogeräten	75 182, 919, 77 823, 88 111, 119, 121, 122, 129, 131, 139
3751	Feinmechanik (ohne Herstellung von medizin- und orthopädiemechanischen Erzeugnissen)	87 411, 412, 421, 429, 430, 451, 452, 454
3760	Herstellung von medizin- und orthopädiemechanischen Erzeugnissen	82 121, 87 202, 203, 89 962
(3771)	(Herstellung von Uhren)	88 511, 512, 513, 514, 521, 522, 525, 526, 529

Literaturverzeichnis

Braunsperger, H.M.: Feinmechanische, optische sowie Uhrenindustrie. Struktur und Wachstum, Reihe Industrie, Heft 3, Berlin/München 1964

Carl-Zeiss-Stiftung: Geschäftsbericht 1985/86

Deutsche Bundesbank: Beilage zu „Statistische Beihefte zu den Monatsberichten der Deutschen Bundesbank, Reihe 3, Zahlungsbilanzstatistik, Nr. 2, Februar 1986, und Nr. 3, März 1987

Deutsches Institut für Wirtschaftsforschung (DIW):

- B. Görzig u.a.: Produktionsvolumen und -potential, Produktionsfaktoren des Bergbaus und des Verarbeitenden Gewerbes in der Bundesrepublik Deutschland, 29. Folge
- Die volkswirtschaftliche Bedeutung des physikalisch-technischen Meßwesens (Metrologie) in einem modernen Industriestaat. Berlin, Juni 1986. Als Kurzfassung wiedergegeben unter dem Titel: Meßgeräte in der Bundesrepublik Deutschland, in: DIW-Wochenbericht, 46/87, 12. Nov. 1987, S. 634 bis 637

Gerstenberger, W.: Entwicklung der Wettbewerbsfähigkeit in der deutschen Industrie, in: Ifo-Schnelldienst, Nr. 7, 7. März 1988, S. 3 bis 16

Ifo-Institut für Wirtschaftsforschung:

- Ifo-Investitionsbericht
- Ifo-Investitionstest
- Ifo-Investorenrechnung
- Ifo-Konjunkturtest
- Ifo-Patentstatistik

Industriekreditbank AG, Deutsche Industriebank: Wachstumschancen und Wettbewerbsvorteile für Hersteller und Anwender von Meß- und Automatisierungstechnik, Düsseldorf, Okt. 1986

Jungnickel, R. und U. *Maenner*: Eigenimporte der deutschen Industrie, Veröffentlichungen des HWWA-Instituts für Wirtschaftsforschung, Hamburg 1984

Herrmann, A.: Wechselkursrisiko und Unternehmensstrategien, Konstanz, April 1988

Materne, G.: Die strahlende Zukunft der Laser-Technik, in: Frankfurter Allgemeine Zeitung, 23. Juni 1987

Monopolkommission: Hauptgutachten 1984/85, Gesamtwirtschaftliche Chancen und Risiken wachsender Unternehmensgrößen, Baden-Baden 1986

Nentwig, K.: Sensoren und Haushaltsgeräte, in: Sensor Magazin 4/87, S. 18 bis 19

OECD: Standard International Trade Classification (SITC), Revision II

Ohne Verfasser:

- Die „Technische Revolution" in der Medizin gibt es nicht zum Nulltarif, in: Handelsblatt, 1. April 1986
- Optoelektronik, Strahlender Optimismus, in: Wirtschaftswosche, Nr. 26, 19. Juni 1987, S. 78 bis 81
- An der Schwelle zur intelligenten Armatur, in: cav High-Tech, Oktober 1987, S. 11 bis 14
- Dem Unsichtbaren auf der Spur, in: Die Welt, 9. Jan. 1988
- Feinmechanik und Optik: Für 1988 weiterer Rückgang erwartet, in: Handelsblatt, 10. März 1988

Pinke, R.S.: Allensbacher Trends, Neuigkeiten am Rande, in: Focus 5/87, S. 57 bis 58 (Umfrageergebnisse aus dem Jahr 1986)

Sachverständigenrat für die Konzertierte Aktion im Gesundheitswesen: Jahresgutachten 1987, Medizinische und ökonomische Orientierung, Baden-Baden 1987

Schedl, H.: Die feinmechanische und optische Industrie aus der Sicht der siebziger Jahre. Struktur und Wachstum, Reihe Industrie, Heft 31, Berlin/München 1980

Statistisches Bundesamt, Wiesbaden:

– Fachserie 4	Produzierendes Gewerbe
Reihe 2.1	Indizes der Produktion und der Arbeitsproduktivität, Produktion ausgewählter Erzeugnisse im Produzierenden Gewerbe
Reihe 3.1	Produktion im Produzierenden Gewerbe des In- und Auslandes
Reihe 4.1.1	Beschäftigung, Umsatz und Energieversorgung der Unternehmen und Betriebe im Bergbau und im Verarbeitenden Gewerbe
Reihe 4.2.1	Beschäftigung, Umsatz und Investitionen der Unternehmen im Bergbau und im Verarbeitenden Gewerbe
Reihe 4.2.2	Beschäftigung, Umsatz und Investitionen der Betriebe im Bergbau und im Verarbeitenden Gewerbe – Investitionen
Reihe 4.3.2	Kostenstruktur der Unternehmen im Investitionsgüter produzierenden Gewerbe
Reihe S.5	Material- und Wareneingang im Bergbau und im Verarbeitenden Gewerbe
– Fachserie 7	Außenhandel
Reihe 1	Zusammenfassende Übersichten für den Außenhandel
Reihe 7	Außenhandel nach Ländern und Warengruppen der Industriestatistik (Spezialhandel)

– Fachserie 16 Löhne und Gehälter
Reihe 2.1 Arbeiterverdienste in der Industrie
Reihe 2.2 Angestelltenverdienste in Industrie und Handel

– Fachserie 17 Preise
Reihe 2 Preise und Preisindizes für gewerbliche Produkte (Erzeugerpreise)
Reihe 8 Preise und Preisindizes für die Ein- und Ausfuhr

– Fachserie 18 Volkswirtschaftliche Gesamtrechnungen
Reihe 1 Konten- und Standardtabellen
Reihe 2 Input-Output-Tabellen

– Statistisches Jahrbuch für die Bundesrepublik Deutschland

Stifterverband für die Deutsche Wissenschaft: Forschung und Entwicklung in der Wirtschaft (verschiedene Jahrgänge)

Uhlmann, L. und M. *Berger*: Investitionsverhalten und Unternehmensgröße, Schriftenreihe des Ifo-Instituts für Wirtschaftsforschung, Nr. 119, Berlin-München 1986

Verband der deutschen feinmechanischen und optischen Industrie eV:

– Deutsche Feinmechanik und Optik, Qualität und Präzision, Köln, o.J.

– Geschäftsbericht 1985–1987

– Jahreszahlen (verschiedene Jahrgänge)

Wittig, W. und M. *Partsch*: Verliert das „Unternehmen" Arztpraxis an Attraktivität? Kostenstrukturerhebung 1983: Überhöhte Kapazitäten erhöhen den Kostendruck, in: Die Ortskrankenkasse 8/1986

Wirtschaftsvereinigung deutscher Feinmechanik und Optik eV: Mit einem gemeinsamen Zeichen. Wettbewerbsfähig, o.J.